언어교수법의 이론 및 실제

D. Larsen-Freeman · M. Anderson 지음

방영주 옮김

KM 경문사

역자서문

바야흐로 21세기에 접어들어 국제화, 세계화의 시대를 맞이하여 제2언어나 외국어로서의 영어의 필요성과 그 교육의 중요성이 더 높이 인식되고 있다. 일찍이 언어 교수법에 대한 이론 및 방법이 상당히 소개되었지만, 단지 언어 이론과 목표, 교수요목, 다양한 교수기법을 통한 절차 정도만을 다루는 반면에, 교실상황에서 다양한 교수기법이 어떻게 적용되고 그 기법은 어떤 원리에 입각하여 전개되는지에 관한 구체적인 실제 적용에 관련된 내용을 다루는 서적은 별로 소개되지 않은 실정이다.

이 책은 교수법의 여러 다양한 교수법을 조망할 수 있게 한다. 그 방법들 중에는 일찍이 우리가 이해하고 있는 교수법 외에 최근 언어 학습과 연관된 인지적, 사회적, 정의적, 문화적인 성향을 반영하는 접근법들도 소개하고 있다. 특히, 의사소통 능력, 내용중심, 과업중심, 참여중심, 학습자 책략 훈련, 협력학습, 다중지능 학습, 테크놀로지를 활용한 교수 및 학습에 관한 접근법들은 그 이론적인 중요성이 최근 제2언어나 언어 교육 분야에서 활발히 논의되어오고 있다.

이 책은 언어 교수법의 이론적인 원리뿐만 아니라 각 교수법을 실제로 적용하는 수업관찰들을 통하여 각 교수법에 대한 폭넓은 이해를 가져오며 실제 교실상황에 적용시키는 데 도움을 줄 것이다. 따라서 언어 교수법에 관심을 갖는 모든 언어 교사와 교사 교육가들은 물론 교수법에 관해 문외한인 사람들에게도 교수법에 대한 명료한 이해와 상당한 도움이 되리라 생각된다.

읽기 쉽고 간결하게 쓰여 있어 역자는 독자가 이해 할 수 있도록 자연스런 표현으로 번역되도록 노력하였다. 다소 오역이 나오더라도 넓은 마음으로 이해해 주기 바란다.

《언어교수법의 이론 및 실제》의 출판을 맡아준 경문사의 대표님과 도와주신 모든 분께 진심으로 감사를 드린다.

교사-교육가에게

교육의 의미

가르치는 일은 정신적이고 동시에 사회적인 일이다. 또한 그것은 신체적, 정서적, 실질적, 행동적, 정치적, 경험적, 문화적, 종교적, 그리고 개인적이기도 하다. 간략히 말해서, 가르치는 일은 이러한 열두 가지의 특성들과 그 외 다른 것들에 의해서 영향을 받을 뿐만 아니라 학생들의 학습을 고취시키는 동시에 수반되는 여러 가지 부수적인 사항들을 잘 어우르게 함으로써 멋진 협주곡을 만들어 내야 하기 때문에 매우 복잡하다고 볼 수 있다. 특히 언어를 가르치는 것은 그 언어가 갖는 본질적인 특성, 언어 교수법, 일반적인 학습에 대한 교사의 관점, 그리고 교수(teaching)와 학습이 동시에 이루어지는 특정 사회적·문화적인 상황에 대한 교사의 지식으로 인해 그 복잡성은 훨씬 더 크다(Adamson 2004). 실제로 여러 연구들은 교과목을 가르치는 교사들과는 달리 언어교사들에게는 그들만의 공통적인 교육학적 지식을 가지고 있음을 알 수 있다(Gatbonton 2000; Mullock 2006). 그럼에도 불구하고 교사들은 그들만의 언어학습방법을 가지고 있다. 교사들은 자신이 그동안 학습을 통해 배웠던 '관찰의 견습'(apprenticeship of observation)(Lortie 1975)에 직접적인 영향을 받는다. 가르치는 일이 지닌 또 다른 복잡성은 즉각적인 지역 특성에 의한 것으로 학생들의 구체적이고 개인적인 요구는 특정한 때에 특정한 수업시간에 나타나며 이러한 요구는 순간순간 변화한다는 것이다. 마지막으로 실제 교육현장에서 교사들은 학생들의 학습요구를 충족시키려는 시도를 할 뿐만 아니라 교사들의 시간과 관심을 요하는 다른 요구사항에도 귀를 기울여야 한다.

이 책이 비록 최근에 좀 더 혁신적인 새로운 언어교수법들을 소개할지라도 이러한 복잡성으로 인해 일찍이 제시한 여러 언어교수법들 중에서 어느 교수법이 다른 교수법보다 더 효과적이다거나 아주 완벽한 교수법이라고 말하지 못할 것이다(Prabhu 1990). 오히려 이 책은 가르치는 일이 그와는 정반대라는 것을 암시하고 있다.

Brumfit(1984: 18-19)은 다음과 같이 제시한다.

> 교실상황과 같은 복잡한 환경에서 무슨 일이 일어나는지 예측할 수 있다는 주장은 인간이 학습하는 과정에서 기계적인 반응을 보일 것이라는 생각이거나 또는 일어날 수 있는 모든 요인들과 특성들을 예측할 수 있다는 생각에서 온 것이다. 그러나 우리는 이러한 생각들 중 어떤 것도 받아들여서는 안 될 것이다.

결국, “만약 학습자들이 단지 학습자이고 교사들도 단순히 교사들이며 교실상황 역시 본질적으로 동일하다고 본다면, 학습자들의 나이나 구체적인 학습목표, 그리고 학생 수 등에 따른 언어교수법의 변화 외에는 어떤 다른 요구도 없을 것이다”(Tudor 2003: 3).

그러나 Tudor(2003: 3)는 다음과 같이 주장한다.

> 명백한 사실은 학습자들은 단지 학습자들이 아니며, 교사들도 단순히 교사들이 아니다. 교실상황들 역시 여러 면에서 매우 다르다. 다시 말해서 언어교육은 자동차를 생산하는 것만큼이나 복잡하다고 볼 수 있다. 그러므로 언어교수법이 예측할 수 있는 좋은 학습결과를 가져올 수 있도록 매우 효과적으로 적용되어야 한다고 가정할 수 없다.

Tudor(2003: 7)는 이것이 어느 한 나라에서조차 명백히 드러난다고 주장한다. 모든 교사들이 언어, 학습, 그리고 교수방법에 대해 똑같은 인식을 할 것이라 생각할 수 없다. 또한 그는 다음과 같이 강조한다.

> 언어교육은 어떠한 한 교수법만이 효과적이기보다는 오히려 여러 다른 교수법들이 상호작용을 통해 적용될 때 효과적일 수 있다. 그러므로 Murray(1996)는 교실상황에서 일어나는 모든 '다양성의 태피스트리'(tapestry of diversity)에 관심을 갖는 것이 보다 바람직하다고 지적한다.

언어교사 교육

가르치는 일의 복잡성과 다양성을 인식하면서 지난 15년 동안 많은 교사교육가 및 연구자들(Bailey & Nunan 1996; Bartels 2005; Burns & Richards 2009; Freeman & Richards 1996; Hawkins 2004; Johnson 2009; Tedick 2005)은 효과적인 교수법을 위한 언어교사 교육에 대해 활발히 논의해 왔다. 이 외에도, 그들은 그 기간 동안 편집자인 Rod Ellis와 더불어 〈*Language Teaching Research*〉 학술지를 발행하기 시작했다. 이 학술지를 통해 보고된 많은 연구들은 현재 언어교사 교육에 대한 Johnson(2006: 239)의 견해를 잘 보여주고 있다.

> 언어교사 교육은 교사 자신, 교과목, 교과과정, 그리고 교실상황에 대한 지식에 따라 그리고 그 사회가 요구하는 바에 따라 조정될 수 있다고 본다. 언어교사들은 이러한 사회적, 문화적, 역사적인 상황에 의한 복합적인 맥락에서 언어 학습자들을 어떻게 효과적으로 잘 가르칠 것인지에 대한 합리적인 결정자들이다.

그러한 생각은 교사교육에 대한 관점을 급격히 변화시켜왔다.

Richards(2008: 164)가 지적했듯이, "교사교육의 전통적인 견해는 일반적으로 교사들이 이론에 근거한 응용에 초점을 두는 반면에, 최근의 입장은 교사교육을 응용의 이론화에 더 초점을 둔다고 본다." 또한 교사들이 이론을 중시하기보다는 교수법 적용자 또는 이론 형성가로 여겨지기도 한다(Prabhu 1992; Savignon 2007). 이와 같이 교사를 이론 형성가로 보기 때문에 교사교육은 두 가지 측면이 고려되어야 한다. 즉 "교사들은 교사교육을 통해 '성찰적 기술'(skills of reflectivity)의 훈련이 필요하며, 그들의 경험을 토대로 새로이 이름을 부여함에 있어서 적절한 담화나 어휘를 제시하여야 한다"(Freeman 2002: 11).

이 책에서 제시하는 모든 언어교수법들을 적절히 명시하기 위해서 수반되어야 할 두 가지 측면이 있다고 생각한다. 첫째로 교실상황을 실제로 관찰하고 그 관찰된 상황들에 대한 정확한 분석을 통해 교사들이 성찰적 기술을 향상시키도록 하며 더 나아가 교사 자신의 '자기효능감'(self-efficacy)을 고취시키도록 도와야 한다(Akbari 2007). 이것은 교실에서 교사들의 결정에 대한 원칙을 이해하기 위하여 교실상황에서 드러난 표면적 행동의 기저가 되는 사고를 표현하기 위한 것이다 (Woods 1996; Borg 2006). 따라서 언어교수법에 대한 이해는 교사들이 교실에서 자신의 경험에 대해 새로운 이름을 부여하고 교사 전문성 개발에 적극적으로 참여하고 그 속에서 전문성을 터득하기 위해 언어교사들이 필요로 하는 전문적인 사고의 틀과 대화로 이끌 수 있는 사회적인 수단이다.

언어교수법에 대한 이해

그러므로 교사교육에 있어 여러 교수법에 대한 연구가 지니는 무한한 가치는 최소한 다섯 가지 측면으로 제시될 수 있다.

1. 교수법은 교수행위의 기저를 이루고 있는 사고를 교사 자신의 의식적 인식 속으로 가져 오도록 하는 자기반성의 촉매제 역할을 한다. 교사들은 오랫동안 학생들을 가르치면서 형성했던 — 그들 자신이 학생의 입장에서 형성했던 — 교수/학습 과정에 대한 그들의 견해를 가지고 교사 연수에 참석한다(Lortie 1975). 교사교육의 주요 목적은 교사들이 가지고 있는 암묵적 전제를 명백히 드러나게 하는 데 있다(Shulman 1987). 교사들로 하여금 다양한 교수법과 원리들을 숙지하고 그 교수법들을 적극적으로 적용하게 함으로써, 교사 교육가들은 교사들이 자신의 가르치는 교수행위에 대해 한층 명확하게 이해하도록 도와주고자 한다. 또한 교사들은 여러 교수법을 통해 그들 자신의 기본적인 전제(assumption), 가치(value), 그리고 신념(belief)을 객관적으로 인식하게 된다. 그러므로 성찰적 교사(reflective teacher)는 그들이 살고 있는 사회의 발전을 도모할 수 있는 문제들에 대해 분명한 입장을 표명할 수 있다(Clarke 2007; Akbari 2007).

2. 교사는 자신의 입장을 명확히 의식하게 됨으로써(Clarke 2003), 그들이 배운 교수법과는 다른 방법으로 가르치길 선택할 수 있게 된다. 교사는 자신이 왜 특정 교수법을 선호하고 또 다른 교수법은 꺼려하는지 이해할 수 있게 된다. 그들은 단지 여건에 의해서가 아니라 교수법적 지식에서 비롯된 선택을 할 수 있게 된다. 그들은 상부기관이 부과하는 특정 교수법의 사용에 대해 저항하거나 최소한 반론을 제기할 수 있게 된다. 특정 교수법이 부과되지 않은 상황에서는 교사들은 교수법들을 통해 현재 그들의 교수행위에 대한 대안들을 제공받기도 한다. 그렇다고 해서 반드시 교사의 현행 교수법을 수정할 것을 요구하는 것은 아니다. 요점은 교사들이 하길 원하고 또 할 수 있다면, 그렇게 할 방법론적 기반을 제공한다는 것이다.

3. 교수법에 대한 지식은 교수행위를 가능하게 하는 지식 기반의 일부를 형성한다. 그 지식을 가질 때 교사들은 교육 공동체의 일원이 된다(Lave & Wenger 1991). 공동체의 구성원이 되기 위해서는 전문적인 대화가 가능하게끔 그 공동체가 사용하는 전문적인 담론에 대한 학습을 요구받는다. 담론 공동체의 일원이 됨으로써 교사는 전문적 정체성을 획득하고, 개인의 교육활동은 고립을 벗어나 다른 성원들과의 연결 속에서 이루어지게 된다.

4. 정반대로, 전문적 담론 공동체의 일원이 됨으로써 교사는 교수(teaching)와 학습(learning)의 관계에 대한 자신의 통념을 반성할 수 있게 된다. 또한 교수행위에 대한 다른 구성원들의 생각들에 노출됨으로써 교사의 교수행위는 진부해지거나 지나치게 판에 박히게 되는 위험으로부터 벗어나 활기를 유지하게 된다(Prabhu 1990).

5. 교수법에 대한 지식은 교사로 하여금 활용 가능한 교수법들을 확장시키는 계기가 된다. 교수법의 개발은 그 자체가 교사의 전문적 성장의 부가적인 수단을 제공하는데, 실제로 일부 교사들은 새로운 원리를 단지 이해하는 정도가 아니라 새로운 교수법의 적용을 통해 교육의 새로운 철학적 입장을 획득하게 된다. 더구나 경험이 풍부하고 전문성이 뛰어난 교사란 효과적인 교수법들을 다양하게 알고 있는 교사로서(Arends 2004), 그 교수법들의 적절한 활용을 통해 학생들의 특유한 자질이나 개성에 맞는 학습 환경을 제공하는 것이다.

언어교수법에 대한 비평

교수법의 연구가 지니는 이러한 잠재적 이점에도 불구하고, 많은 학자들은 언어교수법의 개념을 비판해 왔다. 일각에서는 교수법이 교수행위의 제약적 규범(prescription)일 뿐이며, 교사들은 어떤 교수법들이 특정상황에서 적절한지 아닌지에 대한 판단은 접어둔 채 교재 출판업자나 교수법의 중요성을 옹호하는 학자들에 의해 그 방법들의 시행을 요구받았다는 비판이 있었다(Pennycook 1989). 또 다른 일각에서는 가장 효과적인 방법을 추구하는 것 자체가 잘못된 발상이라는 점(Prabhu 1990; Bartolome 1994), 교사는 수업을 계획할 때 특정한 교수법에 대해 생각하지 않는다는 점(Long 1991), 방법론적 제안들은 교실의 실제 상황에 대한 고려가 전혀 없다는 점(Katz 1996), 교수법이 끊임없이 유행하는 것에 대한 피곤함(Rajagopalan 2007) 등을 지적하기도 했다. 또한 Hinkel(2006)은 언어교육학과 상황적으로 연관성에 대한 요구가 교수법들의 쇠퇴를 초래하기도 하였다고 호소하였다.

이러한 비평들은 고려해 볼만한 것들이었다. 특정 교수법을 사용하도록 다른 사람이 교사에게 요구하기도 한다는 것이 사실이라고 우리는 생각한다. 그러나 이 다른 사람들이 만약 특정한 방법의 강요가 표준화로 이어질 것이라고 기대했다면 실망을 금치 못할 것이다. 왜냐하면 교수행위는 단지 처방을 따르는 것 이상을 의미하기 때문이다. 어떤 교수법도 교사 자신의 이해, 신념, 교수 방식, 경험에 의해 형성되지 않으면 소용이 없다. 교사는 경직적으로 규정된 행동을 통하여 언어를 실어 나르는 일개 운반 장치가 아니다(Larsen-Freeman 1991). 그들은 스스로 결정권을 가지는 전문인들이다. 그들은 자신의 경험, 연구 결과, 같은 분야의 전문인들의 축적된 지혜를 통해 형성된 존재들이다(Kumaravadivelu 1994).

한 가지 더 유념할 점은 교수법은 근본적으로 탈맥락화되어야

(decontextualized) 한다는 점이다. 그 교수법이 어떻게 교실에서 수행될 것인지는 교사가 누구인가 뿐만 아니라 학생들이 누구인지, 또 교사와 학생들의 적절한 사회적 역할에 대한 기대, 제도적 제약과 요구, 그리고 교육이 이루어지는 보다 넓은 사회 문화적 맥락에 연관된 요인들에 의해서 영향을 받는다. 아무리 '적절한' 교수법이라고 해도 부적절한 학습 여건이나 사회 정치적인 불평등을 극복하지는 못할 것이다. 게다가 교수법이 방법론적인 고려에 의해서라기보다는 교실에서 일어나는 긴급 상황에 의해서도 영향을 받기 때문이다. 그러므로 어떤 특정한 교수법이 효과적으로 실행되었다고 말하는 것이 교실에서 일어나는 전반적 양상을 보장하지 못하는 것이다. 교수법은 교수행위보다 추상적인 것이기 때문에, 교사가 수업 계획을 짤 때 방법론적 선택들보다는 학습활동을 위주로 생각한다는 사실은 놀라운 것이 아니다.

지금까지의 언어교수법에 대한 비평들은 매우 중요하다고 본다. 모두가 인정하는 바와 같이 교수법에 대한 새로운 시도가 이루어지는 이 시점에서 비록 제2언어 습득연구에 있어서 방법론적 원칙에 대한 몇몇 실험에 근거한 입증이 있다 할지라도 어떤 특정한 교수법을 지지할 만한 선험적인 증명이 어렵다는 것이다(Long 2009). 더욱이 비평가들이 지적했던 몇 가지 교수법들은 비판적 교육학의 중요성을 인식하는 좋은 계기가 되었다.

Akbari(2008: 644)가 인용하듯이,

> 교육을 본질적으로 정치적이며 권력에 의한 활동으로 보는 비판적 교육학자들은 성별, 인종, 또는 사회적 계층으로 인해 소외된 사람들에 대한 차별화된 근거를 표출하고 더 나아가 그 소외된 계층들이 모두 포함될 수 있도록 그 토대를 재구성하기를 바란다. … 비판적 교육학은 교실수업이 교실 밖에서 일어나는 문제들에 영향을 줄 수 있다는 생각을 근거로 하여 교실수업을 광범위한 사회적 측면에서 고려해야 한다고 주장한다(Baynham 2006).

Larsen-Freeman과 Freeman(2008: 168) 역시 같은 견해를 보여준다.

> 본래의 교실상황, 다양한 학습자들, 그리고 교사들의 입장이 무시된 채 무비판적인 수용이나 표준화의 촉구로 인해 생긴 보편적인 해결방법들이 일찍이 더러 적용된 적이 있다 할지라도, 현대 사회에서는 이러한 해결방법들이 더 이상 고려되어선 안 된다는 사실은 명백하다.

Widdowson(2004)은 여러 교수법들 중에서 특정 교수법이 가장 효과적이라고 결정할 수 없음을 인식하면서 중요한 것은 어떤 특정 교수법이 보편적으로 적용될 수 있는 것이 아니라 특정한 교수법을 적용하는 것은 오히려 지역사회, 학습자의 요구, 학습목표와 관련되어야 한다고 보는 '지역에 적합한 교수법으로의 변화'(shift to localization)를 강조한다(Larsen-Freeman 2000; Bax 2003; Canagarajah 2005). 그러한 변화는 특정 교수법이 모든 교실상황에 적용된다는 생각을 가지고 선진국에서 사용하는 방법들을 개발도상국에서도 적용하려는 시도에 대하여 Pennycook(2001)과 같은 비평가들의 반대적인 입장에 대한 반응인 셈이다. Widdowson(2004: 369)은 "지역에 적합한 교수법으로의 변화는 극복되어야 할 제약이 아니라 충족 조건으로 보아야 한다"고 덧붙인다. Larsen-Freeman과 Cameron(2008)은 어느 지역에 특정 교수법을 시행함에 있어서 그 지역의 다른 조건들을 충족시킬 수 있을 교수법이어야 한다고 주장한다.

결국 어떤 특정 교수법의 사용여부는 그 지역적 상황에 결정되어야 한다. 이러한 관점에서 볼 때 교사들의 목소리에 귀를 기울여야 하며, 교사들이 어느 교수법들이 효과적일지 결정하는 것이 중요하다.

> 교사들은 후기 방법론자(post-methodologist)에 의해 사용된 편협하고 경멸적인 의미에서 교수법을 정의하려고 하지 않는다. 대부분의 교사들은 교수법을 그 원칙이나 목표를 실현할 수 있는 교수

기법(technique)으로 간주하고, 교사들이 어느 특정 교수 상황에서 일어난 문제점에 대한 실질적인 해결을 위해 어떠한 교수법이라도 사용할 수 있어야 한다고 생각한다(Bell 2007: 141).

또한 Bell(2007: 141-2)은 계속해서 다음과 같이 주장한다.

교수법에 대한 지식은 일련의 선택인데, 그러한 선택은 교사로 하여금 특정 교실상황에서 효과적으로 의미 있게 반응할 수 있는 능력을 발휘하게 한다. 이런 의미에서 교수법에 대한 지식은 교사개발에 매우 중요한 것이다.

Bell(2007: 143)의 연구논문에 기술된 어느 교사는 다음과 같이 말한다:

나는 교사들이 모든 교수법을 숙지하고 있어야 하고 교사 각자가 그들의 교실상황에 적합한 그들만의 방법을 구축하고 어떤 원칙을 사용할지 결정할 수 있어야 한다고 본다. 교사가 사용했던 교수법이나 교사 각자 자신의 교실상황에서 개발하고 사용하는 과정에서 드러난 사실을 무시할 수 없다. 우리는 각자 자신의 교수법을 구축할 수 있는 기초가 필요하다.

그러므로 교수법에 대한 비평이 어떤 점에서는 유익한 반면에, 언어 교수법에 대한 연구는 언어교사 교육으로부터 배제되어서는 안 된다고 생각한다. 문제는 교수법 자체가 아니라 교사들이 교수법을 어떻게 사용할 것인가에 있기 때문이다. 교수법에 대한 연구는 교사들이 사용했던 것을 버리기보다는 교사교육을 통해서 효과적인 사용을 접하므로 보다 다양하고 유용하게 제공되는 원천이 될 수 있다. 또한 그것은 교사들로 하여금 교수-학습 과정에 대한 명료한 이해를 줄 수 있고, 교사들이 때로 수용하기 힘든 교육정책을 강요하는 권위자들에 맞설 수 있는 용기를 부추기기도 한다. 교수법들은 이론과 실제 적용을 통합한 모델로 제공될 수 있다(서론 1장 참조). 교수법 연구는 전문적인 교사 공동체의 공통어(lingua franca)가 되는 담론에 기여할 수 있고 그러한 담론을 통해 지지를 받거나 도전을 받기도 하며, 평생 교육으로서의 교사교육을 가능케 하는 중요한 하나의 축이 된다(Larsen-Freeman 1998). 교사나 교육가들은 교수법에 대한 비판에 압도되어 교사교육 발전에 중요한 기여를 하는 교수법 연구의 역할을 간과해서는 안 된다. 그러기 위해서는 교육에 대한 이념적 봉쇄를 넘어 탐구의 영역으로 움직여 가야 한다. 이 책을 통해 우리는 그러한 움직임에 공헌하고자 한다.

제3판의 변화

이 책에서 제시된 모든 교수법을 업데이트하는 내용상의 수정 외에도, 제13장에서 Howard Gardner는 학생들이 현재 또는 다가올 문화적이고 직장환경에서 적극적으로 참여하기 위해서 꼭 개발해야 하는 '마음의 습관'(habit of mind)을 강조한다. 또한 일부 장들은 비교적 별다른 수정을 가하지 않았다. 그 이유는 이 장들이 보다 최근의 교수법을 다루기보다는 오늘날 여전히 사용되고 있는 전통적인 교수법들을 기술하기 위한 것이기 때문이다. 어떤 의미에서는 교육가들이 현대적인 관점에서 교수법을 살펴보아야 할 뿐만 아니라 역사적인 관점을 고려해야 한다고 생각한다. 일찍이 제시했듯이 이 책의 목적은 어느 교수법이 다른 교수법보다 더 낫다는 것을 보여주기 위한 것이기보다는 독자들에게 다양한 언어 교수법 및 학습방법을 제시하기 위한 것이다.

제3판에서 보여주는 몇 가지 주요한 변화를 살펴보고자 한다. 첫째는 3가지 혁신적인 교수법 — 내용중심 교수법(content-based instruction), 과업중심 교수법(task-based instruction), 참여중심 교수법(participatory approaches) — 은 제2판에서는 한 장에 다루었던 방법들인데 제3판에서는 별개의 장들로 다루고자 한다. 이것은 그 교수법들이 지속적으로 사용됨으로 인해 그 특성들을 좀 더 자세히 살펴보기 위한 것이다. 내용중심 교수법 또는 교과목과 언어 통합 학습법(content and language integrated learning)은 미국이나 유럽 여러 나라의 공립학교에서 언어와 교과목을 병행해서 가르치고자 하는 정부기관의 취지에 맞추어 학습자들을 위한 언어교수법으로 널리 채택되어 왔기 때문이다. 또한 제2언어 습득 연구들로부터 강력한 지지를 받고 있는 과업중심 교수법을 자세히 살펴보는 것이 중요하다. 나머지 세 번째 방법인 참여중심 교수법은 어떻게 언어 연구가 언어 학습자의 사회·정치적인 정체성에 영향을 미치는지를 포함한 언어교수법의 정치적인 측면을 고려하도록 해 주고 있다.

이 외에도, 우리는 전문용어들만을 한 장에 묶어 다루었다. 언어 교수법에서의 테크놀로지의 사용은 얼마 동안 널리 사용되어 왔으나 테크놀로지는 교사들의 수업을 돕기 위한 학습 자료나 보충 기자재일 뿐만 아니라 학생들 스스로 학습할 수 있도록 도와주는 자발적 학습자료의 도구로만 여겨져야 한다고 생각한다. 언어교수법에서의 테크놀로지의 사용은 언어에 대한 새로운 이해를 포함하여 각 교수법의 기본 원리에 기초한다.

전문용어

전문용어에 대해 두 가지 설명을 순서대로 언급한다.

1. 첫째, 이 책에서 '교수법'(method)은 정형화된 표현을 의미하기 위해 사용하지 않고 오히려 어떤 기법이나 절차에 관련된 일련의 원칙을 나타내기 위해 사용한다. Anthony(1963: 64)는 적절히 표현하

기 위해 3개의 계층으로 나누어 교수기법(technique)은 한 접근방식(approach)과 일관되는 교수법(method)을 수행한다고 언급한다. Anthony에 의하면, 일부 장에서는 언어교수의 일반적인 접근방식의 예시가 어떠한지를 보여줌으로써 어떤 특정 교수법을 소개할 것이다. 그러나 이 책에서 논의된 모든 교수법들이 편의상 일반적 접근방식으로부터 생겨나지 않을 것이다. 그러나 그들 모두가 〈*Dictionary of Language Teaching and Applied Linguistics*〉에 적힌 정의 — 교수법은 체계적인 원칙과 절차에 기초한 언어를 가르치는 방식 — 에 적합한 개념적이고 조작 가능한 요소이므로 그 용어를 사용할 정당성이 있다. 인정하건데, 우리는 때때로 교수법이라는 용어를 학습책략(learning strategy), 협력학습(cooperative learning), 테크놀로지(technology)와 같은 최근의 혁신적인 교수방법을 언급하기 위해 사용하기 어렵다고 생각한다. 그 경우에는 방법론적 혁신(methodological innovation)으로 그 용어를 사용한다.

2. 우리는 '목표어'(target language)라는 용어를 세 가지 이유로 '학습되고 있는 언어(language being taught)'를 의미하는 데 사용해 왔다. 첫째, 이 책에서는 영어교사뿐만 아니라 모든 언어교사들에게 유익하게 할 목적이었다. 둘째, 우리는 많은 교사들과 학생들이 두 개 이상의 언어구사자 또는 여러 언어 구사자들이어서 제2언어(second language)라는 용어를 사용하는 것이 실제로 적절하지 않다고 본다. 셋째, 우리는 외국어(foreign language)라는 용어 사용을 꺼려왔는데, 이것은 그 명칭이 언어 구사자들과 밀접한 연관이 있고, 명칭이 맥락(환경)에 따라 변하기 때문이다. 가령, 미국에서 스페인어는 이질적 정체성(heterogeneous identity)을 갖는다. 즉 스페인어는 그 언어에 대해 거의 또는 전혀 알지 못하는 사람들에게는 외국어로서 간주되지만, 그들의 모국어가 있지만 그 언어를 사용할 수 있는 사람들에게는 제2언어로 간주될 수 있다. 또한 스페인어를

자기의 나라의 언어나 혈통의 언어로 볼 때는 모국어로서 간주할 수 있다(Larsen-Freeman & Freeman 2008). 비록 목표어라는 용어가 문제가 없는 것은 아니지만, 그 용어를 사용하는 것은 보다 합리적인 타협안이다.

마지막으로, 비록 이 책에서 내가 각각의 교수법과 방법론적인 혁신들을 명확히 묘사하는 데 최선을 다했지만, 우리의 관점을 수용하지 않을 사람도 분명 있을 것이다. 그것은 이해할 만하고 아마도 피치 못할 일이다. 우리의 관점은 우리 자신의 경험에 의한 산물일 수밖에 없기 때문이다.

이 책이 독자에게 정보를 주고 흥미를 북돋우고 또 이 책을 통하여 교수법들을 숙고하고 탐구하며 실험하는 일들이 계속된다면 우리로서는 더 바랄 나위가 없다. 이 책이 이러한 목적을 충족시킨다면 언어 교사 교육에 있어서 교수법의 적절한 사용이 지니는 가치에 대한 강한 신념이 다시 회복되리라고 믿는다.

미국 버몬트주 브래틀버러에서
Diane Larsen-Freeman

태국 방콕에서
Marti Anderson

참고 문헌

Akabari, R. Reflections on reflection: A critical appraisal of reflective practices in L2 teacher education. *System* 35: 192-207.

________. 2008. Postmethod discourse and practice. TESOL *Quarterly* 42/4: 641-52.

Adamson, B. 2004. Fashions in language teaching methodology in A. Davies and C. Elder (eds.) *The Handbook of Applied Linguistics*: 604-22. Malden, MA: Blackwell.

Anthony, E. 1963. Approach, method, and technique. *English Language Teaching* 17: 63-7. Reprinted in H. Allen and R. Campbell (eds.). *Teaching English as a Second Language.* (2nd edn.). 1972. New York: McGraw-Hill.

Arends, R. 2004. *Learning to Teach.* (6th edn.) New York: McGraw-Hill

Bailey, K. and **D. Nunan** (eds.). 1996. *Voices from the Language Classroom.* Cambridge: Cambridge University Press.

Bartels, N. (ed.) 2005. *Applied Linguistics and Language Teacher Education.* New York: Springer.

Bartolome, L. 1994. Beyond the methods fetish: Toward a humanizing pedagogy. *Harvard Educational Review* 64/2: 173-94.

Bax, S. 2003. The end of CLT: A context approach to language teaching. ELT *Journal* 57/3: 278-87.

Baynham, M. 2006. Agency and contingency in the language learning of refugees and asylum seekers. *Linguistics and Education* 17:24-39.

Bell, D. 2007. Do teachers thing that methods are dead? *ELT Journal* 61/2: 135-43.

Borg, S. 2006. *Teacher Cognition and Language Education.* London: Continuum.

Brumfit, C. 1984. *Communicative Methodology in Language Teaching.* Cambridge: Cambridge University Press.

Burns, A. and **J. Richards** (eds.) 2009. *The Cambridge Guide to Second Language Teacher Education.* New York: Cambridge University Press.

Canagarajah, A. (ed.). 2005. *Reclaiming the Local in Language Policy and Practice.* Mahwah, NJ: Lawrence Erlbaum.

Clarke, M. 2003. *A Place to Stand: Essays for Educators in Troubled Times.* Ann Arbor, MI: University of Michigan Press.

__________. 2007. *Common Ground, Contested Territory. Examining the Roles*

of English Language Teachers in Troubled Times. Ann Arbor, MI: University of Michigan Press.

Freeman, D. 2002. The hidden side of the work: Teacher knowledge and learning to teach. *Language Teaching* 35/1: 1-14.

__________. **and J. Richards (eds.).** 1996. Teacher Learning in Language Teaching. New York: Cambridge University Press.

Gatbonton, E. 2000. Investigating experienced ESL teachers pedagogical knowledge. *Canadian Modern Language Review* 56:585-616.

Hawkins, M. (ed.). 2004. *Language Learning and Teacher Education: A Sociocultural Approach.* Clevedon: Multilingual Matters.

Hinkel, E. 2006. Current perspectives on teaching the four skills. *TESOL Quarterly* 40/1: 109-31.

Johnson, K. 2006. The sociocultural turn and its challenges for second language teacher education. *TESOL Quarterly* 40/1: 235-57.

__________. 2009. *Second Language Teacher Education: A Sociocultural Perspective.* New York: Routledge.

Katz, A. 1996. Teaching style: A way to understand instruction in language classrooms in Bailey, K. and D. Nunan (eds.): *Voices from the Language Classroom.* 57-87. Cambridge: Cambridge University Press.

Kumaravadivelu, B. 1994. The postmethod condition: Emerging strategies for second/foreign language teaching. *TESOL Quarterly* 28/1:27-48.

__________. 2006. TESOL methods: Changing tracks, challenging trends. *TESOL Quarterly* 40/1: 59-81.

Larsen-Freeman, D. 1991. Research on language teaching methodologies: A review of the past and an agenda for the future in K. de Bot, R. Ginsberg, and C. Kramsch (eds.): *Foreign Language Research In Cross-Cultural Perspective,* 119-32. Amsterdam/Philadelphia: John Benjamins Publishing Co.

__________. 1998. Learning teaching is a lifelong process. *Perspectives* XXIV/2: 5-11.

__________. 2000. 'On the appropriateness of language teaching methods in language and development in J. Shaw, D. Lubelske, and M. Noullet (eds.). *Partnership and Interaction: Proceedings of the Fourth International Conference on Language and Development.* Hanoi, Vietnam, 65-71. Bangkok: Asian Institute of Technology.

__________. and **L. Cameron.** 2008. *Complex Systems and Applied Linguistics.* Oxford: Oxford University Press.

__________. and **D. Freeman,** 2008. Language moves: The place of "foreign" languages in classroom teaching and learning. *Review of Research in Education* 32: 147-86.

Lave, J. and **E. Wenger.** 1991. *Situated Learning: Legitimate Peripheral Participation*. New York: Cambridge University Press.

Long, M. 1991. Focus on form: A design feature in language teaching methodology in K. de Bot, R. Ginsberg, and C. Kramsch (eds.): *Foreign Language Research in Cross-Cultural Perspective,* 39-52. Amsterdam/ Philadelphia: John Benjamins Publishing Co.

__________. 2009. Methodological principles for language teaching in M. Long and C. Doughty (eds.). *The Handbook of Language Teaching*, 373-94. Malden, MA: Wiley -Blackwell.

Lortie, D. 1975. *Schoolteacher: A Sociological Study*. Chicago: University of Chicago Press.

Mullock, B. 2006. The pedagogical knowledge base of four TESOL teachers. *Modern Language Journal* 90/1:48-66.

Murray, D. 1996. The tapestry of diversity in our classrooms in K. Bailey and D. Nunan (eds.). *Voices from the Language Classroom,* 434-48. Cambridge: Cambridge University Press.

Pennycook, A. 1989. The concept of method, interested knowledge, and the politics of language teaching. *TESOL Quarterly* 23/4: 591-615.

Prabhu, N. S. 1990. There is no best method — Why? *TESOL Quarterly* 24/2: 161-76.

__________. 1992. The dynamics of the language lesson. *TESOL Quarterly* 26/2: 225-41.

Rajagopalan. K. 2007. From madness in method to method in madness. *ELT Journal* 62/ 1:84-5

Ricahrds, J. 2008. Second language teacher education today. *RELC Journal* 39/2: 158-77.

Savignon, S. 2007. Beyond communicative language teaching: What's ahead? *Journal of Pragmatics* 39:207-20.

Shulman, L. 1987. Knowledge-base and teaching: Foundations of the new reform. *Harvard Educational Review* 57/1: 1-22.

Tedick, D. (ed.). 2005. *Language Teacher Education: International Perspectives on Research and Practice.* Mahwah, NJ: Lawrence Erlbaum Associates.

Tudor, I. 2003. Learning to live with complexity: Towards an ecological perspective on language teaching. *System* 31:1-12.

Widdowson, H. G. 2004. A perspective on recent trends in A. P. R. Howatt with H. G. Widdowson. *A History of English Language Teaching* (2nd edn.), 353-72. Oxford: Oxford University Press.

Woods, D. 1996. *Teacher Cognition in Langage Teaching: Beliefs, Decision-Making and Classroom Practice.* Cambridge: Cambridge University Press.

차례

* 역자서문 3
* 교사-교육가에게 5

01 서론 25
02 문법-번역식 교수법 43
03 직접 교수법 59
04 청화식 교수법 73
05 무언 교수법 93
06 비암시 교수법 117
07 집단 언어 교수법 135
08 전신 반응법 157
09 의사소통 중심 교수법 173
10 내용중심 교수법 195
11 과업중심 교수법 219
12 언어교육의 정치적 관점 및 참여중심 교수법 239
13 학습책략 훈련, 협력학습, 다중지능 학습 263
14 테크놀로지를 활용한 언어 교수법 287
15 결론 315

* 용어 사전 339

01
서론

1 책을 쓴 목적

이 책을 쓴 목적 중 하나는 여러 다양한 언어 교수 방법들을 소개하고자 함이다. 이 책에서는 '교수법'이라는 용어를 교실에서 교사의 행동(action)과 그 행동의 기저를 이루는 사고(thought)의 일관된 체계를 의미하는 것으로 사용하고자 한다. 이 책의 제목인 《언어교수법의 이론 및 실제》에 반영된 바와 같이, 행동은 교수기법(technique)을 사고는 원리(principles)를 의미하는 것이다.

두 번째 목적은 교사들로 하여금 자신의 행동을 형성하고 있는 사고들을 스스로 발견하게 하는 데 있다. 그 사고들은 어쩌면 교사들이 스스로 인식하지 못하고 있는 것들일 수도 있다. 이 책에서 제시하는 교수법들의 어떤 원리가 교사들 자신의 생각과 일치하는지 또는 상치하는지를 확인해 가는 가운데, 교사들은 언어 교육에 대한 자신의 암묵적 전제들, 당연하게 받아들였던 사고와 신념들을 새로운 시각에서 바라볼 수 있을 것이다.

세 번째로 다양한 교수기법들을 소개하려고 한다. 그 교수기법들 중에는 교사들이 일찍이 접해 보지 못한 것들도 있을 것이다. 그중 일부는 교실상황에 적용하기 위해서 더 많은 훈련이 필요하기도 한 반면에 또 다른 기법들은 교실 상황에서 즉시 사용할 수도 있을 것이다. 이 교수기법들을 여러분의 수업에 적용하고 또 필요하다면 수정하여 사용해 보기를 권장한다.

2 사고와 행동의 연결점

가르친다는 것이 사고나 행동 어느 하나에만 전적으로 치우친 것이 아니므로, 교수법 역시 사고와 행동이 긴밀히 연결된 것이어야 한다는 사실을 인식하는 것이 중요하다. 이것은 이 책이 제시하는 모든 교수법에 적용되는 것과 마찬가지로 언어 교사인 여러분이 현재 사용하고 있는 교수법에 대해서도 해당된다. 교사는 가르치는 내용(무슨 언어인지, 어떤 문화인지)과 학습자에 대하여(그들이 학습자로서 어떠한지, 어떻게 학습하는지) 사고를 갖는다.[1] 또한 교사로서의 자신에 대해 그리고 자신이 학습자들의 학습을 돕기 위해 어떻게 해야 할 것인지에 대한 사고를 가진다. 그러한 사고는 언어학습자로서의 교사 자신의 경험에 의해 형성된 것이다. 교실 상황에서 교사의 행동을 형성해주는 사고들을 교사 스스로 인식하는 것은 대단히 중요하다. 그러한 인식을 통해 교사는 자신의 행동의 기반을 이루는 사고들을 면밀히 검토할 수 있게 되며, 자신의 특정한 행동을 재고해 보거나 또는 다른 행동을 실행할 수 있게 된다.

1) 간단히 사고(thought)라는 용어를 사용하였는데, 여기서 의미하는 사고는 믿음(belief), 태도(attitude), 가치(value), 그리고 의식(awareness)을 포함한다.

Larsen-Freeman이 몇 년 전에 함께 일했던 한 교사의 이야기를 예로 들어보고자 한다. 실제 이름은 아니지만, 그녀를 Heather라고 부르자. Heather는 Stevick(1980)의 교수법 연구에 나타난 교사의 '통제'(control)와 학습자의 '자율적 학습'(initiative learning)이라는 개념을 자신의 수업에 어떻게 적용할 것인가에 매우 큰 관심을 가졌다. 교생기간 동안 Heather는 자율적 학습을 강화하기 위해 학생들에 대한 교사의 통제를 가능한 한 줄이려고 하였다. 수업 중에 대부분의 질문이 교사에 의해 이루어진다는 사실을 인식하면서, 학생들이 자발적으로 질문하도록 온 힘을 기울였다.

당시 Diane Larsen-Freeman은 Heather의 감독 교사였다. Larsen-Freeman이 Heather의 수업을 관찰하기 위해 방문했을 때 그녀는 몹시 실망하고 있었다. 자신의 노력에도 불구하고 학생들이 자율적인 시도를 하려 하지 않는 것에 실망을 느꼈지만, 무엇이 문제인지를 알지 못했다.

다음은 Larsen-Freeman이 그녀의 수업을 관찰한 내용이다.

Heather: Juan, ask Anna what she is wearing.
Juan: What are you wearing?
Anna: I am wearing a dress.
Heather: Anna, ask Muriel what she is writing.
Anna: What are you writing?
Muriel: I am writing a letter.

이런 방식으로 수업은 한동안 진행되었다. Heather의 수업 방법은 질문의 상당부분이 교사에 의해 이루어진다는 흔히 나타나는 문제점을 적절히 해결하는 것으로 보였다. 다른 학생에게 직접 질문을 한 것은 학생들이지 교사인 그녀가 아니었다. 그러나 그녀는 질문 내용을 학생들에게 제시하여 그들로 하여금 신속히 대처하게 한 것이지 학생들 스스로가 자율적으로 질문하도록 유도한 것은 아니었다. 수업 참관이 끝난 후 Heather와 Larsen-Freeman은 그 문제에 대해 논의했다.

만일 학생들로 하여금 좀 더 자율적인 시도를 하게 하려면 교사의 참여가 보다 간접적이 되는 방식으로 학습상황을 구성해야 한다는 사실을 Heather는 깨닫게 되었다. Larsen-Freeman은 Heather가 성공적으로 실행할 수 있는 여러 방법에 대해 이야기를 나누었다. 토의 중에 Heather는 또 다른 중요한 인식을 하게 되었다. 비교적 짧은 기간 교사 경험 탓에 그녀는 학생들로 하여금 누가, 언제, 무엇을, 누구에게 말해야 할지를 결정하게 하는 데 자신이 다소 불안감을 느끼고 있었음을 깨달았다. 만약 그녀가 대답하지 못할 질문을 학생들이 하면 어떻게 하나? 그녀는 학생들의 자율적인 학습이 이루어져야 한다는 점은 교사로서의 가치관에 부합된다고 믿었지만, 현재 자신이 교사로서의 경력과 능력에 비추어 어느 정도의 자율성을 성취하는 데 학습 목표를 두어야 하는지에 대해서는 더 많은 준비가 필요하다는 것을 깨달았다. 요점은 Heather가 반드시 교수기법을 향상시켜야 한다는 것은 아니었다. Heather 자신도 교수법의 개발이 여러 가지 가운데 하나의 가능성임을 알고 있었다. 다른 하나는 자신의 교수방법에 대한 기존의 생각을 재고하는 것이었다(Larsen-Freeman 1993).

사고와 행동 사이의 연결점들은 Heather의 교수행위에 매우 중요한 의미를 제공했다. 그녀는 의도했던 대로 되지 않을 때 교실활동의 이모저모를 바꿔볼 수 있다는 점을 깨달았다. Heather는 실행하고자 하는 계획이 있었지만, 그 계획을 수행하고자 그녀가 선택했던 행동은 원래의 목적을 이루는 데 역부족이었다. 그녀 자신의 의도를 더 명확히 검토하게 되었을 때, 그녀는 학생들로 하여금 완전한 자율성을 갖도록 도울 준비가 스스로 되어 있지 않음을 깨달았던 것이다. 우선 그녀의 교수법의 근저를 이루는 사고를 바꿔야만 했다.

3 응집력 있는 체계

이 책에서 다룰 교수법들로 되돌아오면, 사고와 행동 사이에 견고한 연결점이 있다는 것이 이 방법들 전체에 공통된 특성임을 알게 될 것이다. 또한 한 방법에 내재하는 연결점은 다중적이면서 동시에 상호 연관적인데, 그것은 한 방법이 사고-행동의 연결점들 사이의 연계에 의해 형성되기 때문이다. 따라서 하나의 교수 방법은 사고와 행동의 연결점들 사이에 이론적이거나 철학적인 조화가 있어야 한다는 의미에서, 그런 연결점들의 응집된 또는 일관된 체계(coherent set)이다. 가령, 만일 어느 교수 방법론자가 언어는 일련의 고정된 패턴들로 구성되어 있다고 생각하여 언어습득을 창의적인 과정으로 규정짓고, 또한 학생들로 하여금 새로운 문장을 만들어 내게 하기 위해 그 언어를 형성하는 추상적 규칙들을 발견하는 교수기법들을 사용하는 것은 무의미할 것이다.

그러나 한 방법의 연결점들 사이에 **응집성**이 있다고 말하는 것은 각 교수법의 기법들이 다른 교수 방법과 함께 사용될 수 없다는 것을 의미하진 않는다. 오히려 같은 교수기법이라 할지라도 그것의 바탕을 이루는 사고가 다르면, 실제 효과에 있어서 매우 다른 결과가 나타난다. 가령, Stevick(1993: 432)은 특정 상황을 제시하는 그림을 사용하여 대화를 가르치는 하나의 단순한 교수기법이 그 기법을 가지고 어떻게 학습활동을 진행하는가에 따라 교수와 학습에 대해 매우 다른 결과를 가질 수 있다고 주장한다. 만약 학생들이 먼저 그림을 보고 나서 교사가 대화를 읽어 주는 동안 눈을 감은 채 듣는다면, 그런 후에 교사가 짧게 끊어 읽어주는 것을 따라 읽으면서 반복 연습하여 결국 오류 없이 유창할 정도로 그 대화를 익힌다면, 학생들은 모든 언어형태나 그 의미를 가르쳐 주는 사람이 교사라고 생각할 것이다. 또한 그들은 학습에 있어 '창조적인 머리보다 암기하는 머리'를 사용해야 한다고 생각하게 될 것이다.

반면에 대화를 듣고 읽기 전에 학생들에게 그림을 보여주고 그들이 알고 있는 단어나 구를 사용하여 그림에 대한 묘사를 하게 한다면, 그런 후에 그림에 있는 사람들이 서로 무슨 내용을 주고받는지에 대해 추측하게 한다면, 학생들은 자율적으로 학습을 할 것이고 틀려도 괜찮을 거라는 생각을 갖게 될 것이다. 게다가 익히 배운 대화를 똑같이 기억할 필요도 없이 짝을 지어 대화를 연습하게 한다면, 학생들은 이 학습활동이 암기와 정확성 대신 추측과 근접(approximation)을 용인함으로써 '창조적인 머리'를 더 사용하게끔 한다고 생각할 것이다(Stevick 1993: 432). 이러한 예를 보면, 한 가지 특정 교수기법이 교사의 사고와 신념에 따라 얼마나 다르게 보일 수 있는지 그리고 학생들로 하여금 학습에 대해 얼마나 다른 추론을 가지게 하는지를 알 수 있다. 이러한 차이는 결국 특정 교수기법을 실제 학습활동으로 적용시키는 교사의 사고와 신념의 산물인 것이다.

4 최상의 방법은 무엇인가?

우리의 목적은 어느 교수법이 다른 교수법보다 더 효과적이고 적절하다고 보여주기 위한 것이 아니다. 즉 이 책에 제시된 여러 교수법들 중에서 하나를 선택하라는 것도 아니고, 이 책에서 다루는 어떠한 방법들도 우리가 보증하는 것은 아니다. 우리의 이러한 태도는 틀림없이 이 책을 읽는 독자들을 당혹스럽게 할 것이다. 그러나 우리는 어느 교수법이 가장 최상이라고 생각하지 않는다고 말한 Prahbu(1990)와 입장이 같다. 더욱이 우리의 목적은 여러분이 가장 교육철학에 부합된다고 생각하는 방법을 선택하기 위하여 이 책에 제시된 교수법들을 일일이 검토해 보라고 하는 것이 아니다. 대신에 이 책에서 제시하는 교수법을 교수/학습 과정, 경험과 전문적인 훈련에 기초한 믿음, 그리고 여러 연구결과를 통해 알게 된 여러분의 확고한 신념을 명료화하는 자기 반추의 계기로 사용하길 바란다. 만약 여러분의 신념이 확고하지 않은 경우에는 특별히 관심이 가는 교수법을 택하기보다는 상황과 조건에 적합한 교수법을 사용하는 것이 바람직하다. 지속적으로 다른 전문적인 교사들의 의견을 청취하는 것도 여러분의 가르치는 일을 더 활성화시키는 좋은 계기가 될 것이다. 그러므로 '만일 여러분이 지적흥미를 유발케 하는 교실활동을 전개하게 되면 학생들도 그러한 흥미로움 속에서 수업에 참여하게 될 것이며, 수업내용이 그대로 학습으로 이어지게 되므로 학습효과를 가져올 수 있다'(Prabhu 1992: 239).

점차적으로 좀 더 새로운 교수방법들이 생김으로써 기존 교수법들은 더 사용되지 않기도 한다. Rajagopalan(2007)은 교사들이 새로운 교수방법들의 계속적인 도입과 사멸로 비롯된 '교수법 사용으로 인한 피로'(methods fatigue)를 겪고 있다고 지적하였다. 그러나 우리는 주변에서 이런 교사들을 만나본 적이 없다. 오히려 교사들이 항상 새로운 방법을 모색하는 모습만 보았을 뿐이다. 그러나 그들 역시 가르치는 일이 어려운 일이라 항상 더 효과적이고 성공적인 수업을 위해 더 좋은 교수방법을 추구해야 한다고 생각한다. 때론 어느 때 매우 성공적이었던 교수법이 다른 때는 효과적이지 못한 사례들이 있다. 가령, 오랫동안 학생들의 모국어로 수업해선 학습효과를 가져오지 못한다고 조언을 듣는다면 교사들은 모든 학생들이 이해할 수 있는 모국어로 수업진행을 하지 않을 것이다. 이러한 조언은 학습자들이 학습하고자 하는 목표어(학습하고자 하는 언어)를 사용할 기회를 최대화하기 위한 것이기 때문이다. 문법-번역식 교수법(제2장 참조)이 지나친 번역(교수법 명칭에서 볼 수 있듯이)을 사용한다고 여겨졌기 때문에 직접 교수법(제3장 참조)에서 이러한 조언이 생겨나게 된 것이다. 그러나 직접 교수법 사용으로 인해 교실상황에서 교사와 학생 간의 의사소통에 어려움을 가져오게 하였다. 그러나 최근에 학습자의 모국어 사용을 회피하려는 원칙이 공격을 받게 되었다. 예를 들어 Cook(2010)은 그런 원칙은 편협한 것이며 학습자의 모국어 사용이 때론 교사와 학습자들의 상호작용을 통한 관계형성을 용이하게 한다고 주장한다. 더욱이 그는 그것이 학습자의 모국어에서 목표어로의 전이를 가져오는 교수원리를 저해한다고 생각한다. 이러한 원칙은 학습자의 모국어 목표어 사이의 의미와 대응을 형성하는 데 번역을 사용하는 집단 언어 교수법(제7장 참조)에서 명백히 드러난다. 분명한 것은, 이 책에서 제시하는 일부 교수법들은 다른 교수법들과 양립할 수 없다는 것이다.

물론, 어느 특정 교수법을 실행하는 과정에서 영향을 미치는 내적인 요인이 있을 뿐만 아니라 다른 외적인 요인들도 있다. 가령, 전 세계적으로 인구이동이 다중 언어주의(multilingualism)를 가속화했다(Todeva & Cenoz 2009). 그 후 전 세계 영어시험 평가척도가 되는 유럽공통 참조기준(Common European Framework, 유럽의회 2001)의 개발과 홍보는 언어교육에 상당한 영향을 미쳤다. 무엇보다도 유럽의회(Council of Europe)는 다국어 언어 구사자(plurilingualism — 여러 나라 언어를 자유자재로 구사할 수 있는 사람)를 창출하게 되었다. 유럽공통 참조기준은 대부분의 학습자들이 인간이 태어날 때와 같은 '백지 상태의 마음'(tabulae rasae)에서 시작하는 것은 아니라는 관점에서 비롯된다. 학습자들은 일찍이 어느 하나 또는 여러 개의 언어 능력을 어느 정도 구사할 수 있으며 교사는 이러한 사실을 잘 활용해야 한다(Paradowski 2007). 지속적인 테크놀로지의 발전은 학습자의 언어 구사능력에 영향을 주는 외적요인의 하나로서 앞으로도 계속 효율적인 교수/학습 방법으로 자리매김 할 것이다. 외적인 요인에 관해서라면, 교사들의 상세한 가르침을 유도하는 표준화된 시험과 교재의 사용은 실제적으로 교사들로 하여금 그들이 선호하는 방법론적인 선택을 할 수 없게 한다는 사실을 우리는 인식해야 한다(Akabari 2007).

마지막으로 우리는 모든 언어 교수법들을 다루지도 않았고 그 방법들에 대해 전반적인 설명을 제시하지도 못했다. 다만 다양한 교수법들을 연대순으로 나열하고자 시도하였을 뿐이다. 물론 이 책에서 제시한 첫 번째 교수법보다 먼저 다른 교수법이 사용된 적도 있고, 일부 교수법들은 동시에 실행된 적도 있다. 분명한 것은 모든 측면에서 이후에 사용된 새로운 교수법이 이전에 사용한 방법보다 더 효과적이라고 주장하는 것이 아니라는 점이다. 이 책에서 제시한 교수법들은 여전히 시행되고 있으며 교수와 학습과정에 관한 다양한 관점을 반영하고 있다.[2)] 또한 여러분은 그러한 다양한 관점들을 고찰하고 그 관점에서 제시하는 사고와 행동의 연관성에 대해 살펴봄으로써 여러분의 교실수업에서 어떻게 사고가 행동으로 이끌어질 수 있는지에 대한 여러분 자신의 개인적인 교수법 개념을 형성하여 학생들로 하여금 효과적인 학습효과를 가져올 수 있는 방법들을 적용하기 바란다. 궁극적으로, 이 책 마지막 장에 다룰 주제이긴 하지만, 교수법과 원칙들 가운데 어떤 것을 선택할 것인가는 결국 학습 결과에 좌우된다는 점을 우리 모두 유념할 필요가 있다.

5 의심 게임과 믿음 게임

이 책에서 제시하는 교수법들의 일부는 여러분이 이미 행하고 있거나 갖고 있는 신념을 재확인시킬 수 있는 반면에, 다른 교수법들은 여러분이 알고 있는 개념과 상충할 것이다. 우리가 갖는 기본적인 신념에 도전을 받게 되면, 종종 그 견해를 쉽게 배척하는데 그것은 우리의 확고한 신념에 너무 위협적으로 느껴지기 때문이다.

이 책에서 제시된 한 방법인 무언 교수법에 대해 1976년 뉴욕에서

2) 이 책에 제시된 모든 교수법들의 원래 명칭을 언급할 때 '교수법'이라는 용어를 사용하지 않을 것이다. 왜냐하면 그 용어는 때때로 형식적인 연습활동(formulaic practice)과 연관되어 사용되기도 하기 때문이다. 나는 교수법을 하나의 공식(formula)으로 보기보다는 특정 원리를 특정기법에 연결하는 방식으로, 즉 하나의 응집된 체계로 간주한다.

열린 언어교육 학회에서 Caleb Gattegno가 토론하는 것을 Diane Larsen-Freeman은 결코 잊지 못할 것이다(제5장 참조).

> 그 날 Gattegno가 말한 여러 가지가 그 당시 나(Larsen-Freeman)의 언어에 대한 신념과는 정반대였다. 나는 그가 말하는 것을 들으면서 동시에 내 머리 속에 '잠깐만…'이라는 의심에 찬 목소리도 들었다.
>
> 그날 Gattegno는, 교사는 학생들에게 'Good'이라고 칭찬해서도 안 되고 미소 지어서도 안 된다고 말했다. 그때 내 마음속에서는 '잠깐만, 훌륭한 교사는 학생들에게 긍정적인 피드백을 주어야 하고 그들의 감정이나 정서에 관심을 기울여야 한다고 모든 사람들은 생각하지 않는가? 더구나 학생들이 정확하게 말했을 때 교사가 긍정적인 반응을 보이지 않는다면 어떻게 그들이 맞았는지 틀렸는지를 알겠는가?'라고 소리치고 있었다.
>
> 그러나 나중에 나는 또 다른 생각을 하게 되었다. '또 한편으로는 당신이 왜 학생들에게 피드백을 주기를 머뭇거리는지를 알겠어요. Gattegno는 침묵의 힘에 대해 생각하게 합니다. 교사를 의지하지 않고 "학습자 스스로 학습할 수 있다"라고 말한 것처럼 학생들은 그들의 학습에 대해 책임감을 가져야 한다고 생각하는 것이지요. 교사의 명확한 피드백 없이도 학생들 스스로의 학습이 가능하다는 신념과 이러한 침묵이 어떻게 일치하는지를 나는 알 것 같아요. 학생들은 자신의 '내적 기준'을 발달시키고 만족시켜가야 합니다. 자신의 소리에 귀를 기울이게 되는 것은 교사에 대한 의존도를 줄이는 것이지요. 교사는 늘 학생들 옆에 있지 않을 것입니다. 또한 교사는 학생들 자신이 범한 오류를 스스로 고쳐가기 위한 기준을 형성하도록 권할 것입니다. 학생들의 성공적인 학습 결과를 칭찬하는 일을 삼가라는 것도 이해가 됩니다. 그러한 칭찬은 학생들로 하여금 성공적 학습결과를 매우 예외적인 것으로 간주하게

> 하고, 결국 언어를 학습하는 것이 어려운 일이라고 여기게 할 테니까요. 또 학습의 즉각적인 성공과 실패가 크게 중요한 것이 아니라는 생각을 학생들에게 심어줌으로써 학생들이 학습상황에 있어서의 안정감을 유지하는 데도 도움이 되겠지요.'

Larsen-Freeman 마음속에 들리는 두 목소리 사이의 차이 — '잠깐만'이라는 제지와 '또 한편으로는' 이라는 재고 사이의 차이 — 는 무엇인가? 이 각각의 입장들이 어디에서 비롯되는가를 잠시 생각해본다면 그 차이는 명백해질 것이다. 이 문제를 해결하기 위해 우리는 Peter Elbow(1973)가 쓴 책의 부록에 실린 *'The Doubting Game and the Believing Game*'이라는 글에 묘사된 두 게임을 시도해 보았다 (Larsen-Freeman 1983b). Elbow는 의심이나 믿음은 실제 삶의 영역과는 별개인 규칙에 의해 지배되는 제의적 과정이기 때문에 일종의 게임이라고 본다. 의심 게임은 논리와 증거를 필요로 한다고 Elbow는 말한다. '그것은 변별적 행위로서의 지식 모델을 강조한다. 즉 대상이 어떤 결여를 가졌는지 아닌지를 알기 위해 우선 그것을 의심하는 데서 출발하는 것이다'(Larsen-Freeman 1983a: 15). 의심 게임(doubting game)은 믿음 게임(believing game)보다 학문 세계에 더 흔히 있는 일이다. 유명한 티베트의 불교 신자인 Soyal Rinpoche(1993: 123-4)는 이렇게 언급한다.

> 오늘날 시대의 교육은 어떠한 원리나 논증에도 우리로 하여금 의심을 부추기고, 의심의 종교 내지는 신학이라고 불릴 만한 것을 만들어 낼 정도로 의심에 대한 가르침이 있었다. 또한 우리가 지적으로 보이기 위해서는 모든 것을 의심하는 태도를 가지고 항상 틀린 것만을 지적하고 옳거나 적절한 것에 대해서는 거의 묻거나 의심하지 않아야 한다.

대부분의 사람들은 의심하는 게임에 능숙하다. 그러나 그것은 대가를 지불한다. 우리는 새로운 견해가 옳고 그른지에 대한 적절한 판단의 기회를 갖기 전에 먼저 그것의 흠을 찾는다.

그러면 믿음 게임에는 무엇이 필요한가? 믿음 게임은 '구성의 행동, 투자의 행동, 참여의 행동으로서의 지식 모델을 강조한다'(Elbow 1973: 163). 그것은 단지 의심을 억누르는 것이 아니라, 오히려 새로운 방법에 대해 그 창시자의 관점에서 이해하기 위하여 다른 사람의 안경을 끼고 그 사람의 관점을 취하기를 요구한다. 무엇보다 그것은 기꺼이 새로운 것을 탐험하고자 하는 결단을 필요로 한다.

믿음 게임의 특성들이 받아들이기에 더 바람직해 보이기는 하지만, 그렇다고 해서 Elbow는 의심하는 근육이 위축되어야 한다고 주장하지 않으며 우리 역시 그렇게 생각한다. 의심 게임을 포기하라는 것이 아니라 판단하기 전에 먼저 이해하려고 노력해야 한다는 것이 우리의 생각이다. 그러므로 새로운 원리나 교수기법이 일견 여러분 자신의 신념과 다르게 보이거나 여러분 상황에 적용시키기에 불가능한 것으로 보인다고 해서 재빨리 포기해선 안 된다. 가령, 이 책에서 제시하는 교수법 중 하나는 학생들이 전달하고자 하는 말이나 표현을 교사가 목표어(학습하고자 하는 언어)로 번역해 주도록 되어 있다. 만약 교사가 학생들의 모국어를 모르거나 또는 모국어가 다양한 학생들로 구성되어 있다고 해서 그 교수법의 적용을 아예 거절한다면, 그 교사는 가치 있는 그 무엇인가를 놓치게 될지도 모른다. 교사는 먼저 목표어로 번역하는 목적이 무엇인지 알아야 한다. 그 방법의 사용을 정당화하는 원리에 여러분이 공감하는 어떤 부분이 있는가? 그렇다면 그 원리를 다른 방법으로 적용시킬 수 있는가? 가령, 이중 언어 화자를 수업에 오게 한다든지, 학생들에게 목표어로 그들이 표현하고자 하는 것을 행동으로나 쉬운 말로 표현하도록 할 수 있는가?

6 각 장의 구성

우리는 각각의 교수법이 시행되고 있는 교실들을 관찰하면서 그 방법들을 자세히 살펴볼 것이다. 대부분 각 장에 한 가지 교수법이 제시된다. 그러나 두세 장에 걸쳐 언어 교수법에 대한 좀 더 일반적인 접근방법(approach)[3]이 기술되고, 그 접근방법을 실현하는 한 가지 이상의 교수법이 기술된다. 수업관찰을 통하여 각 교수법에 대한 전반적인 설명을 제공하는 데 있어서 단지 그 방법들에 대한 이해의 차원을 넘어서 그 방법을 실제 교실상황에 적용해 볼 기회를 또한 제시하게 될 것이다. 하지만 이 책에서 제시하는 수업상황들은 다소 이상화된 모습임을 인정한다. 언어 교사나 학생으로서의 경험이 있는 사람이라면 실제 교실상황에서의 수업은 이 책에서 보여주는 것만큼 그렇게 부드럽게 진행될 수 없는 것임을 알 것이다. 학생들은 교실에서 진행되는 과정을 즉각적으로 파악하지 못하기도 하고 교사들은 이 책에서 다루는 것보다 많은 다른 사회적이거나 교실운영(classroom management)의 문제를 인식하게 된다. 앞서 언급하였듯이 어떠한 교수법도 교실에서 일어나는 모든 것들을 반영하지는 못하는 법이다.

교사가 사용하는 교수기법과 그의 교실 행동도 관찰할 것이다. 수업을 관찰한 후에 교사의 행동과 교수기법을 근거로 하여 교수법 원리를 이끌어낼 것이다. 대부분의 경우 각 교수법 도출을 위한 수업관찰은 초급이나 중급단계의 학급들을 대상으로 한 번 정도 이루어지며, 일단 원리가 분명해지면 그 원리들은 다른 단계의 학생들에게도 적용될 수 있다. 무언 교수법이나 비암시 교수법의 경우에는 예외적으로, 낮은 학습단계와 그보다 높은 학습단계에 있는 학생들에게 그 교수법의 원리를 각각 어떻게 적용시키는지 살펴보기 위하여 먼저 초급단계 교실을 방문할 것이고 나중에 중상위 단계의 교실을 관찰할 것이다.

---

3) Anthony(1963)은 approach라는 용어로 표현

높은 학습단계의 학생들에게서는 적용하고자 하는 교수기법의 특성을 쉽게 파악할 수 없는데 그것은 그들이, 가령 전공학문 텍스트를 읽고 쓰는 능력을 학습하는 것과 같은, 특정한 학습요구를 가지고 있기 때문이다. 그러나 대화문을 가르치는 Stevick의 예를 통하여 보았듯이, 교사가 언어 교수/학습에 대하여 생각하는 방식은 그가 가르치는 어떤 단계에서라도 동일하게 작용할 것이다.

일단 교수법의 원리들을 규정하면 각각에 대해 다음의 10가지 질문을 제기하고 답하고자 한다.

1. 이 교수법을 사용하는 목적은 무엇인가?
2. 교사의 역할은 무엇인가? 학생들의 역할은 무엇인가?
3. 교수/학습 과정에는 어떤 특성이 있는가?
4. 학생-교사의 상호작용은 어떠한가? 학생-학생의 상호작용은 어떠한가?
5. 학습자의 감정은 어떻게 다루어지는가?
6. 언어를 어떠한 관점에서 바라보는가? 문화를 어떠한 관점에서 바라보는가?
7. 언어의 어떤 영역이 강조되는가? 어떤 언어 기술이 강조되는가?
8. 학습자의 모국어는 어떤 역할을 하는가?
9. 학습에 대한 평가는 어떻게 이루어지는가?
10. 교사는 학습자의 오류에 어떻게 반응하는가?

이러한 질문들에 대한 대답은 각 교수법에 대한 폭넓은 이해를 가져오며, 각 교수법 간의 두드러진 차이를 보여줄 것이다. 이 질문들에 대한 대답을 읽기 전에 각 장에 쓰인 교수법에 관해 읽고 여러분 스스로 그 질문들에 대한 답을 제시해 보도록 하라. 그것이 각 교수법을 더 잘 이해하는 데 도움을 줄 것이고, 또한 수업 관찰을 통해 여러분이 실제로 교실에서 그 교수법을 적용시키는 데 도움을 줄 것이다.

10가지 질문에 답을 제시한 후에, 수업 관찰 동안 사용되었던 교수기법들을 다시 검토해 볼 것이다. 일부 교수기법들은 교사가 원한다면 실행 가능한 형태로 확대될 수도 있을 것이다. 앞서 언급하였듯이 이 책의 목적 중 하나는 다양한 교수기법을 제시하는 것이다. 일부 기법은 새로운 것이기도 할 것이고, 그러한 기법을 적용해 보도록 권할 것이다. 교사들이 경험이 많으면 많을수록 그들이 사용하는 기법들도 더 많아질 것이다(Arends 2004). 아마도 학습 능력이 뛰어난 학생들에게 그런 다양한 기법을 적용하였을 때 더 좋은 성과를 보일 것이다.

각 장의 결론에는 각 교수법에 대한 지식이 교사가 직접 교실에서 가르칠 때 어떻게 적절히 사용될지에 대해 몇 가지 질문을 통하여 생각해 보도록 할 것이다. 교사의 신념, 요구, 지식, 경험을 통하여 각 교수법들에 대해 면밀히 검토해야 할 사람은 바로 교사 자신이다. 믿음 게임을 하기 전에, 교사는 어느 방법을 채택하든지 그 방법에 대해 충분히 연구하고 검토해야 한다고 생각한다.

각 장의 맨 끝 부분에는 두 가지 형태의 연습활동이 있다. 하나는 제시된 각 교수법에 대해 교사인 여러분이 어떻게 이해했는지를 검토할 것이고, 또 다른 하나는 그 방법에 대해 여러분이 이해한 것을 가지고 실제 교실에서 어떻게 적용할 것인지에 대한 질문이 주어질 것이다. 가능하다면, 다른 교사와 함께 그 방법을 가지고 적용시켜 보는 것도 바람직하다. 가르치는 것은 혼자의 일이지만, 다른 교사들과 함께 협력하는 것이 우리의 경험과 성장을 풍요하게 할 것이다.

참고 문헌

Akabari, R. 2007. Reflections on reflection: A critical appraisal of reflective practices in L2 teacher education. *System* 35: 192-207.

Anthony, E. 1963. Approach, method, and technique. English Language Teaching Journal 17:63-7 reprinted in H. Allen, H. and R. Campbell (eds.): *Teaching English as a Second Language.* (2nd edn.) 1972. New

York: McGraw-Hill.

Arends, R. 2004. *Learning to Teach.* (6th edn.) New York: McGraw-Hill.

Bailey, K., M. Long, and **S. Peck** (eds.). 1983. *Second Language Acquisition Studies.* Rowley, MA: Newbury House.

Cook, G. 2010. *Translation in Language Teaching—An Argument for Reassessment.* Oxford: Oxford University Press.

Council of Europe. 2001. *Common European Framework of Reference for Languages: Learning, Teaching, Assessment.* Cambridge: Cambridge University Press.

Elbow, P. 1973. *Writing without Teachers.* New York: Oxford University Press.

Larsen-Freeman, D. 1983a. Second language acquisition: Getting the whole picture in K. Bailey, M. Long and S. Peck (eds.). *Second Language Acquisition Studies.* Rowley, MA: Newbury House Publishers, Inc.

_________. 1983b. *Language teaching methods: Getting the whole picture.* Keynote address delivered at the First Annual Summer Conference for Language Teachers, June 24-5, School for International Training, Brattleboro, Vermont.

_________. 1993. *Foreign language teaching methodology and language teacher education.* Plenary address delivered at AILA 1993, Amsterdam.

Paradowski, M. 2007. Comparative linguistics and language pedagogy: Concise history in F. Boers, J. Darquennes, and R. Temmerman (eds.). *Multilingualism and Applied Comparative Linguistics,* 1-20 Newcastle: Cambridge Scholars Publishing.

Prabhu, N. S. 1990. There is no best method—Why? *TESOL Quarterly* 24/2: 161-76.

_________. 1992. The dynamics of the language lesson. *TESOL Quarterly* 26/2: 225-41.

Rajagopalan, K. 2007. From madness in method to method in madness. *ELT Journal* 62/1:84-5.

Rinpoche, S. 1993. *The Tibetan Book of Living and Dying.* New York: Harper Collins.

Stevick, E. 1980. *Teaching Languages: A Way and Ways.* Rowley. MA: Newbury House.

_________. 1993. Social meanings for how we teach in J. Alatis (ed.). *Georgetown University Round Table on Languages and Linguistics.* Washington, DC: Georgetown University Press.

Todeva, E. and **J. Cenoz** (eds.). 2009. *The Multiple Realities of Multilingualism.* Berlin: Mouton de Gruyter.

02
문법-번역식 교수법
The Grammar-Translation Method

1 서론

문법-번역식 교수법은 새로운 언어 교수 방법은 아니다. 이 교수법은 여러 다른 이름으로 표현되어 오기도 하였지만, 오랫동안 언어 교사들에 의해 그렇게 불려 왔다. 한때는 고전적 교수법(classical method)이라 불렸는데, 그것은 고전어인 라틴어나 희랍어를 가르칠 때 처음 사용되었던 방법이었기 때문이다. 20세기 초에 이 교수법이 주로 사용된 이유는 학생들로 하여금 목표어로 된 문학작품을 읽고 이해하는 데 그 목적을 두었기 때문이다. 또한 목표어[4] 문법을 학습

4) 목표어(target language)라는 용어는 학습자들이 학습하고자 하는 제2언어(second language) 또는 외국어(foreign language)를 지칭하기 위해 사용된다. 왜냐하면 대부분의 학생들이 다국어 언어구사자(plurilingualist) 또는 다중언어 구사자(multilingualist)이기 때문에, '제2언어'라는 용어는 적절하지 않다. 또한 '외국어'라는 용어도 적합하지 않은 이유는 학습하고자 하는 언어를 외국에서 학습하는 것이 아니라 그 언어를 사용하는 지역 안에서 이루

함으로써 학생들은 자신의 모국어를 더 잘 이해하게 되고 이로 인해 학습자는 모국어를 더 잘 말하고 쓸 수 있는 능력도 갖게 된다고 보았다. 마지막으로, 목표어 학습은 학습자의 지적 성장을 가져온다. 다시 말해서 학습자들이 목표어를 실제로 사용할 기회는 없지만 목표어 학습을 통한 '정신적 훈련'(mental exercise)은 다른 학습을 위한 지적 개발을 촉진시키는 데 유익하다.

어느 한 교실상황에서 적용되는 문법-번역식 교수법을 관찰하여 보기로 하겠다. 그 수업은 콜롬비아주의 한 대학교에서 영어를 목표어로 학습하는 42명의 중·상위(high-intermediate) 단계의 학생들로 구성되었고 일주일에 3회, 1회당 두 시간씩 수업이 진행된다.

2 교실 경험

우리가 수업을 참관하기 위해 교실에 들어서자, 학생들은 교재의 독해본문인, Mark Twain이 쓴 《*Life on the Mississippi*》에서 발췌한 'The Boy's Ambition'을 읽고 있었다. 교사가 학생들을 한 명씩 지명하자 독해본문을 몇 줄씩 읽은 다음, 방금 읽은 부분을 그들의 모국어인 스페인어로 번역한다. 교사는 학생들이 번역할 때, 새로운 어휘가 나오면 가르쳐 주기도 한다. 학생들이 독해본문을 읽고 번역하기를 다 마친 후에 교사는 읽은 내용에 대한 질문이 있는지 스페인어로 묻는다. 한 여학생이 손을 들고 영어로 "What is paddle wheel?"이라고 질문하자, 교사는 "Es una rueda de paletas."라고 스페인어로 번역해 준다. 이어 스페인어로 그것이 어떻게 생겼는지 설명하고, Mark Twain의 어린 시절에 미시시피 강을 따라 다녔던 증기선을 움직이는 데 이용된 것이라는 설명도 덧붙였다. 또 한 학생이 'gorgeous'의 의

어지기 때문이다. 따라서 '목표어'라는 용어를 사용하는 것이 문제가 없지 않다 할지라도 수용 가능한 타협일 것이다.

미를 묻자 교사는 그 단어의 스페인어 'Primoroso'로 답한다.

학생들로부터 더 이상 질문이 없자, 교사는 학생들이 읽은 내용을 정확히 이해했는지를 알아보기 위해 그 내용에 관한 질문이 적힌 종이를 주고 그 질문에 답하도록 한다. 그 질문은 영어로 되어있고 영어로 답을 쓰도록 되어있다. 교사는 질문에 대해 학생 스스로 답하기 전에 제일 처음 질문을 예로 들어 보여준다. 한 학생이 "When did Mark Twain live?"라고 질문을 읽으면, 다른 학생이 "Mark Twain lived from 1835 to 1910."라고 답한다. 그때 교사가 잘했다는 칭찬을 하면, 학생들은 각자 조용히 질문들에 답을 쓰기 시작한다.

그 종이에는 본문내용을 정확히 이해했는지에 관련된 질문 외에 두 가지 다른 유형의 질문도 포함되어 있다. 첫 번째 유형은 본문 내용에 근거한 추론적(inference)인 질문이다. 가령, "Do you think the boy was ambitious?" "Why or Why not?" 다른 유형의 질문은 "Have you ever thought about running away from home?"처럼 학생들의 경험에 관련된 질문이다.

30분 후에 교사는 학생들이 질문에 답하는 것을 멈추게 하고, 각 학생들의 답이 정확한지를 검사하겠다고 스페인어로 말한다. 학생들은 한 명씩 각 질문에 대해 답을 말한다. 지명한 학생의 답이 정확하면 교사는 다른 학생을 지명하여 다음 질문을 읽고 답을 말하게 하며, 그 학생의 답이 틀리면 또 다른 학생을 지명하여 답을 말하게 하거나, 그렇지 않으면 교사가 정확한 답을 제시한다.

다음 활동으로 교사는 교재의 페이지를 펴보라고 한다. 그 페이지에는 학생들이 읽었던 독해본문에서 뽑은 어휘들이 열거되어 있다. 다음은 열거된 어휘목록이다: ambition, career, wharf, tranquil, gorgeous, loathe, envy, humbly. 그 어휘목록 중에는 학생들이 익히 알고 있는 단어들도 있고, 새로운 단어들도 있다. 학생들은 각 어휘를 스페인어로 번역한다. 만약 어느 한 학생이라도 번역하는 데 어려워하면 교사는 스페인어로 그 의미를 정확히 알려준다. Part 2의 연습활동에서는 교사가 love, noisy, ugly, proudly 같은 어휘를 주고, 학생들은 각 단어의 적절한 반의어를 독해본문에서 찾는다.

연습 2A

다음은 독해본문에 나온 어휘들로서 그중 일부는 학생들이 이미 알고 있는 것도 있고 또 일부는 새로운 단어이기도 하다. 각 단어들의 의미를 스페인어로 적으시오.

ambition	gorgeous
career	loathe
wharf	envy
tranquil	humbly

연습 2B

다음 단어의 반의어는 독해본문에 있다. 각기 반의어를 찾아 쓰시오.

love	ugly
noisy	proudly

그림 2.1 문법–번역식 교수법 연습활동의 예시

이러한 연습활동을 한 후에, 교사는 학생들에게 스페인 단어처럼 보이는 영어 단어를 **동족어**(cognates)라고 부른다고 말한다. 교사는 예를 들어 영어 어미형 '-ty'는 스페인어의 어미형 '-dad' 또는 '-tad'와 같다고 말한다. 따라서 영어 어휘 'possibility'는 스페인어 'posibilidad'와 같다. 학생들로 하여금 독해본문 중에서 그와 같은 다른 예를 찾아보게 한다. 한 학생이 손을 들고 "obscurity"라고 답하면, 교사는 잘

했다고 칭찬한다. 본문으로부터 모든 동족어(curiosity, opportunity, liberty)를 찾게 한 후에 교사는 “What do these cognates mean?”이라는 질문과 함께 각 단어들을 스페인어로 번역하게 한다.

다음엔 문법 연습활동으로, 교사가 교재에 있는 2어 동사(two-word verb)나 구 동사(phrasal verb)에 대한 문법 설명을 가르칠 때 학생들은 책을 보면서 듣는다. 구 동사들은 일찍이 학습한 것들이어서 복습하는 반면에, 2어 동사 중에는 새로 접하는 동사들도 있어 학생들은 그 동사들의 스페인어 의미를 알게 된다. 교사는 2어 동사와 직접 목적어 사용의 규칙을 설명한다.

2어 동사(two-word verb)의 규칙: 만약 2어 동사가 분리된다면, 직접 목적어는 동사와 부사 사이에 놓이며, 직접 목적어가 대명사일 때 분리가 가능하다. 만일 2어 동사가 분리되지 않는 경우엔 목적어로 인해 동사와 부사가 분리되지 않는다.

가령:

John put away his book.
or
John put his book away/John put it away.
but not
John put away it.
(왜냐하면 ‘put away’는 나뉠 수 있는 2어 동사이기 때문이다.)

The teacher went over the homework.
but not
The teacher went homework over.
(왜냐하면 ‘go over’는 나뉠 수 없는 2어 동사이기 때문이다.)

문법규칙과 예문을 학습한 후에, 학생들은 다음에 적어 놓은 본문으로부터 2어 동사 중 어느 것이 분리되고 또는 어느 것이 분리되지 않는지를 구분한다. 잘 모르면 본문을 다시 읽어보기도 하고, 만약 본문을 통해서도 분명하지 않으면, 사전을 찾거나 교사에게 묻기도 한다.

turn up	wake up	get on	take in
run away	fade out	lay up	turn back
go away	break down		

마지막으로, 학생들은 주어진 10개의 문장들의 각 빈칸에 구 동사를 넣는다. 그중 두 문장을 예로 들어보자. 그런 후에 각자 적은 답을 읽는다.

1. Mark Twain decided to _____ because his parents wouldn't let him get a job on the river.

2. The steamboatmen ______ and discharge freight at each port on the Mississippi River.

다음은 독해본문에 나왔던 어휘 목록이다. 그 목록은 크게 두 부분으로 나뉘어 처음엔 단어들을, 그 다음엔 'to give someone the cold shoulder' 같은 관용어(idiom)를 열거해 놓았다. 각 단어나 관용어 옆에는 그 의미를 갖는 스페인어 단어와 구가 적혀있었다. 교사는 학생들에게 20개의 어휘들의 스페인어 의미를 암기하게 한 후, 각 단어가 들어가는 문장을 영어로 쓰는 과제를 준다.

다음은 그 주간 다른 두 수업시간에 적용될 학습활동이다.

1 독해본문을 스페인어로 번역한다.

2 2어 동사에서의 직접 목적어 사용규칙을 진술하고, 다른 구 동사에도 적용한다.

3 그 단원의 연습문제에 있는 불규칙 과거분사형을 학습한다. 학생들은 불규칙동사의 현재시제, 과거시제, 그리고 과거분사의 어형

변화를 암기한다.

drink	drank	drunk
sing	sang	sung
swim	swam	swum
ring	rang	rung
begin	began	begun

4 학생들이 갖는 야망에 대해 각자 목표어로 작문을 한다.

5 나머지 어휘들을 암기하고 각 어휘를 넣어 문장을 만든다.

6 그 단원에 나온 문법과 어휘에 관련된 간단한 퀴즈를 본다. 증기선에 관련하여 스페인어로 쓰인 글들을 영어로 번역한다.

3 교실 경험에 대하여

지금까지 문법-번역식 교수법에 대해 간략히 소개하였는데, 이것은 전혀 새로운 교수법이 아니다. 교사인 여러분은 이 방법으로 목표어를 학습하기도 하였고, 아마도 지금 이 방법을 가지고 가르치기도 할 것이다. 이것이 사실이든 아니든 간에, 문법-번역식 교수법에 대해 다시 한 번 살펴보기로 하겠다. 왼쪽에는 그 방법을 적용했던 수업관찰을, 오른쪽에는 그 방법의 원리를 열거하였다. 수업관찰은 수업이 진행되는 순서대로 나열하였다.

수업관찰	원 리
1. 수업에서 Mark Twain이 쓴 《*Life on the Mississippi*》로부터 발췌한 글을 읽는다.	언어를 학습하는 기본 목적은 목표어로 쓰인 문학작품을 읽을 수 있어야 한다. 문어(literary language)는 구어(spoken language)보다 우선으로 한다. 목표어 문화에 대한 학습은 그 언어로 쓰인 문학 작품을 읽거나 예술(fine art)을 감상하는 것에 국한한다.
2. 학생들은 영어로 쓰인 독해본문을 스페인어로 번역한다.	언어 학습의 중요한 목적은 학생들이 한 언어로 쓰인 것을 다른 언어로 번역할 수 있어야 하며, 그것이 가능하다면 성공적인 언어 학습자이다.
3. 교사는 학생들의 모국어인 스페인어로 질문하고, 학생들 역시 그들의 모국어로 질문하고 대답한다.	목표어로 의사소통하는 것이 언어 교육의 목표가 아니다.
4. 교사는 독해본문 내용을 이해했는지에 관련된 질문을 주고 답을 적게 한다.	읽기와 쓰기에 관심을 기울이고 말하기, 듣기, 발음에는 체계적인 관심을 거의 또는 전혀 갖지 않는다.
5. 교사는 그 대답이 정확한지를 보고 학생의 답이 틀렸으면, 다른 학생으로 하여금 정정하게 하거나, 교사 자신이 직접 정정해 주기도 한다.	교실에서 교사는 권위자로서의 역할을 가지며, 정확한 답을 주는 것을 중요하게 생각한다.
6. 학생들은 새로운 영어 어휘를 스페인어로 번역한다.	모든 목표어 어휘에 대해 모국어 번역을 하게 한다.
7. 학생들은 영어 '-ty' 형태소가 스페인어 '-dad'와 '-tad' 형태소와 그 의미가 유사하다는 것을 이해하게 된다.	모국어와 목표어 사이의 유사적 관계를 통해 학습이 활성화된다고 본다.
8. 학생들은 2어 동사와 직접 목적어의 문법규칙을 학습한다.	학생들이 목표어의 형태에 대해 학습하는 것이 중요하다.
9. 학생들은 그 문법 규칙을 다른 예문에 적용시킨다.	문법규칙의 연역적 적용방식이 효과적인 교육기법이다.
10. 학생들은 어휘들을 암기한다.	목표어 학습은 정신 훈련에 좋다.
11. 교사는 학생들에게 학습한 문법 규칙에 대해 설명해 보게 한다.	학생들은 목표어의 문법규칙을 이해해야 한다.
12 학생들은 불규칙동사의 현재 시제, 과거시제, 과거 분사형을 암기한다.	가능할 때마다 동사 어형변화나 다른 문법규칙들을 암기한다.

4 교수법 원리에 대한 검토

문법-번역식 교수법의 원리는 제1장에서 제기된 10가지 질문에 답을 줌으로써 그것이 어떠한 것인가를 분명히 알 수 있을 것이다. 그러나 문법-번역식 교수법이 모든 질문에 대해 적절히 그 원리를 제시할 수는 없지만, 각 질문들을 통하여 앞으로 다룰 다른 여러 교수법들과 쉽게 비교될 것이다.

1. 문법-번역식 교수법을 사용하는 목적은 무엇인가?

문법-번역식 교수법을 사용하는 교사들에 의하면, 목표어를 학습하는 기본 목적은 목표어로 쓰여진 문학작품을 읽을 수 있어야 한다. 이것이 가능하기 위해서는, 학생들은 목표어의 문법규칙이나 어휘를 학습해야 한다. 이 외에도 목표어를 학습하는 것은 정신 훈련을 통하여 학생들의 지적 개발을 이루어 가는 데 큰 도움이 된다.

2. 교사의 역할은 무엇인가? 학생들의 역할은 무엇인가?

교사나 학생들의 역할은 매우 전통적이다. 다시 말해서 교사는 수업에서 권위적이고, 학생들은 교사의 지식을 그대로 전수하기 위해서 교사가 가르치는 대로 모방하고 따라 한다.

3. 교수/학습 과정에는 어떤 특성이 있는가?

학습활동이 모국어를 목표어로 번역하는 데 많은 시간을 사용한다. 종종 학생들은 목표어 사회의 여러 문화적인 현상들에 관련된 글을 읽고 번역한다. 문법을 연역적으로 가르친다. 즉 일련의 문법규칙이나 예문을 보고 암기하는가 하면, 학습한 문법규칙을 다른 예문에 적용시킨다.

4. 학생–교사의 상호작용은 어떠한가? 학생–학생의 상호작용은 어떠한가?

주로 교실에서의 상호작용은 교사로부터 학생으로의 일방적인 관계를 형성한다. 학생들의 자율적인 시도가 거의 없고 학생과 학생 간의 상호작용도 거의 이루어지지 않는다.

5. 학습자의 감정은 어떻게 다루어지는가?

이 질문에 관련된 원리는 없다.

6. 언어를 어떠한 관점에서 바라보는가? 문화를 어떠한 관점에서 바라보는가?

문어를 구어보다 상위로 간주하므로 문어에 학습의 초점을 둔다. 문화는 문학과 예술로 구성되어 있다고 본다.

7. 언어의 어떤 영역이 강조되는가? 어떤 언어 기술이 강조되는가?

어휘와 문법이 강조되며, 읽기와 쓰기가 학습자들의 주요 관심분야이다. 말하기와 듣기에는 강조를 두지 않으며, 발음에는 거의 관심을 기울이지 않는다.

8. 학습자의 모국어는 어떤 역할을 하는가?

목표어의 의미를 명확히 알기 위해 학습자의 모국어로 번역한다. 교실에서 사용되는 언어는 학습자의 모국어이다.

9. 학습에 대한 평가는 어떻게 이루어지는가?

학생들이 목표어를 그들의 모국어로 번역하거나 그들의 모국어를 목표어로 번역하는 필기시험을 통해 이루어진다. 시험은 주로 목표어 문화에 관한 질문과 목표어 문법규칙을 적용시키는 질문에 관한 것이다.

10. 교사는 학습자의 오류에 어떻게 반응하는가?
학습자의 오류에 정확히 수정해 주는 것을 매우 중요하게 생각한다. 학습자가 계속 오류를 만들거나 답을 알지 못하는 경우 교사는 정확한 답을 제시한다.

5 문법-번역식 교수법에 대한 검토

위에서 제기된 질문에 대한 모든 대답이 타당하다고 생각되는가? 만약 그렇다면, 여러분은 문법-번역식 교수법의 몇 가지 교수기법을 선택하여 학생들에게 적용할 것이다. 반면에 이러한 질문들에 대해 동의하지 않는다 할지라도, 문법-번역식 교수법에 관련된 일부 교수기법은 유용하게 사용할 수 있는 것이라고 생각할 것이다. 다음은 이러한 교수기법에 대해 기술하고자 한다.

■ 문학작품의 번역
먼저 학생들은 목표어로 쓰인 독해본문을 그들의 모국어로 번역한다. 그 이후의 수업은 독해본문에 나와 있는 주요어휘나 문법규칙에 관련된 학습활동을 전개한다. 독해본문은 목표어로 된 문학작품에서 발췌하기도 하고, 교사가 특정 문법규칙과 어휘를 포함하여 직접 만들기도 한다. 번역은 구두로 또는 글로 쓰기도 한다. 학생들은 관용어 등을 글자 그대로 번역하는 것이 아니라 그 의미를 이해하고 있다는 방식으로 표현하면 된다.

■ 본문이해에 관한 질문
학습자가 독해본문 내용을 정확히 이해했는지를 보기 위해 교사가 준비한 본문내용 이해(reading comprehension)에 관한 질문을 읽고 답을 목표어로 쓰게 한다. 첫 번째 유형은 본문내용에 들어있는 정보를 묻는 질문이고, 두 번째 유형은 본문내용을 이해했다는 전제하에 추론적인 질문이 포함된다. 이것은 그 질문들에 대한 답이 본문내용 속에 없다할지라도 그 본문내용을 읽고 대답할 수 있는 질문들이다. 세 번째 유형은 본문내용을 학습자의 경험에 비추어 생각하게 하는 질문이다.

■ 동의어/반의어

학습자에게 일련의 단어를 주고, 독해본문에서 그 단어들의 반의어를 찾도록 한다. 또한 이와 같은 방식으로 일련의 단어를 주고 동의어를 찾도록 연습시킨다. 본문에 있는 일련의 어휘들에 대한 정의와 그 어휘에 관련된 다른 연습활동을 한다.

■ 동족어

학습자들은 두 언어 사이에 일치하는 철자나 음운 구조를 학습함으로써 동족어를 배우기도 하고, 동족어처럼 보이나 의미가 서로 다른 어휘들을 암기하기도 한다. 물론 이 교수기법은 서로 동족어를 공유하는 언어에서만 오직 유용하다.

■ 문법규칙의 연역적 적용

문법규칙은 예문을 가지고 가르친다. 각각의 규칙에 대한 예외를 보여주며, 일단 학습자가 어느 한 규칙을 이해하였으면 그 규칙을 다른 예문에 적용시켜 보게 한다.

■ 빈칸 채우기

빈칸이 들어있는 문장들을 주고 그 빈칸에 들어갈 새로운 어휘나 문법요소(가령, 전치사와 다른 시제를 갖는 동사)를 채우는 연습을 한다.

■ 암기

학생들은 목표어 어휘목록이 주어지면 각 어휘의 모국어 의미를 암기하거나, 문법규칙이나 동사의 어형변화 같은 문법적 패러다임을 암기하기도 한다.

■ 문장에서 단어 사용

새로운 어휘나 그 의미를 정확히 이해했는지를 보기 위하여 그 어휘가 들어가는 문장을 만들게 한다.

■ 작문

교사는 학습자에게 한 주제에 관련하여 목표어로 작문하게 한다. 주제는 독해본문 내용에 관련된 것으로 한다. 때때로 작문하는 대신에 학습자는 독해본문 발췌문을 준비하기도 한다.

6 결론

지금까지 문법-번역식 교수법의 원리와 교수기법들을 조사해 보았다. 여러분이 이해한 것과 교실에서 가르치는 것 사이의 연관성이 있는지 살펴보라. 목표어를 학습하는 기본적인 이유가 목표어로 쓰인 문학작품을 읽을 수 있어야 한다고 생각하는가? 문화는 문학 작품과 예술로 구성되어 있다고 생각하는가? 문법-번역식 교수법에 근거를 둔 원리에 동의하는가? 어느 원리에 특히 동의를 하는가? 목표어를 모국어로 또는 모국어를 목표어로 번역하는 연습이 효과적인 학습활동인가? 위에서 기술한 독해본문 이해에 관한 질문에 답하는 것이 목표어 학습에 도움이 되는가? 문법이 연역적으로 가르쳐져야 하는가? 여러분은 이러한 문법-번역식 교수법의 원리나 교수기법을 적용하는 것이 유용하다고 생각하는가? 그렇다면 어떤 교수기법이 유용한가?

7 학습활동

A. 문법-번역식 교수법에 대한 이해도 점검

1. 문법-번역식 교수법은 학습자에게 목표어에 대해 가르치지만, 목표어를 어떻게 사용하는지에 대해서는 가르치지 않는다. 그 차이에 대해 설명하시오.
2. 문법-번역식 교수법이 라틴어나 희랍어 같은 고전어를 가르치는 기본 교수법이라는 근거가 무엇인가?

B. 문법-번역식 교수법의 적용

1. 여러분이 최근까지 가르쳐 왔던 또는 현재 가르치고 있는 학생들을 생각해 보시오. 목표어로 된 문학작품, 교재의 독해본문, 혹은 여러분이 직접 쓴 것을 선택하시오. 그것이 학습자들이 이해할 수 있는 수준인지, 또는 너무 쉬운 것은 아닌지 확인해 보시오. 그것이 어느 정도 어려운지를 평가하기 위해 여러분이 직접 번역해 보시오. 학습자에게 새로운 어휘가 무엇인지 찾아보게 하고, 그 어휘와 학생들의 모국어에 해당하는 표현을 연결하는 연습활동을 만드시오.
2. 독해본문에 있는 한두 가지의 문법규칙이나 문법항목이 들어 있는 문장을 뽑아 명확한 문법규칙을 설명한 후, 다른 예문을 제시해 보시오. 그 문법규칙을 다른 예문에도 적용시킬 수 있는 연습 활동을 만들어 보시오.

참고 문헌

Chastain, K. 1988. *Developing Second Language Skills*. (3rd edn.). Chicago: Rand McNally College Publishing Company.

Coleman, A. 1929. *The Teaching of Modern Foreign Languages in the United States*. Vol. 12. American and Canadian Committees on Modern Languages.

Kelly, L. 1969. *25 Centuries of Language Teaching*. Rowley, MA: Newbury House.

Plotz, K. 1887. *Elementarbuch der Französischen Sprache*. Berlin: F. A. Herbig.

Stern, H. 1983. *Fundamental Concepts of Language Teaching*. Oxford: Oxford University Press.

Thomas, C. (ed.). 1901. *Report of the committee of twelve of the Modern Language Association of America.* Boston: DC Heath.

03
직접 교수법
The Direct Method

1 서론

문법-번역식 교수법과 마찬가지로 직접 교수법은 새로운 방법이 아니다. 그 원리는 오랫동안 여러 교사들에 의해 사용되어 왔다. 최근에 와서, 언어 교육의 목적이 의사소통하는 능력에 초점을 두기 시작함에 따라 다시 관심이 모아지기 시작하였다. 문법-번역식 교수법이 목표어로 의사소통 능력을 기르는 데 매우 효과적이지는 않는 반면에 직접 교수법은 이에 효과적인 것으로 보인다.

직접 교수법은 한 가지 기본 규칙을 갖는다. 목표어에서 모국어로 또는 모국어에서 목표어로의 번역이 허용되지 않는다. 사실상, 직접 교수법은 학습자의 모국어를 사용하지 않고 목표어만을 사용하되 시각적 자료(visual aid)나 실물예시(demonstration)를 통해서 의미를 전달하는 데 강조를 둔다는 점에서 그 이름을 따온 것이다.

다음은 이탈리아의 한 중등학교에서 직접 교수법을 사용하는 영어 수업을 관찰함으로써 그 교수법에 대해 살펴보기로 한다. 그것은 30명의 학생들로 구성된 1학년 말 수업으로 일주일에 세 번, 한 시간씩 이루어진다.

2 교실 경험

우리가 교실 뒤에 자리를 잡고 막 앉으려고 할 때 교사는 출석을 부르고 있었다. 교사는 교실 앞에 커다란 미국 지도를 펼쳐놓고, 학생들에게 교과서를 펴게 하였다. 수업은 '*Looking at a Map*'이라는 단원을 가지고 시작한다. 교사가 학생들을 한 명씩 지명하면, 단원 첫 본문을 한 문장씩 소리 내어 읽는다. 교사는 학생들이 문장을 읽는 동안 그 문장이 가리키는 지역을 지도에서 찾는다. 본문은 다음과 같은 내용으로 시작한다.

> We are looking at a map of the United States. Canada is the country to the north of the United States, and Mexico is the country to the south of the United States. Between Canada and the United States are the Great Lakes. Between Mexico and the United States is the Rio Grande River. On the East Coast is the Atlantic Ocean, and on the West Coast is the Pacific Ocean. In the East is a mountain range called the Appalachian Mountains. In the West are the Rocky Mountains.

학생들이 본문 읽기를 마치자, 교사는 학생들에게 질문이 있는지 묻는다. 한 학생이 'mountain range'가 무슨 뜻인지를 질문한다. 교사는 칠판에 그 산맥을 나타내기 위해 거꾸로 세운 여러 개의 콘 모양을 그린다. 그때 그 학생은 고개를 끄덕이며 알겠다고 말한다. 다른

그림 3.1 산맥의 의미를 설명하기 위해 칠판에 그림을 그리는 교사

학생이 'between'의 의미가 무엇인지를 질문한다. 교사는 대답하기를 "Your're sitting between Maria and Giovanni. Paolo is sitting between Gabriella and Cettina. Now do you understand the meaning of 'between'?"이라고 말한다. 그러면 그 학생은 알겠다고 대답한다.

모든 학생들의 질문에 대답을 해 준 후에, 이번에는 교사가 학생들에게, "Class, are we looking at a map of Italy?"고 질문한다. 그러면, 학생 모두 "No!"라고 대답한다. 교사가 완전한 문장으로 대답하기를 요구하면, 학생들은 "No, we aren't looking at a map of Italy."라고 대답한다.

"Are we looking at a map of the United States?"
"Yes. We are looking at a map of the United States."
"Is Canada the country to the south of the United States?"
"No, Canada isn't the country south of the United States."
"Are the Great Lakes in the North of the United States?"

"Yes. The Great Lakes are in the North?"

"Is the Rio Grande a river or a lake?"

"The Rio Grande is a river."

"It's a river. Where is it?"

"It's between Mexico and the United States."

"What color is the Rio Grande on the map?"

"It's blue."

"Point a mountain range in the West. What mountains are they?"

"They are the Rocky Mountains."

질문과 대답이 이런 식으로 몇 분 동안 계속된다. 마지막으로 교사는 학생들끼리 서로 질문하고 대답하게 한다. 학생들이 손을 들면, 지명하여 한 번에 한 가지씩 질문하게 하고 그 질문에 대해 다른 학생들은 대답하게 한다. 한 학생이 질문한다. "Where are the Appalachian Mountains?" 다른 학생들이 대답하기 전에, 교사는 그 학생이 말한 'Appalachian'에 대한 발음을 정정해 준다. 교사는 그 단어에 대해 다른 학생들도 같은 오류를 범할지 모른다는 생각에 전체 학생들을 연습시킨다. 그런 다음 그 질문에 대답하게 한다.

잠시 후에 다른 학생이 질문한다. "What is the ocean in the West?" 교사는 다시 다른 학생들이 대답하기 전에, 질문의 틀린 부분을 정정하기 위해 질문한 학생에게 다음과 같이 묻는다. "What is the ocean *in* the West Coast? … or *on* the West Coast?" 그러면 학생들은 다소 주저하면서 "On the West Coast."라고 대답한다. 교사는 고개를 끄덕이며 그 질문을 다시 한 번 반복하게 한다. 그 학생은 "What is the ocean on the West Coast?"라고 질문하고, 교실의 나머지 학생들은 "The ocean on the West Coast is the Pacific."이라고 모두 한 목소리로 대답한다.

이런 식으로 대략 10개 정도의 질문과 대답이 있은 후에, 교사가 다시 질문하고 학생들은 진술문(declarative sentence)으로 대답한다. 그러나 이번에는 교실에 있는 학생들과 관련된 질문으로 on, at, to, in, between 등의 전치사가 들어가는 문장을 만들게 한다. "Antonella, is your book on your desk?" "Antonio, who is sitting between Luisa and Teresa?" "Emanuela, point to the clock." 그런 다음에, 학생들 자신이 질문이나 진술문을 만들고 다른 학생들에게 지시한다.

그런 다음, 교재에 들어있는 빈칸 채우기 연습활동을 한다. 학생들은 문장을 소리 내어 읽고 그들이 읽는 문장의 빈칸을 채워 넣는다. 가령:

The Atlantic Ocean is ________ the East Coast.
The Rio Grande is ________ Mexico and the United States.
Edoardo is looking ________ the map.

마지막으로, 교사는 학생들에게 공책을 꺼내어 받아쓰기(dictation)를 하게 한다. 받아쓰기는 한 단락 정도 길이로 된 미국의 지리적 특징에 관한 것이다. 그 주간의 나머지 두 시간 수업에는 다음의 학습활동이 주어질 것이다.

1 미국의 지리적 특징을 조사해 본다.
2 교사의 지시를 따르면서, 그 지리적 특징을 갖는 지역을 지도 위에 표시를 한다. 그런 후에 학생들은 교사에게 지시를 주고 교사는 칠판에 지도를 완성한다.
3 'river'의 발음 연습으로 첫 음절의 /I/음(/i:/음과 대조)과 /r/음에 주의를 기울이면서 발음을 연습한다.
4 미국의 지리적 특징에 관련하여 한 단락 정도 작문한다.
5 'Time is Money.'(시간이 돈이다)라는 속담을 가지고 토론한다. 이런 주제에 관한 토론은 미국인들의 정확한 시간관념을 알게 하

는 것이다. 학생들은 이런 미국인들의 시간관념과 학생들 자신의 시간관념을 비교할 것이다.

3 교실 경험에 대하여

다음은 관찰된 직접 교수법의 교실 경험을 왼쪽에 나열하고 오른쪽에는 직접 교수법의 원리를 열거한다.

수업관찰	원 리
1. 학생들은 미국 지형에 관한 본문을 읽는다.	목표어로 읽기는 학습초기부터 이루어져야 한다. 그러나, 읽기 능력은 말하기 연습을 통하여 발달된다. 언어는 주로 말(speech)이다. 문화는 예술 이상의 것을 의미한다(가령, 이 수업에서 학생들은 지형과 문화적 태도를 배운다).
2. 학생들이 한 문장씩 읽는 동안 교사는 지도 위에 그에 해당하는 지역을 표시한다.	학생들이 목표어 의미를 쉽게 이해하도록 돕기 위해 교사는 즉각적인 교실환경에 있는 대상(실물이나 그림)을 사용한다.
3. 교사는 학생들에게 목표어로 질문하며, 학생들 역시 그 질문에 목표어로 대답한다.	학생들의 모국어는 교실에서 사용되어서는 안 된다.
4. 학생들이 묻는 질문에 교사는 칠판에 그림을 그리거나 예문을 제시하면서 대답을 준다.	교사는 실물예시를 통해서 가르치고 설명이나 번역을 통해서 가르치지 않는다. 학생들 스스로 목표어와 그 의미를 직접 연상하여 이해하게 한다.
5. 교사는 지도에 대하여 목표어로 질문하고, 학생들은 그 질문에 대해 완전한 문장 형태의 목표어로 대답한다.	학생들이 가능한 한 목표어로 생각하도록 가르친다. 어휘는 단순히 어휘만을 암기하기보다는 완전한 문장 안에서 학습하는 것이 효과적이다.
6. 한 학생이 지도에 관하여 질문을 한다.	언어 학습의 목적은 의사소통능력이다(학생들이 어떻게 질문할지와 어떻게 대답해야 할지를 가르친다).

7. 교사는 그 학생의 'Appalachian' 발음을 정정해 준다.	발음은 학습초기부터 이루어져야 한다.
8. 교사는 학생들이 범한 문법오류를 선택 예문을 주어 학생 스스로 고쳐보게 한다.	학습자 자기 오류정정이 언어학습에 효과적이다.
9. 교사가 학생들에게 관련된 질문을 하기도 하고 학생들끼리 서로 질문하기도 한다.	의사소통에 관련된 활동 — 실제 상황에서 언어를 사용할 기회 — 을 수업시간에 활용하여 가능한 한 말할 수 있는 기회를 갖도록 한다.
10. 학생들은 전치사 학습을 위해 빈칸 채우기 연습활동을 한다.	문법은 귀납적으로 가르쳐야 하며, 직접적인 설명을 통해서 가르치지 않는다.
11. 학생들은 미국의 지리적 특징에 관하여 한 단락 정도 받아쓰기 한다.	쓰기는 학습초기부터 발달해가야 하는 중요한 언어 기술이다.
12. 그 주간 모든 수업 내용은 미국의 지리적 특징에 관한 것이다.	교수요목(syllabus)이 언어구조에 관련된 것이기보다는 상황(situation)이나 주제(topic)에 관련된 것이어야 한다.
13. 미국인들의 정확한 시간관념에 관한 속담을 가지고 토론한다.	언어 학습은 그 언어를 사용하는 사람들의 삶의 방식에 대한 학습이기도 하다.

4 교수법 원리에 대한 검토

다음은 10가지 질문에 대해 대답함으로써 직접 교수법의 원리를 검토한다.

1. 직접 교수법을 사용하는 목적은 무엇인가?

직접 교수법을 사용하는 교사는 학생들이 목표어로 의사소통 능력을 발달시키는 것을 학습목적으로 삼는다. 이것이 성공적으로 이루어지기 위해서 학습자는 목표어로 생각하는 능력을 길러야 한다.

2. 교사의 역할은 무엇인가? 학생들의 역할은 무엇인가?

교사가 대부분의 학습활동을 지도할지라도 학생은 문법-번역식 교수법에서보다 더 적극적인 자세를 취하며, 교수/학습 과정에서 교사와 학생 상호 간에 훨씬 상호협력적이다.

3. 교수/학습 과정에는 어떤 특성이 있는가?

직접 교수법을 사용하는 교사들은 학생들이 목표어와 의미를 직접 연상시킬 수 있어야 함을 강조한다. 따라서 교사는 새로운 어휘나 구를 제시할 때 실물예시, 그림이나 몸짓으로 그 의미를 전달하며 학습자의 모국어로 번역해주지 않는다. 학생들은 실제 상황에 있는 것처럼 목표어로 의사소통하도록 유도된다. 사실상, 직접 교수법에 사용된 교수요목은 상황(각 단원이 은행이나 쇼핑하는 상황 등)이나 주제(지리적 위치, 돈, 그리고 날씨 등)에 관련한다. 문법은 귀납적으로 가르친다. 즉, 예문을 먼저 보고 그 예문들로부터 규칙을 이해한다. 학생들은 문장 속에서 새로운 어휘를 연습한다.

4. 학생-교사의 상호작용은 어떠한가? 학생-학생의 상호작용은 어떠한가?

교사와 학생간의 상호작용은 주로 교사가 학생에게 또는 학생이 교사에게로 이루어지는 양방향 학습형태를 가지며, 후자의 경우는 종종 교사 중심적인 학습이기도 한다. 학생과 학생 간의 상호작용도 이루어진다.

5. 학습자의 감정은 어떻게 다루어지는가?

이에 관련된 직접 교수법의 원리는 없다.

6. 언어를 어떠한 관점에서 바라보는가? 문화를 어떠한 관점에서 바라보는가?

언어는 주로 구어이지 문어가 아니다. 그러므로 일상생활에 관련된 대화를 목표어로 표현하는 것에 강조를 둔다. 또한 목표어를 말하는 사람들의 역사, 지형, 그리고 일상적인 삶에 대한 정보를 보여주는 문화를 배운다.

7. 언어의 어떤 영역이 강조되는가? 어떤 언어 기술이 강조되는가?

어휘는 문법보다 강조된다. 말하기·듣기·읽기·쓰기의 네 가지 능력을 학습초기부터 중요시 여기지만, 말하기에 더 강조를 둔다. 그러므로 읽기와 쓰기 연습은 말하기 연습을 통하여 이루어진다. 발음에 대한 강조는 학습초기부터 관심을 가지고 이루어진다.

8. 학습자의 모국어는 어떤 역할을 하는가?

학생들의 모국어는 교실에서 사용되어서는 안 된다.

9. 학습에 대한 평가는 어떻게 이루어지는가?

관찰한 수업에서 어떤 형식적인 평가 도구의 사용을 보지 못했다. 그러나 직접 교수법에서는 언어사용에 강조를 두는 것이지 언어자체에 대하여 알고 있는 것을 보여 주는 것이 아니다. 오히려 그들은 말하기와 쓰기 능력을 통해 언어사용을 보여주는 것이다. 가령, 학습자가 학습한 내용에 대해 구두시험을 보거나 한 단락 정도 작문하는 식으로 평가한다.

10. 교사는 학습자의 오류에 어떻게 반응하는가?

교사는 다양한 교수기법을 이용하여 가능한 한 학습자 스스로 자신의 오류를 정정하도록 한다.

5 직접 교수법에 대한 검토

10가지 질문의 대답에 여러분은 동의를 하는가? 그러면 다음의 교수기법들은 아마도 유용할 것이다. 여러분이 만약 모든 대답에 동의를 하지 않는다 할지라도, 여러분은 교실에서 직접 교수법의 몇 가지 교수기법을 사용할 수도 있을 것이다. 다음은 직접 교수법에 대한 몇 가지 교수기법을 상세히 살펴본다.

■ 소리내어 읽기

학생들은 독해본문, 희곡, 대화를 돌아가며 소리 내어 읽는다. 한 명씩 읽기를 끝마치자 교사는 읽은 부분의 의미를 명확하게 이해시키기 위해 몸짓, 그림, 실물예시, 혹은 다른 수단을 사용한다.

■ 질문–대답 연습활동

이 연습활동은 목표어로 이루어진다. 학생들은 새로운 어휘나 문법 구조를 연습하기 위해 완전한 문장으로 질문하고 대답한다. 또한 학습자가 질문하고 대답할 기회가 주어진다.

■ 학습자 자가–오류 정정

교사는 학습자의 대답과 교사가 제시한 대안적인 답을 선택하게 함으로써 학습자 스스로 오류를 정정하게 한다. 그 외에 학습자가 자가-오류 정정하도록 유도하는 방법이 있다. 가령, 교사는 학습자의 대답에서 무언가 틀렸다는 표시로 그 대답을 다시 한 번 반복하되 끝을 올려 의문문형태로 한다든지, 또는 학습자가 틀린 단어 바로 앞에서 잠시 멈춤으로써 학습자가 무엇이 틀렸는지를 알고 정정하게 한다.

■ 구두 대화 연습

교사는 학생들에게 목표어로 질문을 하며 학생들은 목표어로 정확히 대답하기 위해 그 질문들을 이해할 수 있어야 한다. 관찰한 수업의 경우, 교사는 학생들에게 질문을 하되 특정 문법구조를 사용하였다. 그런 후에 학생들은 똑같은 문법 구조를 사용하여 서로에게 질문하였다.

■ 빈칸 채우기 연습활동

이 교수기법은 일찍이 문법-번역식 교수법에서 언급되었으나 직접 교수법에서 사용된 방식은 약간 달랐다. 모든 항목들이 목표어로 되어 있고, 명백한 문법규칙도 주어지지 않고 학습자가 수업에서 다룬 연습활동이나 예문으로부터 빈칸 채우기에 적용할 문법 규칙을 끌어낸다.

■ 받아쓰기

교사는 본문을 세 번 읽어준다. 첫 번째는 정상적인 속도로 읽고 학생들은 듣기만 한다. 두 번째는 한 단락씩 읽어 주는데, 학생들이 들은 내용을 노트에 받아 적을 시간을 준다. 마지막으로 교사가 다시 한 번 정상적인 속도로 읽는 동안 학생들은 그들이 받아 적은 것을 검토해 본다.

■ 지도 그리기

관찰한 수업은 학생들에게 듣기 연습을 위해 사용되었던 교수기법의 한 예를 보여준다. 학생들은 지역이름이 적혀 있지 않은 빈 지도를 가지고, 교사의 지시에 따라 표시한다. "Find the range in the West. Write the words 'Rocky Mountains' across the mountain range." 교사는 모든 수업활동으로 미국의 지리적 특징에 관한 것을 다루었고, 교사의 지시를 정확히 따른다면 누구나 지도에 그 지형을 표기할 수 있을 것이다. 그런 다음 학생들은 그들이 했던 것처럼 칠판에 그린 지도 위에 교사에게 지시를 주어 표기하게 한다. 각 학생이 차례로 교사로 하여금 지리적 특징을 찾아내고 표시하도록 지시할 것이다.

■ 작문

이 수업에서 교사는 미국의 주요 지리적 특징에 관련하여 작문하게 한다. 학생들은 수업에서 학습하였던 것을 기억하며 작문하거나 본문

내용을 모델로 사용하기도 한다.

6 결론

직접 교수법의 원리와 교수기법을 살펴보았는데, 여러분의 수업에 적용할 만한 것이 있는지 조사해 보라. 언어 학습의 목적이 목표어로 의사소통하는 능력을 발달시키는 것이라는 생각에 동의를 하는가? 목표어의 의미를 명확하게 하기 위해서 학습자의 모국어를 사용해선 안 된다고 동의하는가? 가르치고자 하는 문화가 예술뿐만 아니라 그 나라사람들의 일상적인 삶에 관한 것이라고 생각하는가? 학생들이 스스로 오류를 정정하도록 권해야 하는가? 직접 교수법의 어떤 다른 원리가 있다고 보는가? 있다면, 그것은 무엇인가?

받아쓰기가 언어 학습에 효과적인 방법인가? 위에서 언급한 질문-대답 연습활동이나 구두 대화 연습을 사용해 본 적이 있는가? 그렇지 않다면 사용하지 않은 이유는 무엇인가? 작문이 언어 학습에 효과적인가? 문법은 귀납적으로 가르쳐야 하는가? 직접 교수법에서 사용된 교수기법들을 적용하고 싶은가? 사용하길 원한다면 어떤 것을 사용하고 싶은가?

7 학습활동

A. 직접 교수법에 대한 이해도 점검

1. 제2장에서 다룬 문법-번역식 교수법에서는 문법을 연역적으로 가르치는 반면에 직접 교수법에서는 문법을 귀납적으로 가르친다. 문법규칙을 귀납적인 방식과 연역적인 방식으로 가르치는 것의 차이를 설명할 수 있는가?
2. 문법-번역식 교수법과 직접 교수법의 차이는 무엇인가?
3. 직접 교수법을 사용하는 교사는 학생들의 모국어를 모르는 것이 더 좋다고 말한다. 여러분은 그 견해에 동의하는가? 왜 그렇다고 생각하는가?

B. 직접 교수법의 적용

1. 특정 상황(은행에서, 기차역에서, 또는 병원에서)이나 특정 주제(의복, 휴일, 또는 날씨)를 선택해서 짧은 본문이나 대화문을 만들어 보시오. 학생들의 모국어를 사용함 없이 학생들에게 그 의미를 어떻게 전달할 것인지 생각해 보시오.
2. 본문에서 문법구조를 선택하고 그 문법규칙을 어떻게 가르칠 것인가 구상해 보시오. 학생들 스스로 그 문법 구조를 추론해 가도록 어떤 예문들을 제시할 것인가?
3. 이 장에서 기술하였던 것처럼 학생들에게 받아쓰기와 작문을 연습하게 하시오.

참고 문헌

Berlitz, M. 1887. *Methode Berlitz.* New York: Berlitz and Company.

de Sauzé, E. 1929. *The Cleveland Plan for the Teaching of Modern Languages with Special Reference to French.* (Revised. edn.). Philadelphia: Winston, 1959.

Diller, K. 1978. *The Language Teaching Controversy*. Rowley, MA: Newbury House.

Gatenby, E. 1958. *A Direct Method English Course* (3rd edn.). London: Longman.

Gouin, F. 1880. *The Art of Teaching and Studying Languages*. (H. Swan and V. Betts trs.). London: Philip.

Krause, C. 1916. *The Direct Method in Modern Languages*. New York: Charles Scribner.

04
청화식 교수법
The Audio-Lingual Method

1 서론

앞에서 언급한 직접 교수법처럼, 청화식 교수법은 말하기 능력에 기초를 둔다. 그러나 이 교수법은 어떤 특정 상황에서의 언어사용을 통한 어휘습득에 강조를 두기보다는 문형연습(pattern practice)을 통한 언어 학습을 강조한다. 또한 직접 교수법과는 달리 언어학과 심리학에 이론적인 근거를 둔다. 미시간 대학의 언어학자인 Charles Fries(1945)는 구조주의 언어학의 방법론적인 원칙을 청화식 교수법에 적용하고자 하였다. 이러한 이유로 때로 미시간 교수법(Michigan Method)이라고 불리기도 하였다. 후에 점차적으로 행동주의 심리학(Skinner 1957)의 이론적인 배경 위에 발달된 이 교수법은 목표어의 문형 습득은 조건화를 통하여 — 학생들이 강화에 의해 자극에 정확히 반응하는 것 — 이루어진다고 보았다. 학생들이 모국어 습관을 버리고 목표어 화자가 되기 위해 필요한 새로운 습관을 형성하는 것이다.

좀 더 청화식 교수법을 잘 이해하기 위해 그 교수법을 사용하는 교실을 관찰하기로 한다. 말리(Mali)지역의 초급단계 학생들의 영어수업은 13세부터 15세까지 34명의 학생으로 구성되어 있고, 하루에 한 시간씩 주 5일에 걸쳐 이루어진다.

2 교실 경험

교실에 들어서자, 교사가 새로운 대화문(dialogue)을 제시하고 있고 학생들은 주의 깊게 듣고 있었다. 학생들은 교사가 제시하는 대화문을 암기해야 된다는 것을 알고 있었다. 교사는 모든 수업에 목표어인 영어만을 사용하게 한다. 때때로 교사는 의미를 전달하기 위해 행동을 취하기도 하지만 학생들의 모국어를 전혀 사용하지 않는다. 교사는 새로운 대화문을 제시한 후, 다음과 같이 말한다.

"자, 학생 여러분, 이제 그 대화문을 반복하여 들려 줄 테니 잘 들으세요. 두 사람이 마을에서 길을 걷고 있어요. 그 두 사람은 서로 알고 있으며, 그들이 길에서 만나자 멈추어 서서 이야기해요. 그 두 사람 이름은 Sally와 Bill인데, 나는 Sally의 역할과 Bill의 역할을 맡아 읽을 거예요. 그들의 대화를 잘 들어 보세요."

Sally: Good Morning, Bill.
Bill : Good Morning, Sally.
Sally: How are you?
Bill : Fine, thanks. And you?
Sally: Fine. Where are you going?
Bill : I'm going to the post office.
Sally: I am too. Shall we go together?
Bill : Sure. Let's go.

“두 사람의 대화가 무슨 내용인지 다시 한 번 잘 들으세요.”

교실 전체 학생들은 교사의 모형 대화문을 듣고 한 줄씩 여러 번 반복하여 연습한 후 다음으로 넘어간다. “I’m going to the post office.”라는 문장을 반복할 때, 학생들이 어려움을 보이면 반복하기를 멈추고 교사는 확장 연습(expansion drill)을 한다. 이 연습은 학생들이 발음하기 어려워하는 문장을 여러 개의 작은 구(phrase)로 나누어 반복 연습하는 것으로, 교사는 문장의 끝에 있는 두 단어를 가지고 시작하며, 계속하여 단어를 덧붙여 가면서 교사는 문장 전체를 형성하여 간다.

Teacher: Repeat after me: post office.
Class: Post office.
Teacher: To the post office.
Class: To the post office.
Teacher: Going to the post office.
Class: Going to the post office.
Teacher: I’m going to the post office.
Class: I’m going to the post office.

이런 연습활동을 통하여 교사는 학생들이 문장을 만드는 데 어려움을 겪는 부분을 완벽하게 구성하도록 도와준다. 여러 개의 구로 나누어 반복 연습함으로써 학생들은 단어나 구가 어디서 시작하고 끝나는지 주의를 기울일 수 있다. 학생들이 대화문을 여러 번 반복한 후, 교사는 Sally의 역할을, 학생들은 Bill의 역할을 맡아 연습한다. 시작하기 전에 교사가 모델을 보여준다. 사실상, 이것은 교사가 하는 것을 주의 깊게 듣고 교사가 말한 것을 가능한 한 정확하게 모방하는 반복연습(repetition drill)이다.

그 다음, 교사와 학생들은 역할을 바꾸어 교사가 Bill의 역할을 하고 학생들은 Sally의 역할을 맡아 여러 번 연습한다. 그런 후에 교사는 학생들 전체를 두 그룹으로 나누어 한 그룹은 Bill의 역할을, 다른 그룹은 Sally의 역할을 맡아 반복 연습한다. 교사는 때때로 그가 제시하였던 모델과 같지 않으면, 잠시 멈추게 하고 다시 한 번 그 모델을 보여주며 따라 하게 한다.

교사는 대화문을 네 줄씩 사슬연습(chain drill)을 한다. 이 사슬 연습은 학생이 네 줄 정도 대화를 혼자 하는 것이다. 교사는 각 학생이 하는 것을 듣고 어떤 학생이 어려움을 겪는지, 또 연습이 더 필요한지를 알게 된다. 사슬 연습은 비록 의사소통이 한정되어 있지만, 학생들이 서로 의사소통하는 데 필요한 표현을 연습하게 한다. 가령, 교사가 가까이 있는 학생에게 "Good morning, Adama."라고 말하면, Jose는 "Good morning, teacher."라고 대답한다. 다시 교사가 "How are you?"라고 묻고, Adama가 "Fine, thanks. And you?"라고 말하자 다시 교사는 "Fine."이라고 말한다. 교사는 옆에 앉아 있는 학생에게 몸을 돌려 인사하고자 한다. 그 학생이 교사의 몸짓을 통하여 자신의 차례임을 이해하게 되고, 학생은 그 다음 대화문의 문구를 가지고 교사와 주고받는다. 교사는 이런 식으로 또 다른 학생에게 말을 걸며, 이 사슬 연습을 통하여 학생 모두가 질문과 대답한 후, 마지막 학생이 교사에게 인사하며 이 연습은 끝난다.

마지막으로, 교사는 남은 수업시간 동안 두 학생을 지목하여 전체 대화문을 가지고 주고받으며 대화해 보도록 하게 한다. 그들이 다 마치면 또 다른 두 학생을 지목하여 하게 한다. 그런 식으로 학생들 모두가 차례로 돌아가며 하는데, 그 수업시간에 학생들 모두에게 기회가 주어지지 않으면 그 주의 다른 수업시간에 다시 기회를 준다.

다음 단계로는 대화문을 가지고 하는 연습이다. 그러나 이 연습은 단순한 반복 연습이 아니다. 이것은 단일위치 대체연습(single-slot substitution drill)으로 학생들이 대화문의 한 문장을 읽을 때 교사가 제시하는 단어나 구를 가지고 그 문장의 단어나 구를 대체하는 연습이다. 이때 제시하여 주는 단어나 구를 단서어(cue)라고 한다.

그림 4.1 문장 만드는 연습을 위해 그림 사용하기

교사는 대화문을 한 줄씩 암기한다. “I am going to the post office.”라는 문장에 이어서 학생들에게 은행이 그려진 그림을 보여주고 “bank”라고 말한다. 교사는 잠시 후에 다시 “I am going to the bank.”라고 말한다. 그러한 예를 통하여 학생들은 교사가 제시하는 단서어인 ‘the bank’를 문장의 알맞은 위치에 넣어야 한다는 것을 이해하게 된다.

교사가 ‘drugstore’의 첫 단서어를 제시하자, 학생들 모두 한 목소리로 “I am going to the drugstore.”라고 대답한다. 교사는 미소를 지으며, 잘했다는 칭찬과 함께 ‘the park’라는 다른 단서어를 제시한다. “I am going to the park.”라고 학생들은 대답한다.

교사는 ‘the cafe’, ‘the supermarket’, ‘the bus station’, ‘the football field’, ‘the library’ 등과 같은 대체 단어를 연이어서 제시한다. 각 단

서어를 제시할 때 그 단어에 해당하는 그림도 함께 보여준다. 세 번 정도 이어서 연습하게 한 후 교사는 대체 단어를 구두로 주지 않고 대신에 한 번에 하나씩 그림을 보여준다. 학생들은 그림이 가리키는 곳이 어디인지를 이해하고 문장의 적절한 위치에 삽입하여 완전한 문장을 만든다.

대화문의 다음 문장인 "How are you?"에도 이와 비슷한 절차가 이루어진다. 이 경우에는 주격 대명사인 'he', 'she', 'they', 'you'가 단서어로 주어진다. 이 대체 연습은 교사가 제시하는 주격 대명사에 따라 동사의 형태가 'be, is, are'로 변하기 때문에 학생들은 다소 어렵게 여길 것이다. 이때 교사는 그 주격 대명사에 관련된 그림을 제시하지 않아도 학생들은 그 단서어들에 이미 익숙함을 갖는다. 대신에 교사는 여러 번 구두로 단서어를 준 다음에 교실에 있는 한 남학생을 가리키자, 학생들은 문장에 주격 대명사 'he'를 적용한다는 것을 이해하고 한 목소리로 "How is he?"라고 대답한다. 교사는 잘했다는 칭찬과 함께 이번엔 교실에 있는 한 여학생을 손으로 가리킨 후 학생들의 반응을 기다린다. 그런 후에 교사는 'they'를 끌어내기 위해 여러 학생들을 손으로 가리킨다.

마지막으로, 교사는 다중위치 대체연습(multi-slot substitution drill)을 통하여 학습의 복잡성을 증가시킨다. 이 연습은 방금 언급한 단일위치 대체 연습과 유사하다. 그러나 이 연습을 통하여 학생들은 단서어가 어떤 품사인지 문장에서 적절한 위치가 어디인지를 알아야한다. 학생들은 교사로부터 단 한번 단서어를 들을 수 있으며, 그때 교사가 제시한 대체할 단어나 구가 문장의 어느 부분에 삽입되어야 할지를 결정해야 한다. 교사는 대화문의 "I am going to the post office."라는 문장을 반복함으로써 시작한다. 교사가 단서어인 'she'를 주면, 학생들은 "She is going to the post office."라고 대답한다. 그 다음 교사가 'to the park'을 제시하면, 학생들은 처음엔 주저하다가 곧 "She is going to the park."라는 문장을 정확히 형성한다. 교사는 때론 주격 대명사나 장소에 관한 단서어나 구를 제시하면서 이런 방식으로 계속 연습한다.

대체 연습활동 다음에는 변형연습(transformation drill)이 이루어지는데, 이 연습은 한 문장을 다른 문장으로 변형시키는 것으로, 가령 긍정문을 부정문으로 능동문을 수동문으로 전환하는 것이다. 교사는 긍정문을 yes/no 의문문으로 바꾸는 데 필요한 대체 연습을 사용한다. 교사는 “She is going to the post office.”라는 예문을 주면서, 학생들이 이 문장을 “Is she going to the post office?”라는 의문문으로 변형시켜야 한다고 말한다.

교사는 이 변형연습에 관한 두 가지 예문을 더 제시한 다음에, “모두 이해했지요? 자 그럼, 시작해 봅시다.”라고 말한다. “They are going to the bank.”라고 교사가 말하면, 학생들은 “Are they going to the bank?”라고 변형시킨다. 교사는 대략 15문장을 이런 식으로 연습시킨 후에 질문-대답 연습(question-and-answer drill)으로 넘어간다.

교사는 일찍이 했던 것처럼 축구장이 그려진 그림 한 장을 학생들에게 보여주면서 “Are you going to the football field?”라고 묻는다. 교사는 그 질문에 대한 대답으로 “Yes, I’m going to the football field.”라고 말한다. 또 교사는 공원이 그려진 그림을 보여주면서 “Are you going to the park?”라고 질문을 한 후에, 이어서 “Yes, I’m going to the park.”라고 대답도 제시한다. 이번엔 도서관이 그려진 그림을 보여주면서 “Are you going to the library?”라고 질문하면, 학생들 모두 “Yes, I’m going to the library.”라고 대답한다.

“참, 잘했어요.”라고 교사는 덧붙인다. 교사의 행동과 예문을 통하여 학생들은 교사가 보여준 모델에 따라 질문에 대답할 수 있다. 교사는 이 연습을 몇 분 동안 더 계속하는데, 학생들이 이 연습을 제대로 할 수 있다고 생각하기 때문에 교사는 학생들의 이름을 한 명씩 차례로 부르며 재빨리 진행해 간다. 학생들은 자기 순서가 되었을 때 주저함 없이 신속히 대답해야 한다.

학생들이 제 속도에 맞추어 따라오면 교사는 다음 단계로 넘어간다. 교사는 다시 학생들 모두에게 이번에는 상점이 그려진 그림을 보여주고 "Are you going to the bus station?"이라고 물은 다음에, 이어 "No, I am going to the supermarket."이라고 대답을 제시한다.

학생들은 그림을 보고 질문의 장소가 그림에서 보여주는 장소와 다른 경우에 질문에 대해 부정문을 이용해서 대답하는 것임을 이해하게 된다. 그 다음, 교사가 카페 그림을 보여주며 "Are you going to the bus station?"이라고 묻자, 학생들은 "No, I am going to the cafe."라고 대답한다.

잘했다고 교사는 칭찬한다. 부정문으로 답해야 하는 의문문을 준 뒤에, 교사는 우체국이 그려진 그림을 보여주고 "Are you going to the post office?"라고 질문하면, 학생들은 "Yes, I am going to the post office."라고 대답한다.

"좋아요"라는 말과 함께 이러한 질문-대답 연습을 더 하는데, 간혹 학생들에게 부정문을 끌어 낼 상황을 제시하기도 한다. 교사는 그림을 한 장씩 보여주면서 거기에 따른 질문을 하는데 학생들은 별 어려움 없이 대답한다. 교사가 계속 진행하다가 간혹 멈출 때는 학생의 발음이 정확하지 않은 경우로서, 교사는 그 단어에 대해 정확한 발음을 제시하고 자신의 발음에 가깝게 될 때까지 계속 연습하게 한다.

수업이 끝나기 몇 분전에 교사는 대화문을 다시 한 번 읽어준다. 절반의 학생들은 Bill의 역할을, 절반은 Sally의 역할을 맡아 한 번 더 반복한다. 학생들은 이번에는 주저함 없이 잘한다. 역할을 바꾸어 다시 해 보게 한다. "잘 했어요."라는 말과 함께, 교사는 미소를 지으며 수업을 끝낸다.

그렇게 수업은 끝났다. 교사와 학생들 모두 열심히 했으며 수업 내내 학생들은 영어로만 듣고 말했다. 교사는 다소 피곤함을 보였지만, 수업하는 동안 학생들이 잘하였다는 생각에 즐거워한다. 학생들은 대화문의 몇 줄을 학습하였고 연습활동에서 교사가 제시하는 단서어에 대해 머뭇거리지 않고 대답할 수 있게 되었다.

다음 주에 교사는 다음과 같은 학습활동을 할 것이다.

1 대화문을 복습한다.
2 가령, “I am going to the post office. I need a few stamps.”처럼 몇 줄을 덧붙임으로써 대화를 확장한다.
3 대화문의 나머지 부분에 나오는 새로운 어휘를 소개한다.
“I am going to the supermarket. I need a little butter.”
“… library … few books.”
“… drugstore … little medicine.”
4 집합명사를 ‘a little’에 또한 셀 수 있는 명사를 ‘a few’에 연관시킴으로써 두 명사 사이의 차이를 비교한다. 어떤 문법규칙도 학생들에게 적용시키지 않는다. 교사가 제시하는 예문으로부터 문법규칙을 이해하게 한다.
5 교사들은 대조분석(학생들의 모국어와 목표어 사이의 비교 분석)으로 인해 학생들이 ‘little’을 발음하는 데 있어서 어려움을 가질 거라고 생각해 왔다. 실제로 학생들은 그 단어를 /iː/음이 있는 것처럼 발음하였다. 교사는 그 주 내내 /iː/와 /i/를 대조하여 가르친다. sheep/ship, leave/live, he’s/his 같은 **최소 대조 쌍어**(minimal-pair word)를 들려주며, 각기 두 단어 사이에 발음상 차이가 있는지를 알게 한다. 교사는 학생들이 준비가 되었다고 생각할 때, 두 음을 비교하여 연습시키는데, 처음에는 음 자체로만, 점차로 단어, 구, 그리고 문장 안에서 연습한다.
6 그 주가 끝나갈 즈음에, 교사는 대화문을 칠판에 적는다. 학생들로 하여금 한 줄씩 읽게 하고 교사는 칠판에 그것을 기록한다. 학생들 역시 공책에 그것을 받아 적는다. 연습 활동으로 교사는 대화문에서 15개의 단어를 지워 빈칸을 만들었다. 학생들은 공책에 대화문을 다시 한 번 쓰는데, 이전에 적었던 대화문을 보지 않고서

빈칸에 들어갈 단어들을 채우며 쓴다. 또 다른 연습활동으로는 학생들에게 I, go, supermarket 같은 단어나 he, need, butter 등의 단어를 주고 대화문에서 연습하였던 문장처럼 완전한 문장을 만들어 보게 한다.

7 금요일에 교사는 슈퍼마켓 알파벳 게임(supermarket alphabet game)을 하는데, 그 게임은 'A'로 시작하는 음식에 관련된 단어를 사용하며 시작한다. 가령, 한 학생이 "I am going to the supermarket. I need a few apples."라고 하면, 다른 학생이 "I am going to the supermarket. He needs a few apples. I need a little bread (or 'a few bananas' or any other food item you could find in the supermarket beginning with the letter 'B')."라고 말한다. 이어 또 다른 학생이 "I am going to the supermarket. He needs a few apples. She needs a little bread. I need a little cheese."라고 말한다. 이렇게 게임은 각 학생들이 알파벳에 있는 다음 글자로 시작하는 음식 이름을 덧붙이며 계속해서 이어간다. 그러나 각자 자기의 음식 이름을 덧붙이기 전에, 이전에 다른 학생들이 언급한 음식 이름을 먼저 언급한 후에 자신의 음식 이름을 덧붙이도록 한다. 만약 학생이 음식 이름을 말하는 데 어려움을 갖는다면 교사와 다른 학생들이 도움을 주기도 한다.

8 그 게임에 이어 교사는 미국에 있는 한 슈퍼마켓에서의 상황을 제시한다. 교사는 영어로 자신의 생각을 전달하는 데 힘들어한다. 교사는 미국의 슈퍼마켓과 말리의 야외시장(open-air market) 사이의 차이점에 대한 학생들의 질문에 대답한다. 학생들은 미국의 축구와 말리의 축구 사이에 차이점을 간단하게 토의하는데, 학생들은 몹시 그 토의에 재미있어하는 것 같다. 교사는 다음 주에 유명한 미국의 운동경기에 대해 토의할 것을 약속하며 수업을 끝낸다.

3 교실 경험에 대하여

청화식 교수법의 짧은 교실 경험이지만, 교사의 행동과 교실에서 사용한 교수기법에 대해 살펴보기로 합시다. 이 경험으로부터 그 교수법에 근거해 있는 원리를 이해할 수 있다.

수업관찰	원리
1. 교사는 새로운 대화문을 학생들에게 소개한다.	언어형태는 독립적으로 발생하지 않는다. 대부분 문맥 속에서 자연스럽게 발생한다.
2. 교사는 교실에서 목표어만을 사용한다. 행동, 그림, 실물예시는 의미를 전달하기 위해 사용한다.	모국어와 목표어는 다른 언어체계를 갖는다. 목표어를 배우는 데 학생들의 모국어 간섭이 가능한 한 일어나지 않도록 한다.
3. 교사는 대화문을 학생들에게 두 번 정도 들려준다. 적절한 답을 제시하여 연습시키기도 하고, 목표어의 정확한 발음을 제시하기도 한다.	교사의 주요역할은 목표어의 모델을 제시하는 것이다. 교사는 학생들에게 정확한 모델을 제공한다. 그것이 어떻게 발음되는지를 주의 깊게 듣게 한 다음 그대로 따라하게 한다.
4. 학생들은 대화문을 한 줄씩 여러 번 반복한다.	언어 학습은 습관형성의 과정이다. 어떤 것을 되풀이하여 반복하면 할수록 습관이 되어 학습의 효과는 커진다.
5. 학생들이 읽다가 더듬거리면 교사는 확장 연습을 사용한다.	학생들이 오류를 범하지 않도록 한다. 오류는 나쁜 습관 형성으로 이끌 수 있다. 오류가 일어날 때, 즉시 교사에 의해 정정되어야 한다.
6. 각 학생들은 서로 인사하는 사슬 연습을 한다.	언어 학습의 목적은 의사소통을 하기 위해 언어사용하기를 학습하는 것이다.
7. 교사는 단일위치 대체 연습이나 다중위치 대체 연습을 사용한다.	어느 특정 품사가 들어갈 위치에 빈칸이 주어진다. 문장형성을 위해 학생들은 빈칸에 어느 품사가 들어가는지를 학습해야 한다.
8. 교사는 학생들이 정확하게 발음할 때, 잘했다고 칭찬한다.	긍정적인 강화는 학생들이 정확한 습관을 발달시키는 데 중요한 역할을 한다.

9. 교사는 말이나 그림으로 단서어를 준다.	학생들은 언어적이거나 비언어적인 자극에 대해 반응한다.
10. 학생들은 변형 연습이나 질문-대답 연습을 한다.	각 언어는 제한된 수의 문형을 가지고 있다. 문형 연습은 그 문형을 사용하는 습관을 형성하도록 돕는다.
11. 학생들이 그 문형을 학습하였다고 생각하면, 교사는 그 문형에 관련된 질문을 즉시 준다.	학생들은 생각할 겨를도 없이 자동적으로 대답하도록 연습한다.
12. 교사는 각 학생에게 그림을 한 장씩 보여주고 그 그림에 적절한 단서어를 주어 대답하게 한다.	교사는 오케스트라 지휘자와 같이 목표어로 학생들의 행동을 지도하고 통제하는 역할을 한다.
13. 새로운 어휘는 대화문에 그 어휘가 들어가 있는 문장을 통하여 가르친다.	언어 교육의 주요 목적은 학생들이 문형 구조를 학습하는 것이다. 나중에 어휘를 학습하도록 한다.
14. 어떤 문법규칙도 먼저 제시하지 않는다. 문법요점은 예문을 통해서나 연습을 통해서 가르친다.	언어 학습은 모국어 습득과 같아야 한다. 모국어를 습득하는 데 규칙을 암기하진 않는다. 그러므로 목표어 사용에 필요한 문법규칙은 예문을 통해 이해되어야 한다.
15. 교사는 학생의 모국어와 목표어를 대조 분석하여 학생들이 어려움을 갖게 될 부분을 예측한다.	언어 교육의 주요 장애는 학생들의 모국어 습관형성을 극복하는 것이다. 교사는 모국어와 목표어를 비교하여 학생들이 어느 부분이 어려울지 예측할 수 있다.
16. 교사는 한 주간 수업을 마칠 때 칠판에 대화문을 적는다. 학생들은 공책에 받아 적고 문장연습을 한다.	문어보다 구어를 기본적인 언어형태로 본다. 모국어를 습득하는 순서인 '자연 습득 순서(natural order)'는 듣기, 말하기, 읽기, 쓰기 순이다.
17. 슈퍼마켓 알파벳 게임, 미국 슈퍼마켓과 축구에 대한 토의가 수업에서 다루어진다.	언어는 문화와 분리될 수 없다. 문화는 문학과 예술뿐만 아니라 목표어를 사용하는 사람들의 일상적인 행위이다. 교사의 책임은 그 문화에 대한 지식을 가르치는 것이다.

4 교수법 원리에 대한 검토

다음은 지금까지 살펴본 각 교수법에서처럼 10가지 질문에 대해 대답을 제시한다.

1\. 청화식 교수법을 사용하는 목적은 무엇인가?
교사는 학생들이 목표어로 의사소통할 수 있어야 한다고 생각한다. 그러기 위해서는 목표어로 자신이 표현하고자 하는 것을 머리에서 생각할 겨를도 없이 자동적으로 말할 수 있어야 한다. 이것은 학생들이 갖는 모국어 습관을 버리고 목표어의 새로운 습관을 형성함으로써 가능하다.

2\. 교사의 역할은 무엇인가? 학생들의 역할은 무엇인가?
교사는 학생들의 언어 행위를 지도하고 통제하는 오케스트라의 지휘자와 같다. 교사는 학생들이 정확히 모방하도록 좋은 모델을 제시해야 한다. 그러므로 학생들은 교사의 육성이나 교사가 제시하는 목표어 화자의 테이프를 듣고 그대로 모방해야 한다. 학생들은 교사의 지시를 따르고, 가능한 한 정확하고 빠르게 반응해야 한다.

3\. 교수/학습 과정에는 어떤 특성이 있는가?
새로운 어휘와 구문구조는 대화문에 있는 것을 다루며, 그 대화문은 모방과 반복을 통하여 학습된다. 연습 활동(반복, 확장, 사슬, 대체, 변형, 질문-대답)은 대화에 있는 문형에 기초하여 이루어진다. 학생들의 정확한 반응에 긍정적 강화가 제공된다. 문법규칙은 상세한 설명을 통해서 가르치는 것이 아니라 주어진 예문을 통하여 귀납적으로 학습된다. 명시적인 문법규칙은 제공되지 않는다. 문화적인 지식은 대화문을 통해서나 교사에 의해 설명된다. 읽기와 쓰기는 일찍이 학습한 말하기 학습에 기초한다.

4. 학생–교사의 상호작용은 어떠한가? 학생–학생의 상호작용은 어떠한가?

사슬 연습에서는 학생-학생 간의 상호작용이 이루어지며, 학생들이 대화문 학습을 위해 각기 다른 역할을 취할 때는 교사 중심적 활동이 된다. 대부분 교사-학생 간의 상호작용이 이루어지며, 이 경우에도 주로 교사가 주도적인 역할을 취한다.

5. 학습자의 감정은 어떻게 다루어지는가?

이 영역에 관련된 방법적 원리는 없다.

6. 언어를 어떠한 관점에서 바라보는가? 문화를 어떠한 관점에서 바라보는가?

청화식 교수법의 언어적 관점은 기술 언어학(descriptive linguistics)에 의해 영향을 받아왔다. 언어는 나름대로의 유일한 체계를 가지고 있으며, 그 체계는 각기 다른 음운론적, 형태론적, 구문론적인 특성으로 구성되어 있다. 청화식 교수법에서는 일상적인 대화가 강조된다. 대화의 복잡성 정도는 등급으로 매겨서 초급 단계의 학습자에게는 간단하고 단순한 문형으로 가르친다. 문화는 목표어 화자의 일상적인 행위와 생활유형으로 본다.

7. 언어의 어떤 영역이 강조되는가? 어떤 언어 기술이 강조되는가?

음운체계와 문법구조를 다 습득할 때까지 어휘는 극히 제한된 양만을 가르친다. 문법구조는 문장과는 똑같지 않다. 가령, Meg called. The Blue Jays won. The team practiced.의 세 문장의 기저가 되는 문법구조는 같다. 언어의 자연스런 습득 순서는 듣기, 말하기, 읽기, 쓰기 순서로 가르쳐야 하며, 그중에서 말하기/듣기 능력이 강조된다. 쓰기 연습도 구두로 표현된 것을 받아쓰기한다. 발음은 학습 초기단계부터 관심을 두며, 어학실습실에서 일하는 학생들에 의해서 최소 대조쌍어를 구별하는 연습부터 한다.

8. 학습자의 모국어는 어떤 역할을 하는가?
학생들의 모국어 습관은 목표어를 학습하는 데 있어서 간섭효과를 주는 것으로 간주되므로 수업매체로 학생들의 모국어가 아닌 목표어만을 사용한다. 교사는 학생들의 모국어와 목표어를 대조 분석하여 학생들이 학습하는 데 어려움을 가질 부분을 미리 예측한다.

9. 학습에 대한 평가는 어떻게 이루어지는가?
이 질문에 대한 대답은 사실상 수업을 관찰할 때 학생들이 형식적인 시험을 치르는 상황을 직접 목격하지 못하였으므로 분명하지 않다. 그렇지만, 그 상황에서 만약 적용할 수 있는 시험은 개별문항(discrete-point) 시험 — 각 질문형태가 한 번에 한 언어특성을 다루는 시험 — 이다. 가령, 최소 대조 쌍어를 주고 단어들 사이를 구별하게 하거나 한 문장을 주고 빈칸에 적절한 동사 형태를 변형시키는 문제 유형이다.

10. 교사는 학습자의 오류에 어떻게 반응하는가?
학생들의 오류는 가능한 한 피하도록 할 것이다. 가령, 학생들이 학습에 어려움을 가지는 부분이나 또는 일찍이 가르친 내용에서 틀린 부분들에 대한 정정이 주어질 것이다.

5 청화식 교수법에 대한 검토

만약 여러분이 위 질문에 대한 대답에 동의한다면, 다음의 교수기법을 모두 수업에 적용할 것이고, 만약 동의하지 않는다 할지라도 여러분은 일부 교수기법은 이미 사용되고 있고 사용할 수도 있을 것이다.

■ 대화문 암기

두 사람 간의 짧은 대화문은 종종 수업에 사용된다. 학생들은 모방을 통하여 대화문을 암기한다. 학생들은 대개 대화문에 나오는 한 화자의 역할을 맡고 교사가 다른 화자의 역할을 맡는다. 역할놀이 후에 다시 역할을 바꾸어 각기 다른 화자의 역할을 반복 연습한다. 역할을 연습하는 또 다른 방법은 학생들을 절반으로 나누어 각기 서로 다른 화자의 역할을 하게 한다. 그 다음에 두 명씩 앞에 나와 모든 학생들이 보는 가운데 그들이 암기한 것을 가지고 각기 역할을 해 본다. 청화식 교수법에서는 문형이나 문법요점이 대화문 속에 들어 있다. 이러한 문형과 요점은 대화문의 맥락 속에서 연습한다.

■ 확장연습

대화문의 문장이 길어 학생들이 어려움을 가질 때, 교사는 한 문장을 여러 개의 구로 나눈다. 학생들은 마지막 구를 먼저 반복하는데, 교사가 단서어를 주면 점차로 구를 확장해 가면서 전체 문장을 형성하여 간다. 이때 교사는 마지막 구의 단어에 강조를 두면서 가능한 한 자연스럽게 억양이 이루어지도록 한다.

■ 반복연습

학생들은 교사의 모형 대화문을 가능한 한 정확하고 빠르게 반복하며 연습한다. 이 연습은 대화문을 한 줄씩 연습하는 데 사용된다.

■ 사슬연습

사슬연습은 학생들이 교실에 둘러서서 한 명씩 서로 질문하고 대답하는 식의 대화의 사슬모양을 형성한다는 점에서 그 이름을 그렇게 부른다. 교사는 어느 한 학생에게 인사하거나 질문하고 그 학생은 대답하고 나서 옆에 앉아있는 학생에게 몸을 돌려 질문을 하는 식으로 사슬모양으로 이어진다. 사슬연습은 비록 대화가 제한되긴 하지만 통제된(controlled) 의사소통으로 이루어진다. 교사는 각 학생의 발화를 검사할 기회를 갖게 된다.

■ 단일위치 대체연습

교사가 대화문을 한 줄씩 읽는다. 그 다음 교사가 대체 단어나 구를 제시하면, 학생들은 그 단어나 구를 적절한 위치에 대체시키면서 그 문장을 반복한다. 이 연습의 주요 목적은 학생들로 하여금 문장의 어느 부분에 단서어를 적용시켜야 하는지를 찾아서 그곳에 적절히 넣게 하는 것이다.

■ 다중위치 대체연습

이 연습은 위에서 언급한 단일위치 대체 연습과 유사하다. 차이는 교사가 한 번에 하나 씩 단서어나 구를 주면, 학생들은 그 단서어나 구의 품사가 무엇인지 문장의 어느 부분에 넣어야 할지를 판단하고 나서 주어-동사 일치 같은 변형을 준다.

■ 변형연습

가령, 교사가 한 긍정문을 제시하면, 학생들은 부정문으로 변형시킨다. 변형연습의 다른 예는 긍정문을 의문문으로, 능동문을 수동문으로, 그리고 직접화법을 간접화법으로 바꾸는 것 등이 있다.

■ 질문–대답 연습

이것은 학생들이 질문에 관련하여 대답하는 연습을 위한 것이다. 학생들은 교사의 질문에 매우 신속하게 대답해야 한다. 비록 관찰한 수업에선 볼 수 없었지만, 학생들이 질문할 수 있도록 적절한 단어를 주는 것도 가능하다. 이것은 학생들이 질문하는 연습을 위한 것이기도 하다.

■ 최소 대조 쌍어 연습

가령 ship/sheep에서처럼 오직 한 음만 다른 최소 대조 쌍어를 가지고 발음을 연습한다. 학생들은 먼저 두 단어 사이의 차이를 인식하고 후에 두 단어를 각각 발음할 수 있어야 한다. 교사는 학생들의 모국어와 목표어를 대조 분석하여 가르칠 목표음을 선택한다.

■ 대화문 완성하기

대화문에서 일부 단어들을 지우고 빈칸으로 만든 다음, 학생들로 하여금 빠진 단어를 넣어 대화문을 완성하게 한다.

■ 문법 게임

이 장에서 언급한 슈퍼마켓 알파벳 게임이 이에 속한다. 그 게임은 학생들로 하여금 맥락 속에서 문법요점을 연습하게 한다. 학생들은 비록 한정된 수의 어휘라 할지라도 자신을 표현할 수 있다. 이 게임 역시 반복연습이 많이 사용된다.

6 결론

지금까지 청화식 교수법의 원리와 교수기법을 살펴보았다. 이 방법과 여러분의 교수 방법 사이의 연결을 만들어 보라. 언어 습득이 습관 형성에 의한 것이라는 생각에 동의하는가? 만약 그렇다면, 모국어 습관이 목표어 습득을 간섭한다고 생각하는가? 학생들은 가능한 한 오류를 범하지 않도록 해야 한다고 보는가? 청화식 교수법의 어느 교수기법이나 원리를 여러분의 수업에 적용하길 원하는가?

모형 대화문을 제시하는 것이 새로운 교수자료로 효과적인 방법인가? 교사가 읽어주는 대로 모방함으로써 대화문을 암기하는 것이 바람직하다고 생각하는가? 구문구조 연습이 효과적인가? 최소 대조 쌍어를 통한 발음 연습이 효과적인가? 이 교수기법이나 청화식 교수법의 다른 교수기법을 여러분의 수업에 사용할 것인가?

7 학습활동

A. 청화식 교수법에 대한 이해도 점검

1. 다음 중 어느 교수기법이 청화식 교수법의 원리로부터 나온 것이며 어느 교수기법이 그 원리를 따르지 않는가? 여러분의 대답에 대한 이유를 설명하시오.
   a. 초급 단계의 학생들에게 그들 나라의 교통수단 체계에 대해 작문을 하게 한다. 만약 그들이 모르는 어휘가 필요하다면, 번역을 위해 사전을 찾아보도록 한다.
   b. 셋째 주 정도에, 교사는 학생들에게 독해본문을 읽게 하고, 그 내용에 관련된 질문을 주고 대답하게 한다. 그 본문은 첫 3주 동안 수업에서 다루었던 어휘나 구조를 포함한다.
   c. 교사는 학생들에게 3인칭 현재 단수동사에 '-s'를 붙여야 함을 영어로 제시한다. 그런 후에 일련의 동사목록을 주고 각 동사의 3인칭 현재 단수 동사형으로 바꾸도록 한다.
2. 모국어나 제2언어에 대한 지식이 제3언어를 습득하는 데 도움이 된다고 생각하는 사람들이 있다. 청화식 교수법을 사용하는 교사는 이것에 대해 긍정적으로 생각하는가? 그렇게 생각하는 이유는 무엇인가?

B. 청화식 교수법의 적용

1. 다음의 대화문을 읽고 어떤 문형연습으로 가르칠지 생각해 보시오.

   SAM: Lou's going to go to college next fall.
   BETTY: Where is he going?
   SAM: He's going to Stanford.
   BETTY: What is he going to study?
   SAM: Biology. He's going to be a doctor.

   초급단계 영어를 목표어로 학습하는 학생들에게 이 구문 구조를 가르칠 여러 연습활동(확장, 반복, 사슬, 단일위치 대체, 다중위치 대체, 변형, 그리고 질문-대답 연습)을 준비하시오. 만약 가르치는 목표어가 영어가 아니면, 여러분 자신이 가르칠 대화문을 직접 쓸지도 모른다. 연습 활동을 준비하고 자신의 것을 검토하기가 쉽지 않다면, 다른 교사들에게 보여주어 검토해 보시오.

2. 가르치고자 하는 목표어로 된 문장이나 문형연습을 학생들에게 소개하기 위하여 여러분이 직접 대화문을 만드시오.

참고 문헌

Brooks, N. 1964. *Language and Language Learning: Theory and Practice*. (2nd edn.) New York: Harcourt Brace.

Chastain, K. 1988. *Developing Second-Language Skills*. (3rd edn.) Chicago: Rand McNally College Publishing.

Finocchiaro, M. 1974. *English as a Second Language: From Theory to practice*. (2nd edn.) 62-72, 168-72. New York: Regents Publishing.

Fries, C. 1945. *Teaching and Learning English as a Foreign Language*. Ann Arbor: University of Michigan Press.

Lado, R. 1957. *Linguistics Across Cultures: Applied Linguistics for Language Teachers*. Ann Arbor: University of Michigan Press.

________. 1964. *Language Teaching: A Scientific Approach*. New York. McGraw-Hill.

Paulston, C. 1971. The sequencing of structural pattern drills. *TESOL Quarterly* 5/3, 197-208.

Prator, C. 1965. Development of a manipulative-communication scale in R. Campbell, and H. Allen (eds.): *Teaching English as a Second Language*. New York. McGraw -Hill.

Rivers, W. 1968. *Teaching Foreign Language Skills*. Chicago: University of Chicago Press.

Skinner, B. F. 1957. *Verbal Behavior*. New York: Appleton-Century-Crofts.

05
무언 교수법
The Silent Way

1 서론

청화식 교수법을 통하여 언어를 학습한다 할지라도(여전히 오늘날 그 방법을 적용하고 있는 반면), 한 가지 문제는 학생들이 교실에서 학습한 습관을 교실 밖에서 의사소통하기 위해 쉽게 전이시키기란 어렵다는 것이다. 더욱이, 언어를 학습하는 것이 일종의 습관을 형성하는 것이라는 생각은 1960년대 초기에 많은 비난을 받았다. 언어학자 Noam Chomsky는 언어습득이란 습관형성(habit formation)을 통하여 이루어질 수 없다고 주장하는데, 그것은 아동이 이전에 들어보지도 못했던 문장들을 말하고 이해하는 것을 볼 수 있기 때문이다. 대신에 Chomsky는 학습자가 새로운 문장을 발화하고 이해할 수 있는 내재적인 규칙이 있다고 제안한다. 따라서 Chomsky는 언어는 습관형성이기보다는 규칙형성(rule formation)이라고 보았다. 따라서 언어습득은 학습하고자 하는 언어의 규칙을 발견하기 위해 자신의 사고과정이나 인지능력을 사용하는 절차이어야 한다.

인지(cognition)에 대한 강조는 인지주의를 형성하기에 이르렀다. 학습자들은 단지 환경의 자극에 대해 반응하기보다는 목표어의 규칙을 찾기 위해 가설을 형성함으로써 자신의 학습에 능동적인 태도를 보인다. 오류는 학습에 필수 불가결한 것이며, 학습자들이 그들의 가설을 능동적으로 검증하고 있다는 표시이기도 하다. 1970년대 초기에 이 새로운 인지주의(cognitive code approach)를 언어 교육에 적용하려는 움직임이 있었으며, 교수자료는 연역적(일단 규칙을 주고 그것을 적용시키는 것)이거나 귀납적(예들로부터 규칙을 찾아내서 그 규칙을 연습)인 문법연습 활동에 관한 것이었다. 그러나 어떠한 교수법도 인지주의로부터 직접 유래된 것은 아니고 대신에 많은 '혁신적인 방법'들이 모습을 나타냈다. 다음 장에서 이것들에 대해 살펴보기로 한다.

이 장에서 살펴보게 될 Caleb Gattegno의 무언 교수법은 인지주의에서 유래된 것은 아니지만, 몇몇 방법 원리에서 공통점을 보인다. 가령, 무언 교수법의 가장 기본적인 원칙은 '교수(teaching)는 학습에 종속되어야 한다'는 것이다. 다시 말해서, Gattegno는 가르친다는 것은 학습과정을 지배하기보다는 잘 이루어지도록 도와야 한다고 말한다. 이 원리는 인지주의 방법에 기초한 것으로 언어습득 과정은 학습자가 능동적인 규칙형성을 이루어 가는 과정이라는 점에 근거한다. Gattegno는 아동이 모국어를 습득해 가는 과정을 연구함으로써 학습자 관점에서 언어 학습이 어떻게 진행되는지를 살펴보았다. 그는 학습이란 우리의 내적 자원(인식, 의식, 인지 상상, 직관, 창의력 등)을 사용하여 학습자가 자발적이고 자율적으로 이루어가는 과정이라 보았다. 학습이 이루어지는 동안 학습자는 그가 창조하는 '새로운 것들'을 자신의 것으로 내면화하고, 나아가 그것을 다음 학습을 수행하기 위한 디딤돌로 사용한다.

무언 교수법을 살펴보기 위하여 브라질의 중학생들을 대상으로 하는 첫날 영어수업을 관찰한다. 이 교실은 24명의 중급단계 학생들로 구성되어 있으며 1일 2시간씩 일주일에 3회 수업이 이루어진다.

2 교실 경험

수업관찰을 위해 자리에 앉자, 교사는 포르투갈어로 무언 교수법에 대한 소개를 막 끝낸다. 교사는 교실 앞으로 걸어가서 포인터를 꺼내 들고 칠판에 걸려있는 차트를 가리킨다. 그 차트는 검은색 바탕에 작은 직사각형 모양의 그림이 가로 세로로 줄지어 그려져 있었다. 각 사각형은 각기 다른 색깔로 칠해져 있고, 각기 다른 영어 음(sound)을 나타낸다. 그리고 그 차트의 반은 수평선으로 나뉘어 위쪽에는 모음을 나타내고, 아래쪽에는 자음을 나타낸다.

그림 5.1 교사는 영어 모음을 가르치기 위해 음–색깔(sound–color) 차트 사용

교사는 아무 말 없이 위쪽에 있는 각기 다른 다섯 색깔을 갖는 사각형을 포인터로 여러 번 가리킨다. 침묵이 흐른다. 교사는 다섯 개의 사각형을 가리키며 다시 한 번 반복한다. 학생들의 반응이 없다. 세 번째 시도로 교사는 첫 사각형을 가리키며 /a/음을 낸다. 교사는 계속

해서 나머지 네 개의 사각형을 막대기로 가리킬 때, 일부 학생들은 /e/, /i/, /o/, /u/라고 말한다. 교사는 학생들이 이 다섯 음을 익히 알고 있을 거라고 생각했기 때문에 이 음들을 가지고 시작한다(이 다섯 개의 모음은 포르투갈어의 기본 모음이며 대부분의 브라질 학생들이 이런 순서로 학습한다).

교사는 /e/음을 갖는 사각형을 가리킨다. 이때 교사는 두 손바닥을 붙였다가 떼는데, 그것은 그 모음이 길게 내야 함을 나타내는 표시이다. 포인터를 움직이면서 포르투갈어 /e/음을 영어의 이중모음 /ei/으로 바꾸기 위해 부드럽게 혀의 움직임을 보여준다. 학생들의 /ei/의 발음이 영어 모음에 가깝게 될 때까지 여러 번 반복하며, 같은 방식으로 /i:/, /əu/, /u:/를 계속 연습한다. 그런 다음 교사는 첫 줄에 앉은 여학생에게 포인터를 준다. 그 학생이 교실 앞으로 가서 차트의 맨 윗줄에 있는 하얀색의 사각형을 가리키면, 다른 학생들은 /a/음을 낸다. 다음 세 개의 사각형을 하나씩 가리키면 학생들은 /ei/, /i:/, /əu/음을 정확하게 발음한다. 그러나 그 학생이 나머지 한 사각형을 찾는 데 다소 어려움을 보이다가 셋째 줄에 있는 사각형 하나를 가리킨다. 교실에 앉아있는 한 학생이 “아니오”라고 하면, 다시 같은 줄에 있는 다른 사각형 하나를 가리킨다. 그러나 다른 학생들이 또 다시 “아니오”라고 말하자, 첫 줄에 앉은 한 남학생이 “A esquerda”(포르투갈 의미로 ‘to the left’)라고 말한다. 그때 그 여학생이 포인터로 왼쪽에 있는 사각형을 가리키자, 학생들 모두가 /u:/라고 말한다. 교사가 다시 한 번 반복하게 하자, 그 여학생은 이번에는 빠른 속도로 가리키며, /u:/음을 찾는 데도 어려움 없이 한다. 교사는 다른 학생도 나와서 해보게 한다. 그 학생이 다섯 개의 사각형을 모두 가리키자 전체 학생들이 대답한다. 그런 다음 교사는 학생들을 모두 앞으로 나오게 한 다음 교사가 말하는 음에 대해 각 학생들이 돌아가며 차트에서 그 음에 해당하는 사각형을 가리키게 한다. 교사는 몸짓으로 보이거나 포르투갈어로 설명하면서, 학생들이 가능한 한 정확하게 영어 발음을 생성하게 한다.

교사 자신이 직접 발음해 주진 않는다.

교사는 학생들이 다섯 가지 음을 정확하게 발음하는 것에 대해 만족한 듯이, 다른 순서로 다섯 개의 사각형을 포인터로 가리킨다. 한두 학생들은 다소 머뭇거리지만, 대부분의 학생들은 그 다섯 개의 사각형에 정확한 음을 연결시킬 수 있다. 교사는 그 순서를 여러 번 다양하게 하지만, 학생들은 그때마다 정확하게 발음한다. 교사는 둘째 줄에 앉아 있는 한 남학생을 손으로 지적한 다음, 다시 차트로 와서 전체 학생들에게 다섯 개의 사각형을 가리킨다. 다섯 개 중 두 개의 사각형은 차트 위쪽에 있는 이미 학습한 /ei/와 /u:/음이고, 나머지 세 개의 사각형은 도표 아래쪽에 있는 것으로 학생들에게 아직 낯설다. 두세 명의 학생들이 "Pedro"라고 그 학생의 이름을 말하면, 다른 학생들은 그 학생의 이름을 나타내는 음들 — /p/, /e/, /d/, /r/, /u/ — 을 갖는 사각형이 차트에서 무엇인지 교사가 가리키도록 도와준다. 다른 학생들도 똑같이 한다. 이런 식으로 학생들은 영어가 /p/, /d/, /r/음을 가진다는 것을 알고 차트에서 이 음들의 위치가 어디인지를 알게 된다. 학생들이 /r/음을 발음하기 어려워하므로 교사는 그 음을 여러 번 반복하게 한다.

교사는 다른 여학생 한 명을 지적하고 그녀의 이름이 갖는 8개의 사각형을 가리킨다. 학생들은 그 여학생의 이름이 'Carolina'임을 말하고 나서, 'Pedro'라는 이름을 가지고 했던 것과 똑같은 방식으로 연습한다. 이 연습으로 학생들은 /k/, /l/, /n/음을 갖는 사각형이 무엇인지를 학습한다. 교사는 세 번째로 'Gabriela'라는 학생의 이름을 가지고 위에서와 같은 방식으로 가르치고 학생들은 /g/와 /b/의 위치를 알 수 있게 되었다. 교사는 학생들을 교실 앞으로 나오게 해서 그 세 명의 학생들의 이름을 갖는 사각형을 가리키게 하였다.

그 다음, 교사는 새로운 학습활동을 소개한다. 8명의 학생들을 지명하여 교실 앞의 큰 탁자에 둘러앉게 하고 자신도 그 옆에 앉는다. 나머지 다른 학생들은 그들 뒤에 둘러서게 한다. 교사는 다양한 길이의 파랑, 초록, 핑크색 나무 막대기 한 묶음을 탁자 중앙에 놓는다. 교사는 나무묶음 중 하나를 가리킨 후에, 음-색깔(sound-color) 차트의 세 가지 사각형을 가리킨다. 일부 학생들이 "rod"(나무 막대기)라고 말한다. 그들은 일찍이 음-색깔 조합을 알고 있기 때문에 이것이 가능하였다. 교사는 다시 각기 다른 색깔을 띤 사각형을 가리키자, 이번에는 전체 학생이 "rod"라고 말한다. 교사는 /a/음을 갖는 사각형을 가리킨 다음 다시 자신의 입을 가리킨다. 그 음을 발음하기 위해 자신의 턱을 약간 올리고 입을 약간 다문다. 학생들에게 그 새로운 영어 음을 발음하기 위해 그들이 일찍이 알고 있는 음을 가지고 어떻게 발음하는지를 보인다. 학생들은 낯선 이 /ə/음에 가까운 소리를 낸다. 교사는 이 새로운 음을 갖는 사각형을 가리킨 다음 재빨리 나머지 세 음을 갖는 사각형을 가리키자 학생들은 "A rod"라고 대답한다. 교사는 벽에 걸린 다른 차트 쪽으로 간다. 이 차트는 각기 다른 색깔이 칠해진 단어 차트(word chart)이다. 교사는 'a'와 'rod' 단어를 가리킨다. 학생들은 각 철자가 음과 같은 색깔로 되어있음을 이해하게 된다.

'a'와 'rod'를 가리킨 후에 교사는 탁자에 학생들과 앉아 침묵한다. 학생들도 잠시 동안 아무 말 없이 있을 때 한 여학생이 나무 막대기를 가리키며 'A rod'라고 말한다. 교사가 그 여학생에게 포인터를 주면, 그녀는 교실 앞에 걸린 음-색깔 차트에 가까이 가서 그 음을 갖는 사각형을 찾아낸 다음에 단어 차트에 가서 단어 'a'와 'rod'를 가리킨다. 다른 학생들도 이와 같은 방법으로 해보게 한다.

그 다음 교사는 또 하나의 막대기를 들고 'a blue rod'를 가리킨다. 또 단어 차트에서 'blue'라는 단어를 가리킨다. 한 남학생이 나무 막대기를 가리키며 'a blue rod'라고 말한다. 그는 단어 차트에 가서 이 구를 나타내는 세 단어를 찾아낸다. 다른 학생들도 똑같이 한다. 교사는 단어 'green'을 유사한 방식으로 소개한다.

교사는 핑크색 막대기를 가리킨 후 음 차트에서 /pInk/를 가리킨다. /I/음은 학생들에게는 새로운 것이다. 그 음은 포르투갈어에는 존재하지 않는다. 교사는 /i:/음을 나타내는 사각형을 가리키고 나서, 이 /I/ 음을 발음을 위해 경과음(glide)을 짧게 하고 입을 약간 더 벌리는 모습을 보인다.

어느 한 학생이 "a pink rod"라고 말할 때 'pink'라고 발음하기 힘들어했다. 그가 교사를 쳐다보자 교사는 다른 학생들에게 발음해 보도록 몸짓을 한다. 한 학생이 'pink'에 대해 정확한 발음을 하자, 교사는 잘했다고 끄덕인다. 처음에 발음하기 힘들어하는 학생이 다시 한 번 시도해 보았고 교사도 이번에는 인정한다. 또 다른 학생이 그 구를 발음하는 데 어려움을 보이자 교사는 각 단어를 자신의 손가락을 사용하면서 그 구가 어떻게 분절되는지를 보인다. 그러고 나서 그 학생의 발음에 있어서 문제가 두 번째 단어에 있음을 표시하기 위해 그의 두 번째 손가락을 가볍게 두드리면서 보인다.

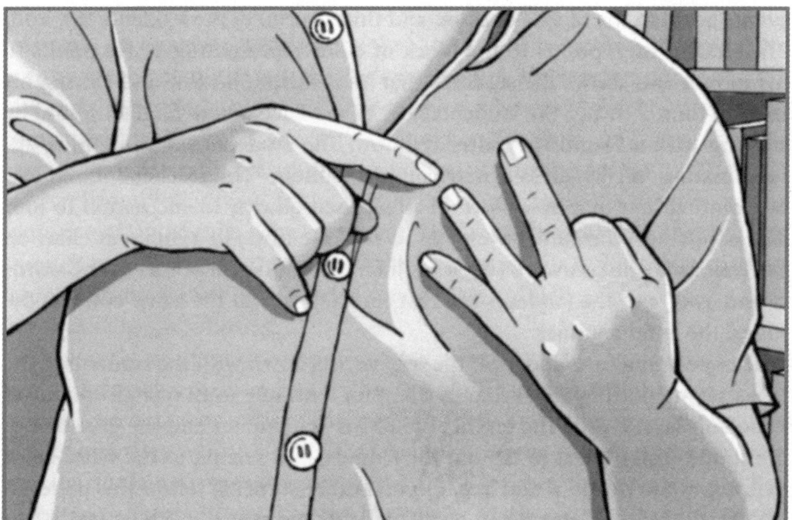

그림 5.2 교사는 학생들의 오류를 정정하기 위해 손가락을 이용

교사는 그 모음의 입 모양을 보인 후에 그 모음이 그 학생의 발음보다 더 짧음을 몸짓으로 나타낸다. 비록 목표어 음에 가깝게 할 수 있는 몇몇 학생들처럼 잘하지는 못했지만, 그 학생은 교사와 똑같이 발음하려고 노력함으로써 처음보다는 더 나아졌다. 학생들은 세 개의 단어와 구를 차트에서 가리키고 반복 연습한다. 교사는 주의 깊게 듣고 있다가 간혹 틀린 학생들의 발음을 수정해 준다.

교사는 다른 그룹의 학생 여덟 명을 나오게 하여 탁자에 앉게 한다. 그중 한 학생을 지적하며 "Take a green rod."라고 말한다. 그 학생이 아무런 반응을 보이지 않는다. 교사가 잠시 기다리는데, 다른 학생이 녹색 막대기를 집어 들고 교사가 말한 문장을 반복한다. 교사의 몸짓을 통하여, 그 학생은 자신이 다른 학생에게 똑같이 명령문을 주어야 한다는 것을 이해한다. 그 학생은 녹색 막대기를 집어 든 후에 다른 세 번째 학생에게 "Take a blue rod."라고 하면, 명령받은 학생은 파란색 막대기를 집어 든다. 그런 후에 다른 나머지 학생들도 차례로 특정한 색깔을 갖는 막대기를 집도록 명령문을 주기도 하고 그 행동을 보이기도 한다.

그 다음에 교사는 탁자의 중앙에 파란색과 녹색의 막대기들을 늘어놓은 다음, 한 학생을 지명하고 동시에 파란색 막대기를 가리키면 그 학생은 "Take a blue rod"라고 대답한다. 교사는 'and'라는 단어와 함께 녹색의 막대기를 가리키면, 그 학생은 "and take a green rod"라고 말한다. 교사가 완전한 문장으로 만들라고 하자, 학생은 "Take a blue rod and take a green rod."의 문장을 형성한다. 그 학생이 각 단어를 말할 때마다 교사는 자신의 손가락을 하나씩 가리킨다. 그 학생이 두 번째 'take'라는 단어를 말하자, 교사는 문장으로부터 'take'를 빼야 한다는 몸짓을 한다. 학생이 "Take a blue and a green rod."라고 문장을 완성해 보이자 교사는 만족한 표정을 보인다. 학생들은 유사한 복합 목적어를 갖는 명령문을 만들기도 하고 대답하기도 한다.

교사는 단어 차트를 가리키고 나서 학생 한 명을 나오게 해서 다른 학생들이 문장을 말할 때 그 문장에 들어 있는 단어들을 단어 차트에서 찾아보게 한다. 그런 활동을 교대로 돌아가며 한다. 일부 학생들은 간단한 명령문을 만들기도 하고, 또 일부 학생들은 명령문에 복합 목적어를 갖는 문장을 만들기도 한다.

학생들은 그들의 책상으로 돌아가 앉는다. 교사는 전체 학생들에게 포르투갈어로 그 수업경험에 대해 이야기하게 한다. 어느 한 학생은 학습이 어렵지 않다고 말하는 반면에 다른 학생은 어려웠다고 하면서 음과 색깔을 연관시키는 연습이 더 필요하다고 말한다. 또 어느 학생은 게임을 하는 것 같았다고 하고, 또 다른 학생은 혼돈스러웠다고 말한다.

이렇게 해서 수업이 끝난다. 계속해서 진행될 수업을 위한 학습활동은 다음과 같다.

1 새로운 음을 연습하고 단어와 문장의 정확한 억양과 강세를 연습한다.
2 색깔을 나타내는 영어 단어를 학습하고 새로운 음들이 음-색깔 차트에서 어디에 위치해 있는지를 학습한다.
3 다음 항목들을 학습한다.

    Give it to me/her/him/them.
    too
    this/that/these/those
    the/a/an
    put … here/there
    is/are
    his/her/my/your/their/our

4 이러한 항목들을 가지고 다른 복합적인 문장을 만드는 연습한다.
5 교실 벽에 걸린 차트에 적힌 문장 읽기 연습을 한다.
6 영어로 다른 음들의 철자를 요약하는 Fidel 차트를 가지고 연습한다.

7 학생들이 만든 문장을 노트에 써본다.

우리가 수업을 분석하기 전에 무언 교수법으로 가르치고 있는 다른 수업을 잠시 살펴보자.[5] 학생들은 '전형적'인 집의 마루를 구성하도록 막대기를 사용한 탁자에 둘러앉아 있다. 교사는 앞문과 뒷문에 이름을 붙임으로써 앞문과 뒷문을 설정한다. 또한 네 개의 방을 각기 가리키며 'living room'(거실), 'dining room'(식당), 'kitchen'(부엌), 'bedroom'(침실)이라 칭한다. 그런 후에 각 방의 벽을 차례로 가리키며, '벽 안쪽'(inside wall)과 '벽 바깥 쪽'(outside wall)이라고 한다. 교사는 각 벽을 가리키면서 학생들에게 'the front wall of the living room'(거실의 앞쪽 벽)이나 'the outside wall of the dining room'(식당의 바깥쪽 벽) 등의 문장을 만들어 내는 연습을 한다. 다음에 교사는 나무 막대기 하나를 들고서 "table"이라고 말하고서는 양어깨를 으쓱해 보이며 그것을 어디에 놓아야 하는지를 학생들에게 말해 보도록 한다. 한 학생이 "dining room"이라고 하면, 교사는 더 구체적인 지시가 필요하다고 말한다. 그 학생은 "Put the table in the middle of the dining room."이라고 대답한다. 교사는 그 학생의 말에 따라 행동을 보인다. 그런 후에 교사는 더 작은 막대기 하나를 들고서 "chair"라고 하면서 그 학생에게 그 의자를 어디에 두고 싶어 하는지 묻는다. 교사는 그 학생이 "Put the chair in the dining room at the head of the table."이라고 말할 때까지 새로운 어휘를 위해 차트를 사용하면서 도와준다. 그 수업은 이런 식으로 계속하고, 교사는 가능한 한 말을 적게 하고 학생들이 "Put the table at one end of the sofa near the outside wall of the living room."과 같은 복잡한 문장을 만들기까지 많은 연습을 시킨다.

5) 미국 언어교육부에서 Donald Freeman이 중상위 단계 학생들을 대상으로 한 수업을 비디오로 찍은 것이다.

3 교실 경험에 대하여

무언 교수법은 익숙한 방법이 아니기 때문에 수업관찰을 자세히 살펴보고 그 원리를 조사해 보기로 한다.

수업관찰	원리
1. 교사는 아무 말 없이 각기 색깔이 다른 다섯 개의 사각형을 가리킨다. 영어의 다섯 모음을 나타내는 그 사각형들은 포르투갈어의 기본적인 다섯 모음과 유사하다.	교사는 학생들이 익히 알고 있는 지식을 이용한다. 그 지식을 가지고 새로운 것을 학습해 간다. 언어는 공통된 특성, 즉 가장 기본적인 음을 공유한다.
2. 교사는 다섯 개의 사각형을 다시 가리키고 학생들로부터 아무 반응이 없자, 첫 번째 사각형을 가리키면서 /a/라고 발음한다. 교사가 나머지 네 개의 사각형을 가리키면 학생들이 /e/, /i/, /o/, /u/라고 대답한다.	언어 학습자는 이전 언어학습 경험을 적용시킬 인지능력을 갖추고 있다. 교사는 오직 필요한 도움만을 제공한다.
3. 교사는 새로 나온 음들을 직접 제시하지 않는다. 다만 몸짓을 통하여 그 음에 유사한 포르투갈어 음을 제시하고 어떻게 변경하여 발음하는지를 보여준다.	교사의 모델을 단지 반복함으로써 언어 학습이 이루어지는 것은 아니다. 정확성을 위한 학생들 자신의 내적 기준—목표어를 생성하는 데 있어서 자신의 책임감이나 신뢰—을 발달시켜 나간다.
4. 학생들 모두가 교대로 돌아가며 그 음들을 가리킨다.	교사는 학생들의 행동을 통하여 그들이 학습했는지를 알 수 있다.
5. 한 학생이 다른 학생을 돕기 위해 "A esquerda"라고 말한다.	학생들은 학습과정에서 서로 의지하고 돕는다.
6. 교사는 학생들이 목표어의 음을 가능한 한 정확하게 발음하도록 몸짓으로나 학생들의 모국어로 설명한다.	교사는 학생들의 학습과정에 참여한다.
7. 학생들은 교실에 있는 다른 학생들의 이름을 갖는 사각형을 가리키면서 새로운 음을 학습한다.	교사는 학생들의 이전 언어지식을 이용한다. 학생들 스스로 학습할 수 있는 것을 교사가 관여하면 할수록, 학생들 스스로 하기를 주저하게 될 것이다.
8. 교사는 나무막대기를 가리키고 나서 음-색깔 차트에 있는 세 개의 사각형	학습은 이전 지식을 새로운 맥락에 전이시키는 것이다.

을 다시 가리킨다. 학생들은 "rod"라고 말한다.	
9. 교사는 단어 차트에서 'a'와 'rod'를 가리킨다.	읽기는 학습초기부터 이루어져야 하며, 말하기를 통해 학습한다.
10. 교사는 책상에 앉아 침묵을 지킨다. 잠시 후에 한 여학생이 나무막대기를 가리키며 "a rod"라고 말한다.	침묵은 하나의 도구이다. 그것은 학습자로 하여금 자발적으로 학습에 임하게 하는 것이다. 교사의 침묵은 학생들 관심의 초점을 교사에게 두지 않도록 하며 오히려 조용히 학생들의 학습과정을 지켜보면서 학습이 진행되도록 도와준다. 교사는 필요할 때만 말하고, 학생이 목표어를 연습함에 있어 자율적으로 이뤄지도록 돕는 존재이다.
11. 교사는 나무막대기 하나를 들고 음-색깔 차트에서 "a blue rod"에 해당하는 사각형을 가리킨다.	의미는 모국어의 번역을 통해서가 아니라 학생들의 인식을 통해 명료해진다.
12. 한 학생이 주저하며 "a pink rod"라고 한다. 교사는 침묵을 지키면서 다른 학생들을 바라본다.	학생들은 서로에게서 배울 수 있다. 교사의 침묵은 그룹 간의 협력을 가져오게 한다.
13. 그 학생이 다시 한 번 "a pink rod"라고 한다. 이번에는 교사가 그 학생의 발음이 정확하다고 인정한다.	만약 교사가 학생들을 칭찬하면(또는 비난하면), 학생은 학습에 대한 자기의존성을 잃게 된다. 때로 교사의 행동은 학생들이 내적 기준을 형성하는 데 방해가 된다.
14. 다른 학생이 'a pink rod'를 발음하는 데 어려움을 보인다. 교사는 그 학생이 어려워하는 부분을 몸짓을 통하여 제시한다.	학생들의 오류는 중요하며 학습에 필요한 것이다. 교사는 학생들이 범하는 오류를 보고 무엇이 문제인지를 알게 된다.
15. 학생들이 범한 오류를 학생들 스스로가 수정하기를 기다리다가 그래도 틀리면 정정해 준다.	학생들이 스스로 수정할 기회도 없이 단지 정확한 답만이 주어지면, 그들은 그 오류를 계속 범할 수 있게 된다.
16. 교사는 정확한 음을 직접 제시하지 않고, 입 모양을 통해서 먼저 보여 준다.	학생들은 자신이 말하는 것에 주의를 기울여 들어야 한다.
17. 학생들의 발음은 다소 향상되기는 하지만, 일부 학생들을 제외하고는 목표어 음을 정확히 발음하는 데 어려움을 보인다.	학습초기에는 학생이 완벽하게 표현하는 것보다는 학습이 향상되어감에 관심을 기울인다. 학습은 서서히 이루어진다. 학생들은 각기 다른 속도로 학습해 간다.

18. 교사는 학생들이 하는 것을 주의 깊게 듣는다.	교사의 침묵은 학생들의 행동을 관찰할 기회를 준다.
19. 교사는 "Take a green rod"라고 한 번만 말해준다.	학생들은 교사가 말하는 것을 놓치지 않기 위해 주의를 기울여 듣는다. 집중은 학습의 핵심이다.
20. 학생들은 번갈아 가며 어떤 특정 색깔의 막대기를 들고 명령문을 주기도 하고 대답하기도 한다.	학생들은 단순한 반복연습이 아니라 다양한 의미있는 연습(meaningful practice)을 통하여 학습해 간다.
21. 학생들은 합성 목적어를 가지고 연습한다.	언어항목들은 이전에 학습한 것을 점차로 확대해 가면서 논리적으로 도입된다.
22. 학생들은 교대로 그들이 선택한 문장을 단어 차트에서 찾아본다.	학생들은 언어를 탐구하거나 선택함으로써 학습에 자발적으로 임한다.
23. 일부 학생들은 간단한 명령문을 표현하기도 하고, 다른 학생들은 복잡한 문장을 표현하기도 한다.	언어는 자기표현을 위한 것이다.
24. 교사는 학생들에게 그 수업에 대한 경험을 이야기하게 한다.	교사는 학생들의 반응으로부터 중요한 정보를 얻을 수 있다. 가령, 다음수업을 위해 무엇을 해야 할지를 알 수 있다. 학생들은 그들 자신의 학습을 위한 책임감을 가져야 한다.
25. 수업을 위한 숙제가 따로 없다.	학습은 우리가 잠자는 것처럼 자연스럽게 이루어진다. 학생들은 그날 수업에 자연스럽게 임하게 된다.
26. 다음 수업시간에는 여러 언어구조를 학습할 것이다.	교수요목에 언어구조(linguistic structure)를 위한 수업이 들어 있다.
27. 한 언어구조와 다른 언어구조를 합성하는 문장을 만들어 보는 연습을 할 것이다.	교수요목에 있는 언어구조는 일직선으로 배열된 것이 아니라 계속적으로 순환된다.
28. 학생들은 그들이 만든 문장을 노트에 적는다.	말하기, 읽기, 쓰기의 능력은 서로의 능력을 강화시킨다.

4 교수법 원리에 대한 검토

위에서 보았듯이 무언 교수법은 많은 교수법 원리를 가지고 있다.

10가지 질문에 답함으로써 그 방법에 대해 더 깊이 이해할 수 있을 것이다.

1. 무언 교수법을 사용하는 목적은 무엇인가?

학생들은 자기표현을 위해 — 자신의 생각, 인식, 그리고 느낌을 표현하기 위해 — 언어를 사용할 수 있어야 한다. 이것이 가능하기 위해서는 학생들 스스로가 정확성을 위한 내적 기준을 발달시켜 나아가야 한다. 학생들은 자존감을 갖고 독립적이어야 한다. 교사는 그들의 학습을 증진시키기에 필요로 하는 것만을 학생들에게 준다.

2. 교사의 역할은 무엇인가? 학생들의 역할은 무엇인가?

교사는 기술자이다. "학습자들만이 오직 학습할 수 있다." 그러나 교사는 학생들의 이전 언어 지식을 이용하기도 하고, 학생들이 필요로 하는 것에 도움을 주고, 학습자의 인식에 초점을 두고, 언어에 대한 학습자의 능력을 발휘할 연습활동을 제공한다. 교사는 학생들이 새로운 도전을 받아들여 시도해 가는 그들의 자율성을 존중한다.

학생들은 이전 언어지식을 이용하고, 학습과업에 대한 그들의 집중을 방해하는 것들로부터 벗어나서, 능동적으로 언어 학습을 성취해 가야 한다. Gattegno는 어느 누구도 학습자를 위해 학습을 대신할 수 없으며, 학습하는 것은 개개인의 책임이라고 말한다.

3. 교수/학습 과정에는 어떤 특성이 있는가?

학생들은 언어의 기초적 구성요소인 음을 통하여 언어를 학습한다. 이것들은 음-색깔 차트를 통하여 제시된다. 학생들의 모국어 음에 대한 지식을 이용하여 교사는 목표어 음과 특정 색깔을 연관시킨다. 후에, 이러한 색깔은 음에 대응하는 철자(색깔 Fidel 차트)를 학습하는데, 그리고 단어를 어떻게 적절히 읽고 발음하는지를(색깔-단어 차트) 학습하는 데 사용된다. 교사는 학생들이 언어구조에 관심을 가질만한 학습상황을 전개한다. 그 활동은 목표어의 의미를 이해하게 하는 도구를 제공하기도 하는데, 때로 나무 막대기를 가지고 사용할 때도 있다. 그 활동은 한 번에 한 언어구조만을 다룬다. 교사로부터 최소의 단서어가 주어지면, 학생들은 언어구조를 형성한다. 교사는 학생들로 하여금 목표어 화자의 발음처럼 유창하게 발음하도록 연습시킨다. 교사는 학생들이 범한 오류를 통하여 학습의 어려운 부분이 무엇인지 예측한다.

학생들은 단순한 반복연습을 통해서가 아니라 주어진 목표어 구조를 다루는 다양한 연습활동을 통하여 학습한다. 학생들은 언어를 연구하고 선택하는 자율적인 태도로 학습에 임한다. 학생들은 수업경험에 대한 반응을 이야기할 기회를 갖는다. 이러한 학생들의 반응은 교사에게 귀중한 자료를 제공하며, 학생들 역시 자신의 학습에 대한 책임감을 갖는다. 학습은 학생들이 자는 동안에도 이루어진다.

4. 학생–교사의 상호작용은 어떠한가? 학생–학생의 상호작용은 어떠한가?

학생-교사의 상호작용 동안 교사는 주로 침묵을 지킨다. 그러나 교사는 매우 능동적이다 — 학생들의 '의식강화'(force awareness)를 일으키는 상황을 유도하면서, 학생들의 발화를 주의 깊게 들으면서, 때론 비언어적 몸짓이나 도구를 가지고 학생들의 학습을 조용히 돕는다. 교사는 언어에 대한 모델을 주는 것이 아니라 단지 단서어를 준다. 학생-학생 간의 언어적 상호작용(verbal interaction)이 바람직하며(학생들은 서로 다른 학생들로부터 도움을 받는다), 학습과정에서 도움을 주기도 하고 받기도 한다. 교사의 침묵은 이것을 돕는 유일한 방법이다.

5. 학습자의 감정은 어떻게 다루어지는가?

교사는 학생들을 주의 깊게 관찰한다. 학생들의 감정이 상치하면 교사는 그것을 극복할 수 있는 방법을 찾아 주기도 한다. 또한 학습이 끝날 즈음에 학생들은 수업경험이 어떠하였는지를 말할 기회가 주어진다. 교사는 학생들의 반응에 귀 기울이고 학습에 방해가 되는 부정적인 감정을 극복하도록 도와준다.

6. 언어를 어떠한 관점에서 바라보는가? 문화를 어떠한 관점에서 바라보는가?

세계의 여러 언어들은 많은 특성을 공유한다. 그러나 각 언어가 그 언어만의 고유한 특성을 갖는 것은 언어가 그 나라사람들의 특정한 생각을 표현하기 때문이다. 독특한 세계관을 반영하는 그들의 문화와 언어는 떼어놓고 생각할 수가 없다.

7. 언어의 어떤 영역이 강조되는가? 어떤 언어 기술이 강조되는가?

언어음이 어느 언어에나 기본적이기 때문에 발음은 학습초기부터 이루어진다. 학생들이 학습하고자 하는 언어의 음률(melody)을 익히는 것이 중요하다. 비록 명백한 문법규칙이 제시되지 않지만 언어구조에 강조를 둔다. 어휘는 그다지 중요하게 여기지 않는다.

고정된 선형의 구조적인 교수요목을 따르지 않는다. 대신에 교사는 언어구조를 가르칠 때 학생들의 이전 지식을 바탕으로 시작하며, 학습내용이 확대됨에 따라 이전에 학습한 언어구조를 계속적으로 반복한다. 교수요목은 학습요구에 따라 전개된다. 비록 말하기에 기초를 둔 읽기와 쓰기의 순서를 따르기는 하지만 네 가지 언어능력(말하기, 듣기, 읽기, 쓰기)이 학습초기부터 강조되며, 이러한 능력들은 학습자의 학습을 강화한다.

8. 학습자의 모국어는 어떤 역할을 하는가?

목표어의 의미는 단지 모국어 번역에 의한 것이 아니라 학생들의 인식을 통하여 명료해진다. 그러나 학습자의 모국어는 필요할 때마다 사용되기도 하는데, 가령 학생들의 발음을 향상시키기 위하여 목표어

음에 대해 설명을 줄 때 사용된다. 학생들의(주로 초급단계에 있는 학습자의 경우) 모국어는 학생들의 학습경험에 대한 느낌을 이야기할 때도 사용 가능하다. 교사는 가능한 한 학생들의 모국어 지식을 목표어 학습을 위해 이용하도록 유도한다. 가령, 교사는 학생들의 모국어 음이 목표어 음과 똑같지는 않지만 많이 유사하다는 것을 알고 이러한 학생들의 이전 지식을 토대로 새로운 목표어 음을 제시하는 것이 더 쉽다고 생각한다.

9. 학습에 대한 평가는 어떻게 이루어지는가?

형식적인 시험은 이루어지지 않지만 교사는 학생들을 항상 평가한다. '교수(teaching)는 학습에 종속되어야 한다'고 보기 때문에, 교사는 즉각적인 학습요구를 잘 인식하여야 한다. 교사의 침묵은 학생들의 관찰을 용이하게 할 뿐만 아니라 학생들의 학습요구를 알아차리기에도 용이하다. 학습에 대한 평가기준은 학생들이 학습한 내용을 다른 새로운 맥락에서도 적용시킬 수 있는가 하는 것이다. 교사는 학생들의 행동에 대해 칭찬도 비난도 하지 않는다. 왜냐하면 그것이 학생들 자신만의 내적 기준을 발달시켜 가는 데 방해가 되기 때문이다. 그는 학생들이 다른 속도로 학습하기를 기대한다. 교사는 학생들의 완벽한 학습보다는 점진적인 학습 향상을 추구한다.

10. 교사는 학습자의 오류에 어떻게 반응하는가?

학생들이 범하는 오류는 자연스런 현상이며 학습과정의 필수 불가결하다. 교사는 학생들의 오류를 보고 어느 부분의 학습이 더 필요한지를 판단하는 기준으로 삼는다. 교사는 학습자가 먼저 자가-정정을 하도록 도와주며, 학생들도 교사가 단지 정확한 언어를 제시하면 효과적인 학습이 되지 않는다고 생각한다. 학생들은 자신의 소리를 듣는 데 익숙해야 하며, 내적 기준에 비추어 자신의 학습을 판단한다. 만약 학생들이 자가-정정이나 다른 학생들로부터 도움을 받지 못할 경우에는 교사가 정확한 답을 제시한다.

5 무언 교수법에 대한 검토

이 장에서 살펴본 언어 학습에 대한 견해가 새롭게 느껴질 수 있을 것이다. 교사는 이러한 견해의 많은 부분에 관심을 가질 수도 있을 것이다. 그것들을 적용해 보기 전에 먼저 생각해 볼 시간을 가져라. 다음은 앞에서 다룬 자료(나무 막대기와 차트)가 포함되어 있다. 일부 자료는 관찰한 교실에서 언급되지 않았지만, 그 자료들을 어떻게 사용하는지에 대해 살펴보기로 한다.

■ 음-색깔 차트

이 차트는 각기 다른 색깔을 나타내는 사각형을 나열한다. 그 사각형은 목표어의 각 음을 나타낸다. 먼저 교사가, 나중에 학생들이 음절, 단어, 문장을 형성하기 위해 차트 위에 있는 각기 다른 색깔을 손으로 가리킨다. 비록 관찰한 수업에서는 사용하지 않았지만, 때로 교사는 한 단어를 제시함에 있어 특정 사각형을 여러 번 가리킬지도 모른다. 그 차트는 여러 번 반복 없이도 목표어 음들을 조합·생성하게 한다. 차트는 학생들을 교사보다 학습하는 언어에 대해 관심을 갖게 한다. 만약 특정 음 대조가 학생들에게 낯설고, 두 음 중 어느 음을 생성해야 할지 모를 때 차트는 학생들에게 어느 음인지를 명확하게 보여준다. 마지막으로, 음-색깔 차트는 모든 목표어 음을 나열하기 때문에 학생들에게 이미 학습한 것과 앞으로 학습해야 할 것이 무엇인지를 알게 한다. 이것은 학습자의 자율성에 관련된 것이다.

■ 교사의 침묵

교사는 필요로 할 때마다 많은 도움을 주고, 그러고 나서 침묵을 지킨다. 또는 교사는 애매모호한 상황을 잘 조정하고, 언어구조를 학습할 때 이전에 학습한 것과 새로이 학습할 것을 되풀이하여 적용한다(가령, Take a _______ rod.). 심지어 오류 정정이 있을 경우에 마지막 대안으로서 정확한 답을 제시한다.

■ 동료-정정

자신이 도움을 학생들은 어려움을 직면했을 때 친구들의 도움을 받기도 하고 주기도 한다. 경쟁적인 태도가 아니라 협력적인 태도로 도움을 주고받는 것은 중요하다. 교사는 학생들 간의 도움이 방해가 되는 것이 아니라 서로의 학습에 도움이 되도록 모니터링 한다.

■ 나무 막대기의 사용

나무 막대기는 언어구조를 위한 시각적인 행동이나 상황을 제공하기 위해, 소개하기 위해, 또는 연습시키는 데 사용된다. 나무 막대기는 의미를 유도한다. 의미의 명료성을 위해 나무 막대기를 가지고 상황은 제시되고, 이때 언어는 의미에 연결된다. 학습초기 단계에서 나무 막대기는 색깔이나 수를 표시하기 위해 사용되지만, 점차로 더 복잡한 언어구조(가령, 'The blue rod is between the green one and the yellow one.'처럼 전치사를 가진 서술문이나 'If you give me a blue rod, then I'll give you two green ones.' 같은 조건문을 표현하기 위해 사용된다. 또한 추상적으로도 사용되기도 한다(예를 들어, 목표어로 '시간 말하기' 학습에서 시계를 만들기, 가족 족보를 나타내기, 또는 다른 친구들에게 어떻게 자기 집의 마루를 만들지 설명하기). 때로 교사는 나무 막대기들을 일렬로 탁자 위에 늘어놓고, 한 문장의 각 단어를 나타내는 각기 다른 색깔의 나무 막대기를 사용하여 문장의 의미를 제시한다. 교사는 말없이 차례로 각 나무 막대기를 가리키면서 학생들로 하여금 문장을 형성하게 한다. 또한 교사는 나무 막대기를 가지고 언어구조를 시각적 — 가령, 의문문을 만들기 위해 주어와 조동사의 도치 — 으로 설명하기도 한다. 그러므로 나무 막대기는 여러 용도로 사용된다. 그것은 단지 나무 막대기로 사용되기도 하고 다른 실체를 나타내기 위해 추상적으로 사용되기도 한다. 나무 막대기는 창의적이고 상상적인 학습활동을 가져오게 하며, 언어를 수반한 행동을 가져오게도 한다.

■ 자가-정정 몸짓

일찍이 직접 교수법에서 자가-정정 교수기법을 언급했다. 무언 교수법에서는 자가-정정을 위한 특정 몸짓이 덧붙여진다. 가령, 관찰한 수업에서 교사가 두 손바닥을 붙였다가 두 손을 바깥으로 벌리는 동작을 보임으로써 목표어의 장모음을 표시한다. 또 다른 경우에서는 문장의 각 단어를 표시하기 위해 교사의 손가락을 사용하여 나타내며, 학생들이 틀리거나 어려움을 갖는 단어를 정정하고자 할 때도 그 단어에 해당하는 손가락을 가리켜 보인다.

■ 단어 차트

처음에는 교사가, 나중에는 학생들이 단어 차트에 있는 단어들을 연속적으로 가리키면서 그들이 말한 문장을 소리내어 읽어본다. 각기 다른 색깔로 된 철자는(음-색깔 차트의 색깔이 사용된다) 학생들이 그 음을 발음하는 데 돕는다. 약 500단어를 포함하는 12가지 정도의 영어 차트가 있다. 이는 영어의 기능적 어휘(functional vocabulary)를 포함한다. 관찰한 수업에선 볼 수 없었지만, 학생들은 무언 교수법에서 사용된 벽에 걸린 그림이나 책을 이용하여 더 많은 어휘 능력을 발달시킬 수 있다.

■ Fidel 차트

목표어의 음과 철자를 연결시키기 위해 색깔이 칠해진 Fidel 차트를 이용한다. 예를 들어, 음가 /ei/를 나타내는 철자로는 ay, ea, ei, eigh

등이 함께 열거되어 있고 같은 색깔을 갖는 사각형으로 표시되어 있다(가령, say, steak, veil, weigh). 영어 음을 철자로 나타낼 수 있는 방법이 많기 때문에 8가지 Fidel 차트가 있다. 물론 다른 언어를 학습하기 위한 여러 Fidel 차트도 있다.

■ 학습자 경험 이야기하기

학생들은 그 날의 수업을 마치면 그들이 경험한 것에 대해 이야기할 시간을 갖는다. 교사는 학생들의 반응에 대해 매우 긍정적인 태도로 받아들이는데, 그 반응이 다음 수업시간에 무엇을 할 것인지와 어떻게 수업이 진행해야 할지를 제시해 주기 때문이다. 학생들은 학습의 효과를 위해 학습책략(learning strategy)을 어떻게 사용해야 하는지를 인식하고 적절히 사용함으로써 자신의 학습에 책임감을 느껴야 한다. 학생들의 반응시간은 교사와 수업에 따라 그 길이와 빈도수가 다양하다.

6 결론

이 장에선 무언 교수법을 이용하는 초급과 중급단계의 학생들이 목표어로 영어를 배우는 첫 수업 시간을 관찰하였다. 그러나 무언 교수법은 학습 단계가 높은 학생들에게도 적용될 수 있다. 이들에게도 같은 교수법의 원리가 적용되며 중급단계에 적용되었던 똑같은 차트도 이용된다. 이 외에도 시사적인 어휘를 위한 그림, 미국 문화상황을 보여주는 책, 그리고 문학을 소개하는 여러 다양한 자료들이 있다.

Caleb Gattegno는 무언 교수법을 일종의 교수법으로 보길 꺼려했기 때문에 우리 역시 무언 교수법이라 언급하길 피해왔다. 무언 교수법 지지자들은 그것의 원리들이 단지 교육적인 면뿐만 아니라 사람이 삶을 인식하는 방식에도 상당한 영향을 미친다고 생각하였다. 그러므로 언어 교육에 실제로 적용 가능하기도 하고 여러분 자신을 위해 적용할 만한 것인지를 생각해 보아야 한다.

교수가 학습에 종속되어져야 한다고 생각하는가? 학습자는 교사로부터 독립적이면서 자율적인 태도로 학습을 해야 한다고 생각하는가? 학생들끼리의 학습이 가능하다고 보는가? 학생들의 완벽한 학습보다 점차 학습발달이 이루어져 가는 것을 학습의 목적으로 삼는가? 무언 교수법 중에 다른 원리를 마음에 두고 있는가? 있다면 그것은 무엇인가?

무언 교수법의 어느 교수자료가 당신이 사용하기에 유용하다고 생각하는가? 교사는 가능한 한 침묵을 지키며 있어야 하는가? 교사가 다음 수업을 위해 학습자의 경험에 대한 반응을 이용하는 것이 좋다고 보는가? 무언 교수법에 사용되었던 어느 교수기법을 여러분의 교실 수업에 적용 가능한 것으로 보는가?

7 학습활동

A. 무언 교수법에 대한 이해도 점검

1. 무언 교수법에서는 교사가 침묵을 지켜야 하는 여러 이유가 있다. 몇몇 이유는 명백하게 이 장에서 언급되기도 하였고, 다른 몇몇 이유는 함축적으로 암시되었다. 그 이유들은 어떤 것이라고 생각하는가?
2. '교수는 학습에 종속되어야 한다.'는 것은 무엇을 의미하는가?
3. 무언 교수법의 표어 중 하나가 '교사는 학생들과 함께 학습한다. 학생들은 그 언어를 가지고 직접 경험한다.'이다. 이 말에 담긴 의미는 무엇인가?

B. 무언 교수법의 적용

1. 학생들에게 낯선 목표어 음을 포함하고 있는 짧은 시구를 가르치시오. 학생들이 그 시구를 학습할 때 정확한 음이나 억양, 리듬을 갖도록 어떠한 비언어적인 몸짓이나 단서가 되는 단어를 사용할 것인가?

2. 문법 구조를 선택하시오. 지시 형용사(this, that, these, those)나 소유격 형용사(my, your, his, her, its, our, their) 같은 기본적인 구조를 먼저 선택하는 것이 좋다. 다음과 같은 상황에서 그 구조를 가르칠 계획을 구성하시오.
   a. 교사는 침묵을 지키고 가능한 한 적게 간섭한다.
   b. 의미는 학생들에게 명확하게 이해되어야 한다.
   c. 학생들은 단순한 반복이 아닌 많은 양의 연습활동을 한다.
3. 특정 모국어 배경을 가진 학생들에 대해 생각하시오. 학생들이 일찍이 알고 있는 것에 기초를 두면서, 학생들에게 목표어 음들을 가르치기 위하여 어떻게 순서화할 것인가?

참고 문헌

Gattegno, C. 1972. *Teaching Foreign Languages in Schools: The Silent Way.* (2nd edn.) New York: Educational Solutions, Inc.

________. 1976. *The Common Sense of Teaching Foreign Languages.* New York: Educational Solutions, Inc.

Richards, J. and **T. Rodgers**. 1986. *Approaches and Methods in Language Teaching.* Cambridge: Cambridge University Press.

Stevick, E. 1990. *Humanism in Language Teaching*. Oxford: Oxford University Press.

________. 1998. *Working with Teaching Methods: What's at Stake?* Boston: Heinle & Heinle.

06
비암시 교수법
Desuggestopedia

1 서론

이 장에서 다루게 될 방법의 창시자인 Georgi Lozanov는 무언 교수법의 Caleb Gattegno처럼, 언어 학습은 일상적으로 일어나는 것보다 더 빠르게 이루어진다고 생각한다. Lozanov는 언어 학습이 성공적으로 되지 못하는 한 가지 이유가 학생이 학습에 대한 심리적인 장벽(psychological barrier)을 갖기 때문이라고 주장한다. 그러한 심리적 장벽은 학습을 제대로 해낼 수 없다는 두려움이거나, 학습 능력이 부족하다거나, 또는 학습에 실패할지 모른다는 생각 등을 포함한다. 그 결과는 우리가 갖고 있는 정신능력(mental power)을 제대로 사용하지 못한다는 것이다. Lozanov와 몇몇 다른 학자들에 의하면, 인간은 정신능력의 5 내지 10퍼센트만을 사용한다고 말한다. 우리가 갖고 있는 능력을 더 잘 사용하기 위해서는 우리가 갖고 있는 장애가 되는 생각들을 떨쳐내야 된다고 본다. 교육에 암시방법을 적용시킨 비암시 교수법(Desuggestopedia)[6]은 학습자가 갖는 성공하지 못할 것이라는 느낌이나 학습에 대한 부정적인 생각을 제거하는 것뿐만 아니라 학습에 대한 장벽을 극복하도록 돕는 것을 의미한다. 학생들의 정신능력을 발휘하도록 유도하는 한 가지 방법은 예술을 통해서 가능한데, 이 방법은 Lozanov의 동료인 Evelyna Gateva에 의해 만들어진 것이다.

다음은 비암시 교수법의 원리들이 어떻게 언어교수에 적용되는지를 살펴보기로 하겠다. 이 방법을 적용하는 이집트에 있는 한 대학을 방문하였는데, 초급단계의 학생들로 구성된 이 교실은 목표어인 영어를 학습하고 있으며, 수업은 1회에 두 시간씩 일주일에 3회 이루어진다.

2 교실경험[7]

교실에 들어서자 눈에 처음 띈 것은 지금까지 보아왔던 다른 교실과 비교해 볼 때 상당히 다른 부분이 많다는 점이다. 교실의 분위기는 밝고 색깔이 화려했다. 벽에는 몇 장의 포스터가 붙어 있었다. 그 포스터의 대부분이 영국의 여러 장면을 담은 여행 포스터였다. 또한 문법구조에 관련된 포스터도 있었다. 그중 하나는 be동사의 어형변화와 주격 대명사에 관한 것이었고, 다른 하나는 목적격과 소유격 대명사에 관한 것이었다. 그 외에도 교실에는 리듬악기들이 놓여있는 탁자도 있었다. 그 옆에는 모자, 마스크 그리고 막대기들이 놓여 있었다.

교사는 아랍어로 학생들에게 인사를 하고, 새롭고 재미있는 언어학습을 경험할 것이라고 말한다. "여러분은 학습하려는 시도를 할 필

6) 암시 교수법(Suggestopedia)은 지금 비암시 교수법이라 불리는데, 그것은 학습에 대한 제약을 제거하는 데에 강조를 두기 때문이다(Lozanov & Miller, 개인 면담 중에서).

7) 여기서 제시하는 수업은 저자가 부분적으로 Dan Dugas와 Lynn Dhority가 각기 수업하는 것을 관찰한 것을 토대로 한 것이다. Alison Miller와 Georgi Lozanov가 최근에 언급한 것을 수정한 수업형태이다.

요가 없을 것입니다. 단지 자연스럽게 수업에 오시기만 하면 됩니다." 라고 교사는 확신 있게 말한다.

"먼저, 여러분은 영어 이름을 갖게 될 것입니다. 그것은 아마도 재미있을 것입니다." 그 외에도 교사는 학생들이 새로운 언어학습 경험을 위해서는 새로운 역할이 필요하다고 말한다. 교사는 로마식 알파벳으로 영어 이름을 적은 포스터를 학생들에게 보여 준다. 한 줄에는 남자 이름이, 다른 한 줄에는 여자이름이 세로로 적혀 있었다. 학생들은 프랑스어를 배우면서 익힌 로마식 알파벳을 잘 알고 있었다. 학생들 모두가 포스터에 적힌 영어 이름을 하나씩 선택한다. 교사는 각 학생들의 영어 이름을 발음해 보게 한 다음 반복 연습하게 한다. 학생들이 한 명씩 선택한 이름을 말하자 교사는 그들의 선택에 만족한 듯한 표정을 지었다.

그림 6.1 교실 벽에 걸린 포스터를 응시하는 학생들

다음에, 교사는 학생들이 각자 맡은 새로운 역할의 삶에 관련하여 상상적이고 자서전적인 이야기를 꾸며 보게 한다. 또한 교사는 새로운 이름에 적절한 전문적인 직업을 선택하게 한다. 교사는 그 직업들(비행기 조종사, 가수, 목수, 또는 화가 등)에 대해 무언극을 통하여 의미를 이해하도록 도와준다. 학생들은 각기 자신이 되고 싶은 직업을 선택한다.

학생들은 새로운 이름을 가지고 인사를 나누고, 각기 선택한 직업에 대해 영어로 질문한다. 몸짓이나 손짓을 통해 그 질문을 이해한 다음, ‘yes’ 또는 ‘no’로 대답한다. 새로운 언어를 가지고 여러 번 되풀이하며 연습한다. 교사는 두 사람이 서로 인사를 나누고 서로의 직업이 무엇인지를 묻는 짧은 대화문을 영어로 제시한다. 그룹을 형성하여 그 대화문을 가지고 여러 번 연습한 후에, 학생들은 교사에게 각기 자신을 소개한다. 학생들은 이름에 관련된 노래를 부를 때 다양한 리듬 악기를 가지고 연주한다.

그런 다음, 교사는 새로운 경험을 할 거라고 전체 학생들에게 말한다. 교사는 20페이지 정도 되는 핸드아웃을 학생들에게 나누어준다. 핸드아웃에는 ‘To want to is to be able to’라는 제목을 가진 긴 대화문이 적혀있다. 교사는 그 제목을 아랍어로 번역해 준다. 다음 장을 넘겨보면, 그 다음 장 앞 페이지엔 대화문이 둘로 나뉘어 적혀 있는데, 왼쪽에는 영어로 쓰여 있고 오른쪽에는 아랍어로 번역되어 있다. 다음 페이지에는 새로운 영어 어휘와 대화문에 나온 문법구조에 대한 요점이 아랍어로 적혀있다. 그 새로운 어휘나 문법구조에 관련된 언어형태가 대화문에서 굵은 글씨체로 되어있다. 20 페이지에 걸쳐 고전적 그림이 들어있다.

부분적으로는 아랍어로, 영어로, 때론 무언극을 통해 교사는 대화문에 대한 줄거리를 짧게 제시한다. 또한 새로운 어휘나 문법구조에 대해 설명하기도 한다. 교사는 대화문을 읽어줄 때 잘 듣고 따라 읽으라고 학생들에게 아랍어로 말한다. 그리고 학생들이 그 대화문을 영어로 그리고 아랍어로 읽을 충분한 시간을 준다. 그리고 “Just enjoy.”라고 끝맺는다.

교사는 모차르트의 '바이올린 협주곡 A 장조'를 들려준다. 몇 분 후에 교사는 조용한 목소리로 대화문을 읽어 준다. 교사가 읽을 때마다 달라지는 억양과 리듬이 음악에 맞추어 어우러진다. 학생들은 교사의 목소리에 맞추어 따라 읽으면서 그 대화문의 모국어 번역도 읽는다. 학생들은 강조된 부분을 주시하고 필기할 시간도 갖는다. 교사는 때때로 읽어주기를 잠시 멈추고 학생들이 음악을 듣도록 시간을 주기도 하고, 약 2-3분가량 전체 학생들이 자리에서 일어나 음악에 맞추어 교사가 읽은 다음 따라 읽게도 한다.

음악에 관련된 학습활동 후에 잠시 휴식시간을 갖는다. 학생들이 휴식을 마치고 제자리로 돌아오고, 교사가 교실 앞에 조용한 자연풍경이 담긴 그림을 거는 것을 지켜본다. 교사는 다시 대화문을 천천히 읽어준다. 이번에는 교사가 읽는 동안 학생들은 대화문이 적힌 핸드아웃을 내려놓고 듣기만 한다. 두 번째 읽을 때는 정상적인 말하기 속도로 읽는다. 교사는 음악을 헨델의 'Water Music'으로 바꾸었고 이번에는 음악에 맞추어 읽으려고 하지 않았다. 교사는 두 번 더 읽어준 후에 수업을 끝낸다. 수업에 관한 다른 과제는 없었지만, 만약 학생들이 원한다면 잠자리에 들기 전에 대화문을 한 번 읽고, 그 다음날 아침에 일어나 한 번 읽기를 권했다.

우리는 다음 수업시간에 교사가 어떻게 진행하는지를 보기 위해 다시 수업을 참관하기로 결정하였다. 교사는 학생들에게 인사를 나눈 후에 그들의 새로운 영어이름으로 서로 다시 한 번 소개하게 한 다음, 학생들에게 대화문이 적힌 핸드아웃을 꺼내도록 하였다.

다음에 교사는 가방에서 모자를 꺼내서 머리에 쓰고 자신이 대화문에 나오는 한 사람의 역할을 한다고 말한다. 그런 다음 학생들 중에 누가 그 모자들을 쓰고 역할을 하겠냐고 묻자, 한 여학생이 손을 든다. 교사는 가방에서 세 개의 모자를 더 꺼내서 다른 학생들에게도 나누어준다. 교사는 그 모자를 쓰고 있는 네 명의 학생들에게 다가가서 대화문 중에 모자를 쓰고 나오는 각 인물이 되어 대화문의 몇 줄을 읽게 한다. 또 네 명의 다른 학생들이 그 모자를 건네받고 머리에 쓴 후에 대화문의 나머지 부분을 읽게 된다. 이번에는 그 대화문을 슬픈 듯이 읽도록 했고, 다음의 그룹은 화가 난 듯이 읽게 하고, 또 새로운 그룹은 유쾌한 듯이 읽게 하였다.

그 다음에 교사는 또 새로이 네 명의 지원자를 찾는다. 그 학생들에게는 브로드웨이 극에 참여하기 위한 연기자 시험을 보기로 되어있고, 그들 모두가 그 시험에 꼭 통과하길 원하는 역할을 하도록 한다. 그들은 연출자에게 잘 보이기 위해 대화문을 극적으로 읽어야 한다. 첫 번째 그룹이 몇 페이지 정도 읽는다. 두 번째 그룹도 이런 식으로 한다.

다음에 교사는 대화문에 관련된 질문을 영어로 한다. 학생들에게 아랍어로 된 문장을 영어로, 또는 영어로 된 문장을 아랍어로 번역하게 한다. 때때로 학생들에게 한 줄씩 따라 읽게 하기도 하고, 또 다른 때에는 학생들 각자에게 대화문에 관련된 질문을 하기도 한다. 교실은 매우 생기 있고 즐거운 분위기를 자아낸다.

교사는 학생들에게 영어 이름과 직업이 들어있는 알파벳 노래를 가르친다. “A, my name is Alice; my husbands’s name is Alex. We live in Australia, and we sell apples. B, my name is Barbara; my husband’s name is Bert. We live in Brazil, and we sell books.” 학생들은 노래를 따라 부르며 웃으면서 손뼉을 친다.

노래를 배운 후에 교사는 학생들로 하여금 자리에서 일어나 원을 만들게 한다. 중간 크기의 부드러운 공을 꺼내 한 학생에게 던지면서 그 학생의 이름이 무엇인지를 영어로 질문한다. 그는 공을 받으면서 “My name is Richard.”라고 대답한다. 그 학생은 다시 다른 학생에게 공을 던지면서 질문한다. Richard가 “What you do?”라고 묻자, 교사는 매우 부드러운 목소리로 “What do you do?”라고 정정해 준다. 그 질문을 받은 학생은 “I am a conductor.”라고 대답한다. 이런 식으로 학생들은 공을 던지면서 서로에게 질문도 하고 대답하기도 한다. 두 번째 수업이 끝났다. 수업에 관한 다른 과제는 없지만 학생들이 원한다면 대화문을 읽어보게 하였다.

그 주의 세 번째 수업시간에도 그 대화문을 가지고 계속 수업이 진행될 것이다. 그러나 그 수업활동은 단지 대화문을 읽는 것은 아니고 좀 더 창조적인 방법으로 새로운 언어 사용하기가 이루어질 것이다. 학생들은 게임, 역할극, 짧은 연극을 통하여 그 언어를 학습할 것이다. 다음 주 수업에는 새로운 대화문을 학습할 것이며, 지금까지 관찰한 수업의 기본 순서를 따르면서 되풀이하여 진행될 것이다.

옆 교실에는 중급단계의 학생들이 수업을 하고 있었다. 학생들은 사각탁자에 둘러앉아 있었다. 그 탁자 위에는 몇 개의 장난감과 도구들이 놓여 있었다. 교실 벽에는 좀 더 복잡한 문법구조가 적힌 포스터가 붙어져 있었다. 잠시 들어보니 교사는 이야기를 소개하고 있었고, 또한 새로운 어휘에 대한 동의어와 그 의미를 설명하고 있었다. 교사가 그 이야기의 한 부분을 읽으면 학생들 모두 소리 내어 따라 읽기도 하고, 학생들 각자가 그 이야기의 다른 부분을 읽기도 하였다. 새로운 단어, 어군, 유용한 표현들이 이야기 밑에 주석으로 적혀 있었다. 중급단계의 학생들에게는 번역 외에 새로운 단어나 구를 학습하게 한다. 학생들은 더 복잡한 시제와 언어구조를 학습한다.

초급단계의 학생들이 대화문을 읽을 때 했던 것처럼 베토벤의 피아노 협주곡을 들려주면서 교사는 대화문에 대한 줄거리를 말해주고, 새로운 단어와 문법구조를 설명한다. 그런 후에 교사는 좀 더 짧은 다른 이야기를 바흐의 음악을 들려주면서 읽는다. 다음 수업으로는 읽기, 노래하기, 토론, 이야기 말하기, 문법과 발음 게임, 쓰기 학습활동이 전개될 것이다.

3 교실 경험에 대하여

비암시 교수법에 대하여 살펴보기로 한다. 왼쪽에 수업시간에 관찰한 것을 열거하고 오른쪽에는 그 교수법의 원리들을 조사한다.

수업관찰	원리
1. 교실은 밝고 화려한 색채로 꾸며져 있다.	학습은 즐겁고 유쾌한 환경 속에서 더 잘 이루어진다.
2. 교실 안에는 문법구조가 적힌 포스터가 걸려 있다.	학생들은 집중하지 않아도 주변 환경에 노출된 것만으로도 학습이 가능하다(주변학습).
3. 교사는 확신을 가지고 말한다.	학생들이 교사를 신뢰하고 존중한다면 학습하고자 하는 내용을 더 잘 받아들이고 쉽게 기억할 수 있다.
4. 교사는 목표어를 학습하는 것이 쉽고 즐거울 것이라는 인상을 학생들에게 준다.	교사는 학생들이 학습상황에 대한 심리적인 장벽을 갖게 됨을 인식해야 한다. 그리고 이러한 심리적 장벽을 제거하도록 노력해야 한다.
5. 학생들은 새로운 역할과 새로운 이름을 선택한다.	새로운 역할로 가장하는 것은 학생들에게 안전감을 주고 더 마음을 열게 한다. 학생들은 그들이 다른 사람인 것처럼 행동하기 때문에 심리적인 장벽이 낮아진다.
6. 학생들 각자가 자기 자신을 새로운 이름으로 교사에게 소개한다.	학생들이 학습하는 대화문은 그들이 곧 사용할 수 있는 언어를 포함한다.
7. 학생들은 노래를 부를 때 리듬악기를 사용한다.	노래는 말하기 근육을 편안하게 하며 긍정적인 감정을 불러일으킨다.
8. 교사는 학생들에게 여러 장의 핸드아웃을 나누어주는데, 그 대화문의 제목은 'To want to is to be able to'이다.	교사는 학생들에게 간접적이고 긍정적인 암시('학생들의 능력에 가능성이 많다')를 제공해야 한다.
9. 교사는 영어 문법과 어휘에 관한 요점을 간략하게 설명한다.	교사는 문법요점과 어휘를 간략하게 설명한다. 또한 그것을 대화문에 굵은 글씨체로 표기해서 내용전체로부터 부분으로 학생들의 관심을 불러일으키게 한다. 전체와 부분 사이의 상호연관성은 중요하다.

10. 나누어 준 대화문 전체에 걸쳐 고전적 그림이 들어있다.	예술이 학생들에게 긍정적인 암시를 제공한다.
11. 핸드아웃의 왼쪽에는 대화문이 목표어로, 오른쪽에는 학생들의 모국어로 번역되어 있다.	목표어의 분명한 의미를 주기 위하여 학생들의 모국어 번역을 제공한다.
12. 교사는 음악을 들려주면서 대화문을 읽을 때, 그의 목소리를 리듬과 억양에 맞춘다.	의사소통이 두 개의 상황 속에서 일어난다. 하나는 음악의 언어적 정보를 수반하며, 또 다른 하나는 언어적 정보에 영향을 주는 요인들이다. 의식적인 상황에서는 학생들은 언어에 집중하고, 무의식적인 상황에서는 음악을 통하여 학습이 쉽고 즐겁게 이루어진다. 학습이 의식/무의식의 층위에서 동시적으로 이루어질 때 학습의 효과가 크다.
13. 교사가 또 다른 음악을 들려주면서 대화문을 다시 한 번 읽어주는 동안, 학생들은 듣기만 한다.	연주회에 가서 음악을 듣는 것처럼 조용한 상황이 심리적인 장벽을 극복하고 학습에 대한 잠재성을 개발하는 좋은 방법이다.
14. 과제로는 잠자리에 들기 전에, 그리고 자고 난 아침에 대화문을 읽어보게 한다.	이런 경우에 의식과 무의식 사이의 구별은 희미해지며, 이런 상황에서 학습이 더 잘 이루어진다.
15. 교사는 학생들에게 대화문에 나오는 인물 역할을 하기 위해 쓸 모자를 준다. 학생들은 대화문을 번갈아 가며 읽는다.	연극은 배울 내용을 가능한 한 재미있게 활용하는 방법이며, 상상은 학습에 대한 심리적인 장벽을 줄인다.
16. 교사는 학생들이 연극에 참여하고 싶은 역할을 가지고 오디션을 치를 거라는 가정을 하게 한다.	예술(음악, 미술, 연극)은 학생들을 무의식 상태에 이르게 한다. 그러므로 예술을 가능한 한 많이 교수과정에 통합시켜야 한다.
17. 교사는 대화내용에 관련하여 질문-대답, 반복, 번역과 같은 다양한 활동을 통하여 수업을 진행한다.	교사는 학생들이 학습활동에 능동적으로 참여하도록 도와야 한다. 어느 특정 활동만을 되풀이하지 않도록 다양한 학습활동을 제공한다. 새로운 것이 언어학습에 효과적이다.
18. 교사는 학생들에게 동요를 가르친다.	음악과 율동은 언어자료를 더욱 강화시키며, 어린 시절의 놀이는 학생들에게 학습에 대해 마음을 열게 한다. 교사에 대한 신뢰는 이러한 어린 시절 분위기를

	쉽게 조성한다.
19. 교사와 학생들은 질문-대답 게임을 한다.	놀이 분위기 속에서 언어형태보다는 언어 사용에 학생들의 의식적인 집중을 두게 한다. 학습이 즐거울 수 있다.
20. 어느 한 학생이 "How you do?"라고 말하면서 오류를 범한다. 교사는 부드러운 목소리로 그 오류를 정정해 준다.	학생들이 범한 오류는 직접적이고 비난하는 태도가 아니라 부드럽게 정정해 준다.

4 교수법 원리에 대한 검토

10가지 질문을 통하여 이 교수법이 근거해 있는 원리들을 살펴보면 다음과 같다.

1. 비암시 교수법을 사용하는 목적은 무엇인가?
교사는 일상적인 의사소통을 가능케 하는 언어 사용이 이루어지는 학습과정에 관심을 둔다. 이것을 가능하게 하기 위해서 학생들의 정신능력을 이용한다. 이것은 학습자의 심리적인 장벽을 줄이고 완전한 의식상태의 바로 다음단계인 '반의식 상태'(paraconscious)를 활성화하는 방법을 사용함으로써 가능하다고 본다.

2. 교사의 역할은 무엇인가? 학생들의 역할은 무엇인가?
교사는 교실에서 권위적이다. 성공적인 학습방법이 되기 위해서는 학생들은 교사를 신뢰하고 존경해야 한다. 학생들은 그들에게 확신을 주는 사람으로부터 더 잘 정보를 받아들인다. 왜냐하면 학생들은 그들의 약점을 제거하거나 성공적인 학습을 위한 방법을 적절히 제시하는 교사에게 더 신뢰하기 때문이다. 교사에 대한 신뢰는 학생들에게 안전함과 편안함을 준다. 또한 그들이 더 안전함을 느낀다면 심리적인 장벽을 없애고 더 자발적이고 자율적인 학습을 수행하게 될 것이다.

3. 교수/학습 과정에는 어떤 특성이 있는가?

비암시 교수법 수업은 밝고 화려한 색채를 띠는 교실상황을 유도한다. 목표어에 대한 문법적인 내용을 제시하는 포스터들이 학습자들의 주변학습(peripheral learning)을 돕기 위하여 교실 벽에 걸려 있다. 포스터들은 새로운 느낌을 주기 위해 매주 바뀐다.

학생들은 목표어 이름과 새로운 직업을 선택한다. 학습을 하는 동안 그들은 자신의 새로운 인물에 따른 자서전적인 이야기를 만들어낸다. 학생들이 사용하는 교재는 긴 대화문 (목표어로 된 800자 정도) 이 적힌 핸드아웃이다. 그 대화문은 한 쪽에는 목표어로, 다른 한쪽에는 학생들의 모국어로 번역되어 있다. 대화문에 굵은 글씨체로 적힌 어휘와 문법구조에 관한 설명적인 주석도 있다.

교사는 첫 학습상황(수용적인 단계)을 구성하는 두 연주회로 시작한다. 첫 연주회에서는 교사가 목소리를 음악의 리듬과 억양에 맞추어 대화문을 읽는다. 이런 식으로 학생들의 전체 두뇌(좌반구와 우반구)는 활성화된다. 교사가 대화문을 읽어줄 때 학생들은 따라서 읽는다. 또한 그 대화문에 대한 모국어 번역을 읽는다. 두 번째 연주회 동안, 교사가 그 대화문을 정상적인 속도로 읽는 동안 학생들은 조용히 듣기만 한다. 숙제로는 학생들은 그 다음으로 두 번째 학습상황(활동적인 단계)에서는 새로운 언어자료에 대해 학습능력을 발달시키기 위한 다양한 학습활동을 접하게 된다. 그 활동에는 연극, 게임, 노래, 그리고 질문-대답 연습활동이 있다.

4. 학생-교사의 상호작용은 어떠한가? 학생-학생의 상호작용은 어떠한가?

교사는 학습초기부터 학생들 전체 또는 개개인과의 상호작용이 있다. 학생들은 처음에 비언어적(nonverbal)으로 또는 그들이 연습한 몇몇 단어만을 사용하며 반응을 보이기도 한다. 점차로 학생들은 목표어를 사용하여 적절히 반응할 수 있으며, 심지어 상호작용을 먼저 시도하기도 한다.

5. 학습자의 감정은 어떻게 다루어지는가?

이 교수법은 학생들의 감정을 많이 강조한다. 이 방법의 기본원리는 학생들이 편안하게 느끼고 자신감을 갖게 되면, 언어를 학습하려고 노력할 필요가 없다는 것이다. 학습은 자연스럽고 쉽게 이루어진다. 이 교수법에서 중요하게 간주되는 한 요소는 학생들이 학습함에 있어 느끼는 심리적인 장벽이 제거되어야 한다는 것이다. 간접적이며 긍정적인 반응은 학생들의 자신감을 북돋우고 학습이 성공적일 수 있다고 확신을 심어준다. 새로운 목표어 이름을 갖고 새로운 역할로 자신을 표현하게 됨으로써 학생들은 더 안전감을 느끼고 학습에 마음을 열게 된다고 본다.

6. 언어를 어떠한 관점에서 바라보는가? 문화를 어떠한 관점에서 바라보는가?

언어는 두 가지 의사소통 학습상황 중에서 첫 번째 상황이다. 두 번째 상황은 그 언어내용에 영향을 미치는 요인들이다. 예를 들어, 옷 입는 방법과 비언어적인 행위는 언어적 내용을 어떻게 해석하는가에 영향을 준다. 문화는 그 언어를 말하는 사람의 일상적인 삶에 연관되어 있다. 예술의 사용은 비암시 교수법에서 중요하다.

7. 언어의 어떤 영역이 강조되는가? 어떤 언어 기술이 강조되는가?

어휘는 강조된다. 종종 교수법의 성공 여부에 대한 판단을 학생들이 학습한 어휘 숫자에 두기도 한다. 문법은 명백히 제시되어야 하지만 가능한 한 적은 양으로 제한한다. 사실, 학생들이 언어형태보다 언어사용에 더 의식적인 집중을 하면 학습의 효과가 크다고 생각한다. 그러면 '반의식 상태'에서 언어 규칙을 쉽게 흡수하게 될 것이다. 의사소통을 위한 말하기가 강조된다. 또한 학생들은 목표어로 된 대화문 읽기 연습도 하고 쓰기 연습(작문)도 한다.

8. 학습자의 모국어는 어떤 역할을 하는가?
대화문의 의미를 명확히 하기 위해 학생들의 모국어 번역을 제공한다. 교사는 필요할 때마다 학습자의 모국어를 사용하기도 한다. 수업이 진행됨에 따라 교사는 학생들의 모국어 사용을 줄여간다.

9. 학습에 대한 평가는 어떻게 이루어지는가?
주로 정상적인 수업활동 중에 학생들의 언어 수행을 가지고 학습에 대한 평가가 주어진다. 형식적인 시험형태는 주어지지 않으며, 그런 시험들은 성공적인 학습이 이루어지기 위한 편안한 학습 분위기를 조성하지 못하기 때문이다.

10. 교사는 학습자의 오류에 어떻게 반응하는가?
학생들이 범하는 오류는 교사에 의해 조용한 목소리로 부드럽게 정정된다.

5 비암시 교수법에 대한 검토

여러분이 비암시 교수법의 원리가 성공적인 학습을 가져온다고 생각한다면, 다음의 몇몇 교수기법들을 학습에 적용시킬 것이고 또한 교실환경을 바꾸기도 할 것이다. 교수기법들 모두에 만족하지 않는다 할지라도 여러분의 수업에 적용시킬만한 것들도 있을 것이다.

■ 교실환경 만들기
교사의 주요 임무는 밝고 화려한 색채를 띠는 교실환경을 만드는 것이다. 관찰했던 교실은 학생들이 학습하고자 하는 목표어를 사용하는 나라의 풍경이 그려진 그림으로 벽을 장식했다. 이러한 교실환경 만들기가 항상 가능한 것은 아니다. 그러나 교사는 가능한 한 긍정적인 학습 환경을 제공해야 한다.

■ 주변 학습

이 교수기법은 의식적으로 집중하기보다 주변 환경에 놓인 것으로부터 자연스럽게 학습한다는 생각에 근거를 둔 것이다. 교실 벽에 목표어의 문법적인 내용에 관한 포스터를 붙여 놓음으로써 학생들은 많은 노력을 기울이지 않고도 필요한 지식을 얻게 될 것이다. 교사는 학생들로 하여금 그 포스터에 집중하게도 할 수도 있고 또 그 반대로 하지 않을 수도 있다. 교사는 학습에 적절한 문법내용을 제시하기 위해 때때로 포스터를 바꾸기도 한다.

■ 긍정적인 암시

학생들로 학습에 대한 심리적인 장벽을 없애도록 학습상황에서 암시적인 요소를 만들어 내는 것이 교사의 임무이다. 교사는 직접적이거나 간접적인 수단을 통하여 이것을 할 수 있다. 직접적인 암시는 학생들의 의식을 이용하는 것으로 교사는 학생들에게 성공적인 학습을 가져올 거라는 확신을 준다. 학생들의 무의식에 관련된 간접적인 암시는 실제적으로 두 암시 중에서 더 강하게 작용한다. 가령, 관찰했던 교실에서 보여 주었던 간접적인 암시는 '*To want to is to be able to*'라는 제목을 가진 대화문을 선택하는 것이다.

■ 새로운 역할을 갖기

학생들은 목표어로 된 이름과 새로운 직업을 선택한다. 수업이 진행됨에 따라 학생들은 그들의 가상적인 역할에 대하여 자서전적인 삶을 전개할 기회를 갖는다. 가령, 학생들의 가상적인 고향, 어린 시절, 가족에 대해 이야기하고 작문을 하도록 한다.

■ 역할극

학생들은 잠시 동안 다른 사람의 역할을 통하여 목표어를 사용하여 행동하도록 요구된다. 그들은 그 상황에 적절한 역할에 맞는 언어를 만들도록 요구된다. 관찰한 수업에서는 학생들이 다른 인물인 듯이 가정하고 그 사람으로 소개하도록 요구되었다.

■ 첫 번째 연주회

두 연주회는 수용적인 학습상황을 보여준다. 교사가 대화문에 대해 짧게 소개하고 그 대화문에 있는 문법요점을 설명한 한 후에, 학생들은 그 대화문을 목표어로 읽는다. 그 대화문은 한 쪽에는 목표어로 쓰여 있고 그 옆에는 학생들의 모국어로 번역되어 있다. 교사가 대화문을 읽어 나갈 때 학생들도 함께 눈으로 따라 읽는다. 교사는 음악을 들려주면서 억양을 넣어 천천히 연극하듯이 읽는다. 들려주는 음악은 주로 초기 낭만파 시대의 고전음악이다. 교사의 목소리는 음악에 따라 높아졌다 낮아졌다 한다.

■ 두 번째 연주회

두 번째 연주회에서는 교사가 정상적인 속도로 읽어줄 때 학생들은 듣기만 한다. 교사는 의자에 앉아서 음악을 들려주며 읽는다. 교사는 대화내용에 맞추어 읽어주며 음악에 맞추지 않는다. 이 연주회를 마지막으로 그 날의 수업은 끝난다.

■ 주요 학습행동

이 교수기법과 다음의 교수기법은 능동적인 학습상황을 유도한다. 학생들은 개별적으로나 전체적으로 목표어로 된 대화문을 소리 내어 즐겁게 읽는다. 관찰한 수업에서는 세 그룹의 학생들이 각기 다른 방식으로 대화문을 나누어 읽는다. 한 그룹은 슬프게, 다른 그룹은 화난 듯이, 그리고 마지막 그룹은 유쾌하게 읽는다.

■ 창의적인 적용

학생들은 새로운 언어자료를 학습하기 위해 다양한 학습활동에 참여한다. 이러한 학습활동은 주로 노래 부르기, 춤추기, 연극하기, 그리고 게임 등이 포함된다. 이러한 학습활동의 중요한 특성은 언어형태에 초점을 두는 것이 아니라 의사소통의 의미전달에 강조를 둔 것이어야 하며, 또 다양해야 한다는 것이다.

6 결론

비암시 교수법과 여러분의 언어 교수법 사이에 어떤 연관성이 있는가? 편안한 학습 분위기에서 학습이 성공적으로 이루어진다고 생각하는가? 교사는 신뢰와 존경을 받는 존재이어야 하는가? 직접적이고 간접적인 암시가 사용되어야 한다고 보는가? 학습은 가능한 한 즐겁게 이루어져야 한다고 생각하는가? 비암시 교수법 원리 중에서 여러분의 수업에 적용할 만한 것이 있는가? 학생들이 주변 환경으로부터 학습한다고 생각하는가? 학생들이 새로운 인물로 가정하는 것이 학습에 유익하다고 보는가? 새로운 학습내용을 음악과 함께 제공해야 한다고 생각하는가? 여러분의 교수 방법에 적절한 학습활동이 있는가?

7 학습활동

A. 비암시 교수법에 대한 이해도 점검

1. 수업에 적용된 직접적이고 긍정적인 암시는 무엇인가? 간접적이고 긍정적인 암시는 무엇인가?
2. 관찰한 수업에서는 예술이 어떤 방식으로 표현되었는가?

B. 비암시 교수법의 적용

1. 대부분의 교사들은 그들이 가르치는 교실상황을 통제하지 않는다. 그러나 이것은 교사가 학생들의 심리적인 장벽을 없애기 위한 학습 환경을 제공할 수 없다는 것을 의미하는 것이 아니다. 여러분은 이것에 대해 어떻게 생각하는가?
2. 학생들의 주변학습을 위해 벽에 붙일 포스터에 포함될 목표어의 문법구조를 10가지 정도 열거하시오.

참고 문헌

Dhority, L. 1991. *The ACT Approach: The Use of Suggestion for Integrative Learning.* Amsterdam: Gordon and Breach Science Publishers.

Gateva, E. 1991. *Creating Wholeness through Art. Global Artistic Creation of the Educational Training Process.* Aylesbury, UK: Accelerated Learning Systems.

Iki, S. 1993. Interview: Georgi Lozanov and Evelyna Gateva. *The Language Teacher* 17/7: 3-17.

Lozanov, G. 1978. *Outlines of Suggestology and Suggestopedy.* London: Gordon and Breach.

________. and **E. Gateva.** 1988. *The Foreign Language Teacher's Suggestopedic Manual.* New York: Gordon and Breach Science Publishers.

Schiffler, L. 1992. *Suggestopedic Methods and Applications.* (English edn.). Amsterdam: Gordon and Breach Science Publishers.

Stevick, E. 1998. *Working with Teaching Methods: What's at Stake?* Boston, MA: Heinle & Heinle.

07
집단 언어 교수법
Community Language Learning

1 서론[8)]

이 장에서 살펴볼 교수법의 근간이 되는 생각은 교사가 학생을 '전인간'(whole person)으로 보아야 한다는 것이다. **전인 학습**(whole-person learning)은 교사가 학생들의 지능뿐만 아니라 그들의 감정, 신체적 반응, 본능적이고 보호적 반응, 학습하고자 하는 욕구 사이의 관계를 이해하여야 한다는 입장이다. 집단 언어 교수법(Community Language Learning)은 Charles A. Curran의 상담학습(counseling-learning)에서 그 교수법의 원리를 끌어냈다.

Curran은 오랫동안 성인 언어 학습에 관한 연구를 해 왔는데, 성인 학습자들은 새로운 학습상황에 의해 위협을 느끼고 그들이 바보처럼

8) 이 장에서 제시되는 교수방법을 위해 상담-학습 연구소(Counseling-Learning Institute)에서 일하는 Jenny Rardin과 Pat Tirone의 도움을 많이 받았다.

보일까 두려움을 느낀다는 것이다. Curran은 학생들의 두려움을 다루는 한 가지 방법이 교사가 **언어 상담자**(language counselor) 역할을 하는 것이라 본다. 언어 상담자는 심리학에 깊은 지식을 가진 사람이 아니라 새로운 언어를 가르치는 과정에서 학생들이 직면하는 어려움을 잘 이해해 주는 사람이다. 교사가 이해한다는 것은 그 학생을 하나의 인격으로 받아들인다는 것을 의미한다. 교사는 학생들이 학습에서 갖는 두려움을 이해하고 학생들의 생각을 잘 받아들임으로써 학생들 스스로가 부정적인 감정을 극복하고 성공적인 학습을 이루어가도록 긍정적인 힘을 북돋워 주어야 한다.

Curran의 견해가 집단 언어 교수법을 통해 어떻게 실현되어 가는지 살펴보기로 한다. 인도네시아의 한 언어 교육원에서 이루어지는 수업을 관찰한다. 그 수업은 일주일에 이틀 저녁시간에 이루어지며, 한 번에 두 시간씩 진행된다. 첫 수업시간을 소개하기로 한다.

2 교실 경험

학생들이 교실에 들어와 자리에 앉는다. 의자는 탁자를 가운데 두고 원을 그리듯 놓여있고, 탁자 위엔 녹음기가 놓여 있다. 학생들과 인사를 나눈 후에, 교사는 자신을 소개하고 학생들도 각자 자신을 소개한다. 인도네시아어로 교사는 그날 저녁 수업에서 무엇을 할지에 대해 학생들에게 이야기한다. 학생들은 교사의 도움을 받아 목표어인 영어로 말할 것이다. 그 말하는 내용은 녹음기에 녹음되고, 녹음된 내용은 나중에 하나의 교재를 형성할 것이다. 교사는 남은 시간에는 그 대화문을 가지고 다양한 학습활동을 할 거라고 말한다.

"여러분 중 누구나 말하고 싶은 사람은 손을 드세요. 그러면 내가 그 사람 뒤에 갈 것입니다. 나는 여러분이 말하고 싶은 것을 영어로 표현하도록 도와주는 것 외에는 대화에 참여하지 않을 것입니다. 여러분은 다른 사람에게 전달하고 싶은 내용을 먼저 인도네시아어로 말하세요. 그러면 나는 그것을 영어로 번역해 줄 것이고 구문 형태(phrase)로 번역할 것입니다. 한 번에 하나의 구문을 녹음하세요. 대화가 끝난 후에 녹음한 내용을 들을 때는 문장 전체로 들릴 것입니다. 오직 영어로 말한 내용만이 녹음될 것입니다. 처음 영어로 말하는 대화이기 때문에 간단한 표현을 사용하도록 하세요. 이 학습활동은 10분 동안 진행될 것입니다."

아무도 먼저 말하려 하지 않았다. 그때 젊은 여자가 손을 든다. 교사는 그녀의 의자로 다가가서 그녀 뒤에 선다. 그녀가 "Selamat sore"라고 말하자 교사는 "Good…"이라고 번역한다. 그 학생은 마이크를 켜는데 다소 어려움을 보였지만, 곧 'Good'이라고 녹음한 다음 마이크를 끈다. 이어서 교사가 "evening"이라고 말하자 학생이 마이크에 'evening'이라고 발음하려고 시도하였으나 'eve…'라는 정도에 그친다. 그녀는 다시 시도해 본다. 그녀의 실수로 인해 약간 불안한 모습을 보이기도 하였지만 녹음기에 "evening"이라고 정확히 발음해 보인다.

그림 7.1 그룹에서 한 학생이 자신이 말한 내용을 녹음하는 장면

이번엔 남학생 하나가 손을 들었다. 교사는 그 학생 뒤로 가서 의자 뒤에 선다. 그는 먼저 말한 여학생에게 “Selamat sore”라고 대꾸하면서 “Apa kabar?”라고 다시 묻는다. 교사는 그 학생이 목표어에 대해 안전함을 느낀다고 생각하면서 “Good evening.”이라고 전체 번역을 준다. 그 학생이 “Good evening.”이라고 마이크에 대고 말하자 교사는 이어 “How are you?”라고 계속한다. 그는 “How…”라고 말하면서 나머지 구문 표현에 도움을 청한다. 교사는 작은 단위로 나누어 표현을 주는 것이 좋겠다고 생각하면서 각 단어를 분리하여 말한다. “How”라고 하면 학생도 “How”라고, “Are”이라고 하면 “Are”이라고, “You”라고 하면 학생도 따라서 “You”라고 녹음기에 대고 말한다.

질문 받은 학생이 손을 들면 교사는 그 학생 뒤로 간다. 그 학생이 “Kabar baik. Terima kasih”라고 말한다. 교사가 “Fine.”이라고 번역하면, 학생은 “Fine.”이라고 녹음기에 대고 말한다. 교사가 이어 “Thank you.”라고 하자 학생은 “Thank you.”라고 녹음한다.

네 번째 학생이 또 다른 학생에게 “Nama saudara siapa?”라고 질문하면, 교사는 그 학생 뒤에 서서 그 학생이 “What’s … your … name?”이라고 녹음하도록 한 단어씩 끊어서 말해 준다.

질문을 받은 학생이 “Nama saya Saleh.”라고 응답하자, 교사는 “My name is Saleh.”라고 번역한다. 또 다른 학생이 “Apa kaba?”라고 Saleh에게 물으면, 교사는 “How are you?”라고 번역한다. Saleh가 “Saya tidak sehat.”라고 응답하자, 이어서 교사는 “I am not well.”이라고 말해 준다. 다른 학생이 Saleh의 말에 “Mengapa?”라고 물으면, 교사는 “Why?”라고 번역하고, Saleh는 “Sebab kepala saya pusing.”라고 응답하면 교사는 “Because I have a headache.”라고 번역한다. 이러한 영어 대화는 처음에 구문 형태로 녹음했던 것과 마찬가지 방식으로 녹음된다. 교사는 학생들이 자신감을 가지고 영어로 말할 수 있는 구문의 크기가 어느 정도인지를 관찰한다. 그때 교사는 그 활동을 위해 5분 남았다고 말한다. 이번에는 왜 영어 공부를 하는지, 직업이 무엇인지, 취미가 무엇인지에 관한 질문도 들어있다.

대화가 끝난 후에 학생들은 원을 그리고 앉아서 학습 경험에 대해 그들의 모국어인 인도네시아어로 이야기할 시간을 갖는다. 한 학생이 그가 방금 학습한 영어에 대해 어느 것도 기억하지 못 한다고 말한다. 교사는 그의 반응을 받아들인다. "너는 수업하는 동안 영어를 배우지 않았다는 생각이 든다는 말이지?"라고 묻자, 학생은 "예"라고 대답한다. 다른 학생 역시 대화에 참여하였던 것이지 영어를 하나도 배운 것 같지 않다고 말한다. 교사는 이러한 경험을 받아들이면서, "너의 관심은 영어에 있었던 것이 아니라 대화하려는 데 있었구나."라고 말한다. 또 다른 학생 하나는 학습하였던 영어를 기억할 수는 없지만 단지 대화하는 게 재미가 있었다고 말한다. 교사는 그녀의 말을 듣고 나서, 학생들이 영어 어휘를 학습할 시간이 주어질 거라고 말한다. 교사는 "더 말하고 싶은 학생이 있나요?"라고 묻는다. 학생들로부터 아무 대답이 없자, "좋아요. 그러면 대화를 들어봅시다. 녹음한 것을 들려줄 테니 여러분이 영어로 말한 것을 잘 들어보세요."라고 교사는 말한다. 학생들은 듣는다. 그런 다음에 교사는 "녹음한 것을 다시 들려주는데 이번에는 각 문장의 끝에서 멈출 것입니다. 여러분이 말한 것을 기억할 수 있는지 보세요. 그리고 모든 학생들이 확실히 이해하였다는 것을 알기 위해 인도네시아어로 그것을 다시 말하세요. 만약 여러분 각자가 말한 부분을 기억하지 못하면 우리 모두가 도울 수 없습니다."라고 말한다.

그림 7.2 교사가 학생이 말한 내용을 칠판에 적는 장면

그 다음에 교사는 학생들에게 의자를 이동하여 반원을 그리듯 앉게 하고, 녹음한 대화문을 칠판에 적을 때 잘 보라고 한다. 교사는 학생 중 누가 각 문장 끝에서 녹음기를 멈추게 작동할 수 있는지를 물어보았는데, 아무도 지원하지 않자, 교사 자신이 직접 녹음기를 틀고 끄는 행동을 하였다. 교사는 각 영어 문장에 번호를 매기며 한 줄씩 칠판에 적어갔다. 한 학생이 그것을 노트에 적어도 되는지를 묻는다. 교사는 이번 시간이나 다음 시간에 적을 시간을 줄 테니 지금은 적지 말고 칠판에 적힌 영어에 집중하라고 한다.

교사는 녹음된 모든 영어 문장을 칠판에 적는다. 인도네시아어로 그 의미에 관한 번역을 칠판에 적기 전에 교사는 첫 영어 단어에 밑줄을 긋고 잠시 멈춘다. 학생들에게 인도네시아어의 대응되는 표현을 찾게 한다. 아무도 대답을 하지 않자 교사는 인도네시아어로 각 문장에 대해 번역하여 칠판에 쓴다. 그는 모든 문장을 이런 방식으로 번역한다.

다음 학습활동은 '인간 컴퓨터'(human computer)에 관한 활동으로 학생들은 교사의 부드러운 목소리로 설명하는 것을 듣는다. "다음 5분 내지 10분 동안 나는 '인간 컴퓨터'가 될 것입니다. 대화문에 있는 영어의 단어, 구, 그리고 전체 문장의 발음연습을 위해 나를 사용할 수 있습니다. 손을 들면 나는 여러분 뒤로 갈 것입니다. 그때 여러분은 연습하길 원하는 문장 번호나 영어 단어 또는 인도네시아의 표현을 말해 주면 됩니다. 컴퓨터처럼 정확한 영어를 들려 줄 것이고 여러분은 내가 말하는 것과 여러분이 말하는 것이 일치하는지를 보기 위해 잘 들으셔야 합니다. 여러분은 단어, 구 그리고 문장을 듣기를 원하는 만큼 여러 번 반복하게 할 수 있습니다. 여러분이 멈추길 원하면 나도 멈출 것입니다. 여러분이 조정하면 됩니다. 여러분이 그 컴퓨터를 맘대로 켜고 끌 수 있습니다."

한 남학생이 손을 들고, "Thank you."라고 말한다. 그가 'thank'의 첫 발음하기를 어려워하자, 교사는 그 구를 정확히 발음해주고 그 학생은 다시 발음해 본다. 교사가 그것을 다시 반복한다. 세 번 이상 학생은 "Thank you."라고 말함으로써 컴퓨터를 시작하게 한다. 교사가 세 번 그것을 말한 후에, 학생이 멈추자 컴퓨터도 멈춘다.

다른 학생이 손을 들고 대화문에 있는 "What do you do?"를 말한다. 다시 교사는 그 학생 뒤로 가서 학생이 연습하려고 선택한 그 질문을 반복한다. 그 학생은 첫 번째 학생이 했던 것처럼 여러 번 반복 연습을 한다. 다른 학생들도 같은 방식으로 본문에 있는 다른 문장들을 연습한다.

학생들은 세 명씩 그룹을 지어 대화문에서 학습한 어휘나 구를 가지고 새로운 문장을 만들어 본다. 각 그룹은 그 문장을 받아 적는다. 교사는 이 그룹 저 그룹 다니면서 도움을 준다. 첫 번째 그룹이 'Adik not work in a bank.'라는 문장을 적는다. 교사는 그 그룹에게 'Adik does not work in a bank.'라고 정확한 문장을 제시한다. 두 번째 그룹이 'What is my name?'이라고 쓰면 교사는 "OK."라고 말한다. 교사가 각 그룹을 돌아다니며 도와준 다음에, 각 그룹은 그들이 만든 문장을 다른 학생들에게 읽어준다. 교사는 녹음한 내용을 학생들에게 두 번 더 들려준다.

마지막으로 교사는 약 10분 정도의 수업시간이 남았다고 말한다. 교사는 학생들에게 그날 저녁 그들이 참여했던 학습 경험, 학습한 영어, 그리고 학습 과정에 대해 인도네시아어로 이야기할 시간을 준다. 학생들이 말할 때 교사는 주의 깊게 듣고 그들이 말한 내용을 이해한다는 반응을 보인다. 대부분의 학생들은 그 경험에 대해 긍정적이다. 그중 한 학생은 그가 초급단계의 언어 수업에서 그렇게 편안함을 가져 본 적이 없다고 하면서 "I now think I can learn English."라고 말한다.

교사는 남은 두 시간 수업활동은 그들이 만든 대화문을 가지고 진행될 거라고 말한다. 그 수업활동은 다음과 같다.

1 교사는 대화문으로부터 'be'동사를 선택한다. 교사와 학생들은 함께 그 동사의 현재 시제형을 인칭과 수에 맞게 어형 변화를 준다. 학생들은 동사 'do'와 규칙동사 'work'에 대해서도 똑같은 어형 변화를 한다.
2 학생들은 소그룹으로 나누어 새로운 형태를 가지고 문장을 만든다. 각 그룹이 만든 문장들을 다른 그룹의 학생들과 서로 나누어 학습한다.
3 한 학생이 영어로 하고 또 다른 학생은 인도네시아어로 번갈아 가며 그들이 만든 대화문을 읽는다. 학생들은 영어발음을 연습할 기회를 갖는다.
4 교사는 칠판에 사람 그림을 그리고, 마치 학생들이 그 사람을 만났던 것처럼 그 사람에 대한 질문을 한다.
5 학생들은 자신들이 만든 대화를 재구성한다.
6 학생들은 대화하는 동안 학습한 새로운 단어들을 사용하면서 새로

운 대화문을 만든다.

이러한 학습활동을 마친 후에, 수업은 계속하여 다른 대화문을 만들고 녹음하고, 또 새로운 대화문을 만든다.

3 교실 경험에 대하여

우리가 관찰하려던 수업을 분석해 보자. 왼쪽에는 관찰한 내용을 오른쪽에는 관찰한 내용으로부터 끌어낸 교수법 원리들을 열거한다.

수업관찰	원리
1. 교사는 학생들을 만나 자신을 소개하고, 학생들도 자신을 소개한다.	교사와 학생, 학생과 학생 간의 관계를 형성하는 것이 중요하다.
2. 교사는 학생들에게 그 날 수업에 무엇을 할 것인지를 말한다. 첫 번째 학습 절차를 설명하고 시간을 제한한다.	어떤 새로운 학습 경험에 학생들은 위협감을 느낄 수 있다. 학생들이 각 학습 활동에서 무엇을 할 것인지를 잘 안다면 더 안전함을 느끼게 된다.
3. 학생들은 대화문 만들기 학습활동을 한다.	언어는 의사소통을 위한 것이다.
4. 교사는 학생들 뒤에 가서 선다.	최상의 지식과 교사의 권위가 학생들에게 위협적일 수 있다. 교사가 교실 앞에 서있는 모습이 아니면, 그 위협감은 줄어들고 학습이 조장된다. 또한 이것은 학생과 교사 간의 상호작용보다는 학생들 간의 상호작용을 강조한다.
5. 학생들이 모국어로 말하는 것을 교사는 목표어의 구 형태로 번역한다.	교사는 학생들의 자신감을 유지시켜 주면서 성공적인 학습을 위해 그들이 필요로 하는 것을 적절히 제공해야 한다.
6. 교사는 그 학습 활동에 할당된 시간이 얼마 남지 않았다고 말한다.	학생들은 학습활동의 제한시간을 알 때 더 안전함을 느낀다.
7. 학생들은 대화문 만들기 활동 동안 어떻게 느꼈는지를 이야기한다.	교사와 학생들은 '전 인간'이다. 학생들이 각자의 학습 경험에 대해 이야기하고 듣

	는 것은 서로를 이해하고 집단의식을 형성하게 한다.
8. 교사는 학습활동에 대한 각 학생들의 반응을 받아들인다.	학생 각자가 유일한 존재임을 인식하면서 교사는 편안한 분위기를 조성한다. 학생들은 방어적인 마음을 없애고 위협감을 덜 느낀다.
9. 교사는 학생들의 반응을 이해한다.	교사는 학생들을 상담한다. 교사는 충고하기보다는 오히려 학생들이 말하는 것을 듣고 이해한다는 태도를 보인다. 어떻게 학생들이 느끼는지를 이해함으로써 교사는 학생들 스스로가 자신의 학습에 대한 통찰력을 얻도록 도와주고, 학습에 방해가 되는 부정적인 생각을 없애도록 도와준다.
10. 학생들은 그들이 만든 대화문을 녹음기로 들으면서 인도네시아어로 번역을 한다.	교사는 목표어의 의미를 명확하게 할 때나 학습자가 알고 있는 것과 모르는 것을 연결 지을 때 학생들의 모국어를 사용한다. 학생들은 모든 것을 이해할 때 더 안전감을 느낀다.
11. 교사는 학생들이 더 잘 보도록 칠판 앞에 반원을 그리며 앉게 한다.	교사는 학습이 성공적으로 이루어지도록 가능한 한 적절한 방식으로 학습 활동을 구성할 책임을 갖는다.
12. 교사는 학생들에게 나중에 노트에 적을 시간을 준다고 말한다.	초급 단계에서는 학생들이 한 번에 한 과업에만 집중하는 것이 효과적이다.
13. 교사는 학생들이 대화문에서 선택한 구나 단어에 적절한 인도네시아어 표현을 주거나 번역하게 한다. 교사는 첫 구를 가리키는데, 만약 어느 누구도 지원하는 학생이 없으면 교사 자신이 직접 번역을 제시한다.	교사는 학생들이 자율적이고 독립적인 학습을 하도록 권하고 학생들이 침묵 속에 불편함을 느끼지 않게 한다.
14. 교사가 대화문을 세 번 읽어주는 동안 학생들은 편안하게 듣는다.	학생들은 성공적인 학습을 위해 조용히 성찰시간(reflection time)을 갖는 것이 필요하다.
15. 학생들은 '인간 컴퓨터'를 사용하여 발음 연습하고자 하는 구를 선택한다. 교사는 학생들의 지시에 따라 그들이 만족해하고 멈출 때까지 여러 번 반복한다.	학생들이 원하는 연습 활동을 직접 선택하게 할 때 더 학습의 효과가 크다. 학생들은 학습 과정 동안 내적 지혜를 발달시켜 가고, 만약 학생들이 자신의 학습을 잘 통제한다면 그들 자신의 학습에 대해

	더 책임감을 느낀다.
16. 학생들은 교사가 말하는 것과 자신이 말하는 것이 일치하는지를 보기 위해 주의 깊게 듣는다.	학생들은 목표어 형태 사이의 유사성과 차이점을 인식할 줄 알아야 한다.
17. 학생들은 세 명씩 그룹을 지어 학습한다.	집단 활동을 통하여 학생들은 집단의식을 느끼고 교사는 물론 학생들 서로에게서 배울 수 있다.
18. 학생들이 만든 문장을 교사는 정확하게 반복하여 읽으면서 수정한다.	교사는 덜 위협적인 태도로 학생들과 함께 학습을 진행해 간다.
19. 학생들은 다른 학생들에게 그들이 만든 문장을 읽어준다.	집단을 형성하는 것은 학생들 간의 신뢰를 형성하고 새로운 학습에 대한 위협감을 줄이기도 한다.
20. 교사는 학생들에게 녹음한 내용을 두 번 더 들려준다.	학습은 학습 자료가 너무 새롭거나 익히 잘 아는 경우에도 제대로 이루어지지 않는다. 학습에 대한 기억은 새롭거나 익숙한 내용의 중간 정도에서 이루어진다.
21. 학생들은 그 날 수업에 대한 경험을 이야기할 기회를 갖는다.	목표어에 대해서뿐만 아니라 학생들은 교실에서의 학습 경험에 대해서도 이야기한다. 이런 식으로 학생들은 언어, 학습경험, 그리고 집단 단위의 학습에 대해 이야기할 기회를 갖게 된다.
22. 처음에 만든 대화문을 가지고 여러 다양한 학습 활동을 한 후에 다시 새로운 대화문을 만든다.	초급 단계에서는 '교수요목'이 학습자에 의해 주로 이루어진다. 학생들이 직접 학습 자료를 만들었을 때 학습하고자 하는 의욕은 더욱 강화된다.

4 교수법 원리에 대한 검토

집단 언어 교수법의 원리를 살펴보면 다음과 같다. 10가지 질문에 대답함으로써 그 교수법에 대해 더 자세히 알 수 있을 것이다.

1. 집단 언어 교수법을 사용하는 목적은 무엇인가?

집단 언어 교수법을 사용하는 교사는 의사소통을 위한 목표어 사용을 강조한다. 그 외에도 교사는 학생들이 그들 자신의 학습에 대하여, 학습에 대한 책임 의식을 높이기 위해, 또한 학습을 위해 서로 어떻게 도와야 하는지를 알아야 한다고 생각한다. 만약 교사나 학습자가 각자의 생각과 느낌을 인정하는 '전 인간'으로 대한다면 학습의 모든 목적이 위협적이지 않은 상황 속에서 성공적으로 성취될 수 있다.

2. 교사의 역할은 무엇인가? 학생들의 역할은 무엇인가?

교사는 학습 초기에는 주로 상담자의 역할을 한다. 이것은 교사가 치료사의 역할을 한다는 것이 아니라 교사가 '가르치지' 않는다는 것을 의미한다. 오히려 교사는 새로운 학습 상황이 성인 학습자에게 어떤 위협감을 준다는 것을 이해하고 목표어를 학습하는 과정에서 학생이 갖는 어려움을 극복하도록 도와야 한다.

학습초기에 학생들은 교사에 매우 의존적이다. 그러나 계속 학습이 진행됨에 따라 그들은 점차 독립적이 된다. 집단 언어 교수법 지지자들은 학생들이 교사와의 관계를 의존적인(dependency) 단계에서 상호의존적인(mutual interdependency) 단계까지 다섯 단계로 나누어 살펴보았다. 1단계, 2단계, 3단계에서는 교사가 학습과정 동안 언어뿐만 아니라 학생들을 도와주는 데 초점을 둔다. 4단계에서는 학생들이 언어에 대한 안전감이나 교사의 오류정정을 받아들일 수 있기 때문에 교사는 더 언어적 정확성을 강조한다. 언어에 대한 정확성은 첫 세 단계에서도 강조되긴 하지만 유창성 다음으로 중시된다. 4단계와 5단계는 그 반대로 관심을 둔다.

3. 교수/학습과정에는 어떤 특성이 있는가?

관찰하였던 초급단계 수업에서는 학생들이 모국어를 사용하면서 대화문을 만든다. 교사는 학생들이 말하고자 하는 내용을 구 형태로 끊어서 목표어로 말해준다. 이러한 구 형태는 녹음되고, 학생들이 다시 녹음한 내용을 들을 때는 이어지는 하나의 문장이 된다. 후에 그 문장들이 모여 하나의 대화문을 형성한다. 목표어 밑에 모국어 표현이나 번역이 주어진다. 이렇게 해서 만들어진 대화문이 학생들이 사용하게 될 '교재'(text)가 된다. 다양한 학습 활동(가령, 문법 연습, 발음 연습, 대화문에 나오는 단어를 가지고 새로운 문장을 형성)이 이루어진다. 학생들은 학습 경험에서 어떻게 느꼈는지를 이야기하고, 교사는 듣고 이해하며 받아들인다.

Curran에 의하면, 방어적이지 않은 학습이 되기 위한 6가지 요인이 있다. 첫 번째 요인은 안전감(security)이다. 두 번째 요인은 주장(aggression)인데, Curran은 학습 경험에서 학생들이 자신을 주장하고 능동적으로 참여할 기회를 가져야 한다고 강조한다. 관찰한 수업에서 이것이 가능한 한 가지 방법으로는 학생들이 자신의 대화문을 직접 만드는 것이다. 세 번째 요인은 집중력(attention)이다. 외국어나 제2언어를 학습하는 데 필요한 기술들 가운데 하나는 동시에 여러 요인들에 집중할 수 있는 능력이다. 초급단계에서 이 기술을 쉽게 터득하는 방법으로서, 교사는 학생들의 집중의 영역을 좁히도록 유도한다. 교사가 칠판에 적고 있는 동안 대화문을 받아 적지 못하게 하는 대신에 학생들은 칠판에 적는 것을 집중하여 보면서 완성될 교재를 위해 각 문장들을 번역하게 한다.

네 번째 요인은 성찰(reflection) 시간으로 두 가지 다른 방식으로 이루어진다. 하나는 언어에 관한 것으로 교사가 대화문을 세 번 읽어 줄 때 잘 듣고 어떠한가를 말하는 것이고, 또 다른 하나는 학생들이 학습 경험에 관한 것을 이야기하는 것이다. 다섯 번째 요인은 기억력(retention)으로 학생의 자아 속에서 기억된 내용과 새로운 자료의 통합이 이루어진다. 마지막 요인은 판별력(discrimination)으로서 목표어 구조 및 형태들 사이의 차이점을 분류하고 가려내는 것이다. 학생들이 인간 컴퓨터가 하는 것을 듣고 그 컴퓨터와 똑같이 발음하도록 요구되었을 때 이 요인은 사용된다.

4. 교사–학생의 상호작용은 어떠한가? 학생–학생의 상호작용은 어떠한가?

집단 언어 교수법에서의 학생과 교사의 상호작용은 시간이 지남에 따라 수업마다 달라진다. 때때로 학생들은 대화문을 만드는 과정에서 볼 수 있듯이 적극적으로 참여하는데, 이 경우에 교사는 학생들이 목표어로 자신을 표현하도록 돕는다. 그는 학습자들의 원형 대열에 끼어들지 않고 학생들이 서로 상호작용 하도록 돕는다. 다른 경우에는 교사가 명료한 지시를 주기도 한다. 대부분 경우에 처음에는 교사가 수업을 주도하고 후에 학생들이 스스로 책임감을 가지고 하게 한다. Rardin(1988)이 관찰한 것처럼 집단 언어 교수법은 학생중심도 교사중심도 아닌 학생과 교사 모두가 학습과정 결정에 참여한다.

교사-학생 그리고 학생-학생의 관계를 형성하는 것은 매우 중요하다. 신뢰하는 관계를 형성함으로써 위협적인 두려움은 줄어들고 마음을 열고 학습과정에 임하게 된다. 학습은 학생과 교사, 학생과 학생 간의 상호작용에서 이루어진다. 이 방법은 경쟁심이 아닌 협동심을 조장한다.

5. 학습자의 감정은 어떻게 다루어지는가?

학생들의 느낌을 듣는 것이 상담 학습에서 중요하다. 상담 학습의 한 가지 주요 활동으로는 학생들이 어떻게 경험했는가를 이야기하는 것이다. 교사는 각 학생들이 말하는 것을 주의 깊게 듣고 반응한다. 교사는 학생들의 반응에 이해한다는 모습을 보임으로써 학습에 방해가 되는 부정적인 느낌을 극복하도록 돕는다.

학생들의 안전감을 갖게 하는 여러 가지 방법을 제공한다. 가령, 수업활동 동안 학생들의 모국어를 사용하는 것, 교사가 그 날 학습에 대해 무엇을 할 것인지를 미리 말해 주는 것, 시간제한을 지키는 것, 학생들이 소화해낼 수 있는 양만큼의 목표어를 연습하는 것, 그리고 가장 적절한 방법은 학생들이 학습활동을 명료하게 구성할 것에 대한 책임감을 갖는다. 안전감이 학습과정에서 기본적인 요인인 반면에 학생들의 유창성 단계에 맞추어 변화를 주기도 한다.

6. 언어를 어떠한 관점에서 바라보는가? 문화를 어떠한 관점에서 바라보는가?

언어는 의사소통을 위한 것이다. Curran은 교사와 학생들이 서로 신뢰하는 가운데 학습 과정이 이루어진다는 의미에서 '학습은 사람이다'(Learning is persons.)라고 말한다. 학습초기에는 '과업을 통하여 서로 나누고 서로에게 의존하는 것'을 강조한다. 협력적 과업 수행을 통해 그룹 내에 집단의식이 형성되면, 초점은 목표어 자체로 옮겨진다. Curran은 이러한 협력적인 학습과정에서 언어는 창의적이고 비판적인 사고를 발달시키는 수단이 된다고 보았다. 문화는 언어 학습의 중요한 부분이다.

7. 언어의 어떤 영역이 강조되는가? 어떤 언어 기술이 강조되는가?

초급단계에서는 학생들이 전달하고 싶은 내용을 목표어로 주고 또 그것을 번역하여 하나의 대화문을 만든다. 점차로, 학생들이 학습에 대해 더 안전감을 느끼면 교사는 구체적인 자료를 준비하기도 하고 출간된 교재를 가지고 수업하기도 한다. 학생들이 만들어 낸 목표어에 기초를 둔 문법구조, 발음, 어휘에 대한 연습이 이루어진다. 가장 중요하게 생각하는 언어 능력은 목표어로 말하기와 듣기가 우선이며 더불어 읽기와 쓰기에 대한 연습도 주어진다.

8. 학습자의 모국어는 어떤 역할을 하는가?

초급단계의 학생들은 수업시간에 모국어를 사용함으로써 안전감을 느낀다. 모국어를 사용하는 목적은 학생들의 이전 지식과 새로운 언어 학습의 연결을 위한 것이다. 가능할 때마다, 목표어에 대한 글자 그대로의 모국어 표현이나 번역이 제공되기도 한다. 이것은 목표어의 의미를 명료하게 하고 새로운 문장 형성을 가능하게 한다. 교사의 학습활동의 지시와 학생들의 학습 경험에 대한 반응은 모국어를 사용하여 이루어진다. 학습 단계가 높아짐에 따라 점점 더 목표어의 사용이 늘어난다.

9. 학습에 대한 평가는 어떻게 이루어지는가?

집단 언어 교수법에서 명백히 적용된 학습평가는 이루어지지 않았지만 어떠한 평가라도 그 교수법의 원리를 적용해야 함은 자명하다. 예를 들어, 만약 학교 규정상 학기말에 시험을 보아야 한다면 교사는 학생들이 시험을 치르도록 적절히 준비시킬 것이다.

또한 교실 상황에서 교사가 만든 시험은 개별문항(discrete-point) 시험이기보다는 통합식(integrative) 시험이어야 한다. 학생들은 한 번에 한 언어를 다루는 질문에 대답하기보다는 한 단락 정도를 작문하거나 구두면접(oral interview) 시험을 치르는 형태가 주어질 것이다(이 교수법의 학습 평가와 청화식 교수법의 학습 평가를 비교해 보자). 마지막으로, 학생들 자신의 학습 및 학습 진보에 대한 자가-평가(self-evaluation)도 이루어진다.

10. 교사는 학습자의 오류에 어떻게 반응하는가?

교사는 학생들이 범하는 오류에 대해 위협적이지 않은 태도로 수정을 가한다. 한 가지 방법은 교사가 학생들의 틀린 부분을 지적하기보다는 틀린 부분을 다시 한 번 정확하게 말해 주는 방법이다. 의존성 정도에 의해 구분되는 다섯 학습 단계에 따라 교수기법이 다르게 적용되며 교사와 학생들 상호 간에 서로 존중하고 방어적이지 않은 관계 형성을 원칙으로 한다.

5 집단 언어 교수법에 대한 검토

이 수업에서 언급된 교수기법을 검토하기로 한다. 일찍이 살펴본 10가지 질문에 대한 대답 전부나 일부에 대해 동의하여 여러분의 언어 교수 방법으로 사용할지도 모른다. 물론 여러분이 현재 사용하는 교수기법이 있고 그 방법들이 '전 인간' 접근방식에 일치할 수도 있을 것이다.

■ 대화 녹음하기

이 교수기법은 학생들이 목표어로 대화문을 녹음하는 데 사용되기도 하고, 집단 학습을 형성하는 데도 사용된다. 무엇을 말해야 할지와 언제 말해야 할지에 대해 학생들에게 선택권을 줌으로써 그들 자신의 학습에 대한 책임감을 갖게 한다. 학생들은 그들이 속한 집단의 공통 언어로서 모국어를 사용하며 대화문을 만든다. 각기 다른 언어를 모국어로 하는 학생들로 구성된 집단에서는 다른 수단이 사용되어야 할 것이다. 가령, 학생들은 의미를 전달하기 위해 손짓이나 몸짓을 사용할 수 있다. 교사는 학생들의 모국어나 손짓/몸짓을 통하여 전달하고 싶은 내용을 목표어로 제시하되, 학생들의 능력에 맞게 적절한 단위로 제시한다. 학생들은 교사의 목표어 번역을 듣고 녹음기에 녹음한다. 우리가 관찰한 수업에서는 테이프 녹음기를 사용하였다. 그러나 최근에는 MP3, 휴대폰, 컴퓨터와 같은 디지털방식의 음성 녹음 장치를 이용하기도 하는데, 이런 장치들은 되감기 없이도 즉시 반복하여 들을 수 있는 장점이 있다. 교사들은 CD로 굽거나 MP3 파일로 변환하여 학생들에게 곧장 이메일로 발송하기도 하고 학생들은 그들이 편한 시간에 녹음된 내용을 반복하여 들을 수 있다.

모든 대화가 녹음된 후에 학생들은 녹음된 내용을 다시 듣는다. 학생들 자신이 전하고 싶은 말만 하였기 때문에 그 의미를 목표어에 연결시키는 것이 쉽다. 학생들이 말한 내용을 상기시키는 것은 학습동기를 불러일으킨다. 녹음은 목표어로 된 그들의 목소리를 단지 듣는 데 사용되기도 한다. 녹음을 위해 12명 내지 더 적은 숫자가 가장 좋다. 교실크기가 큰 경우에는 학생들이 녹음을 위해 순서를 기다려야 한다.

■ 대화문 적기

교사는 학생들이 목표어로 녹음한 내용을 칠판에 적는다. 각 학생들은 그가 말한 부분에 대해 모국어로 번역할 기회가 주어지고, 교사는 목표어 바로 밑에 모국어 표현이나 번역을 제시한다. 교사가 칠판이나 커다란 포스터 크기의 종이에 적은 대화문을 나중에 학생들은 노트에 받아 적을 수 있다. 포스터 크기의 종이가 사용된다면 나중에 사용될 참고 자료로 사용되기도 하고, 학생들의 안전감을 증가시킬 목적으로 교실에 놓아 둘 수 있다.

6 학습활동에 대한 성찰

학습자는 언어 학습에 대한 경험, 학습자로서의 자신, 학습자들 간의 관계에 대한 느낌을 이야기할 기회를 갖는다. 교사는 학생들의 반응을 주의 깊게 들으면서 이해하는 태도를 보인다. 일찍이 관찰한 수업에서, 대화문에 관련하여 학생들이 말하는 느낌을 교사가 듣고 이해하는 태도를 보여준 사실을 기억할 것이다. 이러한 교사의 반응은 학생들의 독립적인 학습을 강화하는 한편, 학생들에게 언어에 대한 참여, 학습 활동, 교사, 그리고 다른 학생들에 대해 생각해 볼 기회를 제공한다.

■ 듣기 연습

학생들은 편안한 마음으로 테이프에 목표어로 녹음된 자신의 목소리에 귀를 기울일 것이다. 이 교수기법은 교사가 대화문을 읽는 동안 학생들이 눈을 떴다 감았다 하는 동작을 하며 듣는 방식에 대한 변화를 줄 수 있다. 또 다른 방법은 학생들이 교사가 대화문을 읽을 때 중요 단어들을 듣고 소리 내어 따라하게 하는 것이다.

■ 인간 컴퓨터

대화문을 가지고 발음을 연습하기 위해 이 교수기법을 사용한다. 학생들은 단어나 구문의 정확한 발음을 위해 교사를 '조정한다'(control). 즉, 학생들은 연습하고 싶은 만큼 교사에게 반복하길 요구한다. 교사는 어떤 식으로도 학생의 정확하지 않은 발음을 직접 정정해 주지 않는다. 교사는 계속적으로 단어나 구를 명료하게 발음해 주면 학생이 그대로 모방하면서 학생 스스로 수정한다.

■ 소집단 학습

관찰한 수업에서 소집단 학습활동은 대화문에 있는 단어를 가지고 새로운 문장을 만드는 것이었다. 후에 각 그룹이 만든 문장들은 다른 그룹과 서로 교환하여 연습한다. 그 다음 주에는 조를 이룬 학생들이 동사 어형변화를 가지고 문장을 만든다.

소집단을 가지고 다양한 학습활동이 전개될 수 있다. 교사는 학생들이 소집단 활동을 통해 서로에게서 배우고, 목표어에 대한 많은 연습이 가능하다고 생각한다. 또한 소집단 학습 활동을 통하여 학생들은 서로 더 잘 알게 되고, 이것이 교실 구성원들의 집단의식을 형성하는 데 도움이 된다.

7 결론

이 장 서론부에 언급되었던 것처럼, 관찰한 수업은 집단 언어 교수법의 1단계를 학습하는 학생들의 첫 수업시간에 관한 것이었다. 우리가 그것으로부터 끌어 낼 수 있는 원리는 2단계, 3단계, 4단계, 5단계를 통해서도 볼 수 있었다.

집단 언어 교수법에서 가장 두드러진 두 가지 원리는 다음과 같다.

1 '학습은 사람이다'(Learning is persons.), 목표어에 대한 전 인간적인 학습과정은 학생-교사, 학생-학생 상호 간의 신뢰, 지지, 협력관계 속에서 이루어지는 것을 의미한다.

2 '학습은 동적이고 창의적이다'(Learning is dynamic and creative.). 이것은 학습이 활성화되고 발달해 가는 과정임을 의미한다.

여러분은 이 두 가지 기본원리에 동의하는가? Curran의 견해에 따라 교사가 상담자의 역할을 수행해야 한다고 생각하는가? 학습을 위해 집단을 형성하는 것이 바람직하다고 보는가? 학생들이 교수요목을 만드는 과정에 참여해야 한다고 생각하는가? 이러한 원리들 중 어느 것이 여러분의 교수법에 상응하는가? 학생들의 대화를 녹음하는 교수기법을 여러분의 수업에 사용할 수 있는가? 학생들에게 학습경험에 대해 이야기할 기회를 주는 것이 좋다고 보는가? 인간 컴퓨터를 사용할 것인가? 다른 교수기법의 어느 것을 여러분의 언어 교수법에 적용할 것인가?

8 학습활동

A. 집단 언어 교수법에 대한 이해도 점검

1. Curran은 방어적이지 않는 학습의 요인으로 여섯 가지를 강조하며, 그것은 안전감, 주장, 집중력, 성찰, 기억력, 판별력이라 하였다. 이것을 수업에서 명백히 적용시킨 예로는 3번과 5번 질문의 대답에서 찾아볼 수 있다. 일찍이 관찰한 수업에 적용된 다른 예를 찾아볼 수 있는가?

2. Curran은 초급에서 상급단계의 학습자가 되는 과정에 학습의 다섯 단계를 거쳐야 한다고 보았다. 학습자는 이러한 단계들을 거치면서 교사에 대한 의존적인 태도에서 교사와의 상호 의존적인 관계로 변화한다. 그 학생들이 교사에게 어떻게 의존하는지 알 수 있는가? 관찰한 수업을 통해서 볼 때 학생들을 독립적으로 이끈 것은 무엇인가?

B. 집단 언어 교수법의 적용

1. 학생들로 하여금 언어상담자로서 교사인 여러분의 도움을 받아 대화문을 녹음하도록 하시오. 목표어로만 녹음하게 하시오. 대화문을 완성한 후에 집단 언어 교수법의 원리에 일치하고 그들이 만든 목표어 대화문을 가지고 진행할 다섯 가지 학습활동을 생각해 보시오.
2. 여러분의 교수법을 가지고 수업을 진행하시오. 그러나 이 견해가 여러분의 교수법에 전혀 새로운 것이라면 '전 인간 접근방법'으로 학습자를 다시금 생각해 보시오. 이러한 변화를 여러분의 언어 교수법에 적용하고 싶은가? 그렇다면, 어떻게 적용하길 원하는가?

참고 문헌

Curran, C. 1976. *Counseling-Learning in Second Languages*. Cliffside Park, NJ: Counseling-Learning Institutes.

________. 1977. *Counseling-Learning: A Whole-person Approach for Education.* (2nd edn.) Cliffside Park, NJ: Counseling-Learning Institutes.

Rardin, J. et al. 1988. *Education in a New Dimension.* Cliffside Park, NJ: Counseling-Learning Institutes.

Samimy, K. and **J. Rardin.** 1994. Adult language learners' affective reactions to community language learning: A descriptive study. *Foreign Language Annals* 27/3.

Stevick, E. 1998. *Working with Teaching Methods: What's at Stake?* Boston, MA: Heinle & Heinle.

08
전신 반응법
Total Physical Response

1 서론

먼저 이해 중심 접근방법(Comprehension Approach)이라고 불려왔던 언어 교수법의 일반적인 입장을 살펴보기로 하겠다. 그것은 언어의 듣기능력을 강조하기 때문에 그렇게 불린다. 대부분의 교수법들은 수업 첫 날부터 목표어로 말하는 것에 강조를 두었다. 1960년대 James Asher의 연구에서 언어 학습이 처음에는 듣기 능력으로부터 시작하여 점차로 말하기 능력에 강조를 두어야 한다는 가설이 중시되었다. 학습자가 먼저 목표어를 이해하는 능력을 기른 후 표현하는 능력을 발달시켜 가야 하는 것이다. 물론 학생들의 발화는 처음부터 완벽하진 않을 것이다. 그러나 점차로 발화는 목표어에 유사한 형태를 갖게 된다. 아이가 모국어를 어떻게 습득하는지를 한번 주시해 보라. 아이는 한 단어를 말하기 전에 그 주변에 어른들이 말하는 것을 오랫동안 듣게 된다. 어느 누구도 그 아이에게 말하라고 재촉하지 않는다. 아이는 말할 준비가 되었을 때 말을 한다.

언어 교수법 중에서 이러한 관찰을 적용시켜 실행하는 방법들이 많이 있다. 그러한 교수법 중 하나는 Krashen과 Terrell의 '자연 교수법'(Natural Approach)이다. 자연 교수법은 제3장에서 다루었던 직접 교수법과 공통적인 특성을 갖는다. 목표어를 사용하는 의미 있는 상황(이해 가능한 입력, comprehensible input)에 노출됨으로써 의사소통 능력과 어휘를 잘 발달시켜 가는 것에 초점을 둔다. 언어형태(form)보다는 의미(meaning)가 우선시되고, 그 후에 어휘습득이 강조된다. 학생들은 학습초기부터 목표어를 사용하여 의사소통 하고자 하는 교사의 발화에 귀를 기울인다. 학생들은 처음에는 목표어로 말하지 않는다. 학생들의 목표어에 대한 이해를 돕기 위해 교사는 그들의 모국어로 된 어휘나 그림을 사용한다. 또한 교사가 학생들의 '현재 능력보다 한 단계 높은 입력'(i+1)을 제공하되, '이해 가능한 입력'을 제공한다면 습득은 자연스럽게 이루어질 것이라고 보았다. 즉 무의식적인 습득은 의식적인 학습보다 더 강조된다. 낮은 감정적인 장벽(low affective filter)을 형성하는 것은 학습자의 불안감을 줄게 함으로써 학생들의 자신감은 높아지게 하는 편안한 학습 분위기와 더불어 성공적인 습득을 가져오는 하나의 조건이 된다. 감정적인 장벽은 즉석에서 말하도록 요구되지 않을 경우에 낮아지기도 한다. 준비가 되면 학습자는 목표어로 자신을 표현할 수 있게 된다.

'이해 중심 접근방법'에 유사한 다른 방법으로는 Winitz와 Reed의 '학습자 자가-교육 학습법'(self-instructional program)과 Winitz의 '학습 가능법'(The Learnables)이다. 이 교수법에서는 학생들이 그림을 보면서 그것에 관련하여 녹음된 단어, 구, 문장들을 듣는다. 발화의 의미는 그림을 통하여 명확히 이해할 수 있다. 학생들은 그들이 듣고 있는 언어를 이해하고 있음을 보이기 위해 각 그림을 손으로 가리키면서 반응을 보이기도 한다. 그림을 통해 보여진 이야기는 역시 추상적인 의미를 전달하기 위한 것으로서 사용된다.

Michael Lewis에 의해 발달된 '어휘적 접근방법'(Lexical Approach)

이라고 불리는 또 하나의 방법은 교수법이라기보다는 하나의 접근방법이라 할지라도 역시 '이해 중심 접근방법'과 일치한다. 이 방법은 학생들의 산출(production)보다 학생들이 충분한 입력에 노출되고 그 입력을 받아들이는 것에 강조를 둔다. 특히 초급단계의 수업에서는 학생들에게 말하도록 강요하기보다는 교사가 가능한 한 많은 입력을 학생들에게 준다. 대신에 학생들은 목표어의 어휘적 특성에 관련된 연습 활동을 많이 한다. 특히 학생들을 'I see what you mean.'이나 'Take your time.' 같은 복합 어휘 구문에 집중하게 한다. Lewis(1997: 197)는 '학습자의 어휘능력을 촉진시키는 중요한 열쇠는 전통적인 주입식 교수법에 의한 것이 아니라 학생들이 충분한 입력에 노출됨으로써 가능하다'고 강조하면서 습득이 학습보다 중요하다고 주장하는 Krashen과 Terrell의 견해를 지지한다.

네 번째 방법은 James Asher의 '전신 반응법'(Total Physical Response)인데, 이 장에서는 '이해 중심 접근방법'의 원리를 어떻게 적용되는지를 이 교수법을 통하여 자세히 살펴볼 것이다. 위에서 언급한 그의 연구에 근거하여 Asher는 긴장감을 최소로 줄이면서 목표어를 쉽게 이해하게 하는 교수법이 모국어의 번역 없이도 교사의 지시에 따라 행동을 수행하도록 하는 것이라고 주장한다. 전신 반응법을 적용하여 가르치는 수업을 관찰하기로 한다. 스웨덴에 있는 한 초등학교 5학년 30명 학생들을 대상으로 하는 초급단계의 수업이다. 영어 수업은 일주일에 세 번, 한 시간씩 이루어진다.

2 교실 경험[9)]

우리는 교사를 뒤따라 교실로 들어가서 뒷자리에 앉았다. 첫 영어 수업시간으로 교사는 출석을 부른 후에 그 수업을 위한 교수법을 소

9) 이 수업은 Asher의 수업(1982)에 근거한 것이다.

개한다. 교사는 스웨덴어로 "자, 여러분은 모국어인 스웨덴어를 배운 것과 같은 방식으로 영어를 학습할 것입니다. 여러분은 처음부터 말하려고 하지 않아도 됩니다. 오히려, 여러분은 내가 말하는 것을 듣고 지시에 따라 행동하면 됩니다. 내가 영어로 어떤 것을 하도록 명령할 것이고 여러분은 그 명령대로 수행하면 됩니다. 나는 그 수업을 위해 네 명의 지원자가 필요합니다."라고 말한다.

학생들이 손을 들자 교사는 네 명의 지원자를 앞으로 나오게 해서 교실에 있는 다른 학생들과 마주보고 놓여있는 의자에 교사와 함께 앉도록 한다. 교사는 다른 학생들에게 잘 듣고 주시해서 보라고 말한다.

영어로 교사는 "Stand up."이라고 말하면서 자신도 일어나고 네 명의 학생들도 일어나도록 손짓한다. 그들 모두가 일어선다. "Sit down."이라고 교사는 말하고, 그들은 함께 앉는다. 교사와 그 학생들은 교사의 명령에 따라 일어섰다가 앉는 동작을 여러 번 한다. 그 동안 지원자들은 아무 말도 하지 않는다. 다음에는 교사가 "Turn around."라고 새로운 명령을 내리면서 행동을 보여주면 네 명의 학생들도 뒤돌아서서 의자를 마주보고 선다. 다시 교사가 "Turn around."라고 말하면서 학생들과 같이 뒤돌아 이전처럼 학생들을 마주보고 선다. 교사는 "Sit down. Stand up. Turn around. Sit down."이라고 말한 다음, 이어서 "Walk."라는 말과 함께 네 명의 지원자들과 다른 학생들이 앉아 있는 앞줄까지 걸어간다. "Stop. Jump. Stop. Turn around. Walk. Stop. Jump. Stop. Turn around. Sit down."라고 교사가 명령을 내리면서 네 명의 학생들과 일련의 행동들을 수행한다. 교사는 이러한 명령을 다시 주되 순서를 바꾸어 아주 빠르게 지시를 하였다. "Stand up. Jump. Sit down. Stand up. Turn around. Jump. Stop. Turn around. Walk. Stop. Turn around. Walk. Jump. Turn around. Sit down."

이번에는 교사는 가만히 의자에 앉아 있고 다시 한 번 명령을 준다. 네 명의 지원자들은 교사의 명령에 따라 행동한다. "Stand up. Sit down. Walk. Stop. Jump. Turn around. Turn around. Walk. Turn around. Sit down." 학생들은 교사의 명령에 따라 완벽하게 행동한다. 그리고 나서 교사는 네 명의 지원자 중 한 명에게 교사의 지시에 따라 행동할 것을 요구한다. 한 학생이 하겠다고 손을 든 후, 교사가 주는 명령에 따라 수행한다.

마지막으로 교사와 네 명의 지원자들의 행동을 관찰하고 있었던 다른 학생들에게 교사는 다가가서, "Stand Up."이라고 명령하자 학생들 모두가 일어선다. "Sit down. Stand up. Jump. Stop. Sit down. Stand up. Turn around. Turn around. Jump. Stand up."라고 지시를 주면 학생들 모두가 주어진 명령을 수행한다. 비록 학생들은 이전에 그 행동을 해보진 않았지만 학생들은 교사의 명령에 따라 행동할 수 있다.

그림 8.1 교사의 명령에 따라 학생들과 교사가 행동으로 보이는 장면

교사는 이러한 6가지 명령을 학생들이 다 수행하는 것을 보고 만족해하는 표정을 지었다. 교사는 몇 가지 새로운 명령을 다시 제시한다.

"Point to the door."라고 명령하면서 교사는 오른팔을 뻗어 집게손가락으로 교실 문을 가리킨다. 네 명의 지원자들도 교사의 명령과 행동을 보면서 교실 문을 가리킨다. 교사는 교실 앞에 놓인 자신의 커다란 책상을 가리키며 "Point to the desk."라고 말한다. 교사는 그 책상 뒤에 놓인 의자를 가리키며 "Point to the chair."라고 하자, 네 명의 지원자들도 똑같이 따라한다.

"Stand up."이라고 교사가 말하면서 네 명의 학생들과 일어선다. "Point to the door."라고 가리키고 나서, "Walk to the door."라고 하면서 교사는 그 학생들과 같이 문 쪽으로 걸어간다. 교사는 "Touch the door."라고 하면서 그들과 함께 문을 만진다. 교사는 다음과 같은 명령을 계속해서 지시한다. "Point to the desk. Walk to the desk. Touch the desk. Point to the door. Walk to the door. Touch the door. Point to the chair. Walk to the chair. Touch the chair." 교사는 지원자들과 함께 행동을 수행한다. 순서를 바꾸어 명령을 주기도 한다. 이러한 새로운 명령들을 가지고 교사와 함께 여러 번 연습한 후에 교사는 앉고 네 명의 지원자들만 교사의 명령에 따라 행동하게 한다. 한 번 정도 그들이 혼동을 느끼자 교사는 다시 그 지시한 명령을 가지고 같이 수행한다.

그 다음에 교사는 교실 뒷줄에 앉아있는 학생들에게 가서 다음과 같은 명령을 준다. "Stand up. Sit down. Stand up. Point to the desk. Point to the door. Walk to the door. Walk to the chair. Touch the chair. Walk. Stop. Jump. Walk. Turn around. Sit down." 비록 교사가 명령의 순서를 다르게 하였지만, 학생들은 그 순서를 따라 행동하는데 어려움을 보이지 않았다.

그런 다음 교사는 네 명의 지원자들에게 돌아서서 "Stand up. Jump to the desk."라고 말한다. 그 학생들은 전에 이런 명령을 들어 본 적이 없기 때문에 잠시 머뭇거리다가 교사가 지시한 대로 책상 위로 올라간다. 모든 학생들이 이것을 보고 웃는다. 또 교사는 그 지원자들이 한 번도 연습해 본 적이 없는 “Touch the desk. Sit on the desk.”라는 새로운 명령을 제시한다. 교사는 앞서 연습한 문장을 합쳐서 복합문의 형태로 명령을 내린다. “Point to the door and walk to the door.” 다시 그 학생들은 지시된 대로 행동한다.

수업의 마지막 단계에서 교사는 칠판에 새로운 명령문을 적는다. 교사가 명령문을 칠판에 적는 동시에 그 명령에 맞는 행동을 보인다. 학생들은 칠판에 적힌 문장을 그들의 노트에 적는다.

수업은 그렇게 끝났다. 교사 외에는 학생들은 수업 동안 한 마디도 하지 않는다. 몇 주 후에 우리가 교실 옆을 지나갈 때 우리는 학생들이 말하는 소리를 들었다. 우리는 잠시 동안 듣기 위해 멈추었다. 한 학생이 지시하고 있다. 그 학생은 “Raise your hands. Show me your hands. Close your eyes. Put your hands behind you. Open your eyes. Shake hands with your neighbor. Raise your left foot.”라고 말한다. 창문으로 들여다보니 한 학생이 교사와 다른 학생들에게 명령하고 있고 모두가 그 명령에 따라 움직인다. 아무 말도 없이 그 학생의 명령에 따라 행동한다.

3 교실 경험에 대하여

지금까지 교실에서 사용되었던 전신 반응법을 관찰했다. 관찰한 수업을 열거하고 그 방법에 따른 교수법 원리를 살펴보기로 한다.

수업관찰	원리
1. 교사는 목표어로 명령을 주고 학생들과 그 명령에 대한 행동을 함께한다.	목표어의 의미는 행동을 통하여 종종 전달된다. 기억은 학생들의 반응을 통하여 강화된다. 목표어를 학습하는 초기단계는 비언어적인 행동을 통제하는 두뇌의 우반구를 이용한다. 목표어는 단어 형태

	가 아니라 구 형태로 제공되어야 한다.
2. 학생들은 아무 말도 하지 않는다.	목표어를 말하기 전에 이해하는 것이 먼저 이루어져야 한다.
3. 교사는 명령을 빠르게 제시한다.	학생들은 학습초기에 그들의 몸을 움직임으로써 목표어를 빠르게 학습할 수 있다.
4. 교사는 앉아서 지원자에게 명령을 지시한다.	명령문은 교사가 학생의 행동을 지시할 수 있는 강력한 언어적 수단이다.
5. 교사는 지원자가 아닌 교실에 있는 다른 학생들에게도 명령을 내린다.	학생들은 행동을 관찰하고 스스로 그 행동을 수행함으로써 학습할 수 있다.
6. 교사는 처음 제시한 여섯 가지 명령에 대한 학생들의 행동에 만족한 듯이 새로운 명령을 내린다.	학생들이 성공하였다고 느끼는 것은 중요하다. 성공에 대한 느낌과 불안감의 감소는 학습의 효과가 있다.
7. 교사는 명령의 순서를 바꾼다.	학생들이 단지 고정된 내용을 암기하게 해선 안 된다.
8. 학생들이 오류를 범할 때 교사는 그 명령을 반복하며 다시 그 명령에 대한 행동을 보여준다.	오류정정은 부드럽게 다루어져야 한다.
9. 교사는 학생들이 전에 들어보지 못한 새로운 명령을 내리기도 한다.	학생들은 목표어의 복합문장을 이해할 수 있어야 한다. 그들은 연습했던 문장들 외에도 이해할 수 있는 능력을 길러야 한다. 새로움은 학습의 동기를 가져온다.
10. 교사가 "Jump to the desk."라고 말하자 모두 웃는다.	언어학습은 흥미를 가져올 때 효과가 크다.
11. 교사는 새로운 명령문을 칠판에 적는다.	구어는 문어보다 강조되어야 한다.
12. 몇 주 지난 후에, 한 번도 말하지 않았던 학생이 명령을 내린다.	학생들은 준비되었을 때 말하기를 시작한다.
13. 학생은 "Shake *hand with your neighbor."라고 말한다.	학생들은 목표어로 처음 말하기 시작하면서 오류를 범할지도 모른다. 교사는 인내를 가지고 들어야 하며, 학생들이 어느 정도 유창하게 될 때까지는 언어학습의 구체적인 설명은 나중으로 미루어야 한다.

4 교수법 원리에 대한 검토

10가지 질문을 통해 전신 반응법에 대한 원리를 더 자세히 살펴보기로 한다.

1. 전신 반응법을 사용하는 목적은 무엇인가?

전신 반응법을 사용하는 교사는 목표어를 가지고 의사소통하는 학습 경험을 즐겁게 이루어 가는 것이 중요하다고 보았다. 사실, 전신 반응법은 학생들이 목표어를 학습하는 데 갖는 긴장감을 줄이고자 발달된 것이고, 특히 그들로 하여금 초급단계 이상 학습을 계속하고자 하는 학습동기를 부여한다. Asher의 관점은 이 교수법의 원리가 아이들이 그들의 모국어를 배우는 방법과 마찬가지로 목표어를 학습해야 한다고 보는 입장이다.

2. 교사의 역할은 무엇인가? 학생들의 역할은 무엇인가?

학습초기에는 교사가 모든 학생의 행동을 주관하는 감독자이다. 학생들은 교사의 비언어적 행위를 그대로 모방한다. 대개 10시간 내지 20시간 지난 후에 학생들은 목표어로 말할 능력을 갖게 된다. 이 시점에서 학생들은 각자 교사와 다른 학생들에게 명령을 내릴 수 있게 된다.

3. 교수/학습 과정에는 어떤 특성이 있는가?

수업의 첫 단계는 모방이다. 교사는 일부 학생들에게 명령을 내리고 그들과 함께 그 명령에 따른 행동을 취한다. 두 번째 단계에서 그 학생들은 교사가 참여하지 않아도 교사의 명령을 수행할 수 있다. 관찰하고 있던 다른 학생들도 교사의 명령에 따라 행동을 한다.

그런 다음 교사는 명령의 순서를 바꾸어 학생들이 새로운 문장을 이해하는 능력을 발달시키도록 한다. 학생들이 수행하는 행동은 다소 웃음을 가져오게도 한다. 구두로 명령이 주어지고 학생들은 그 문장을 읽고 쓰는 연습을 한다. 학생들이 목표어로 말할 수 있는 능력을 갖게 되면 명령을 내리는 사람의 역할을 하기도 한다. 학생들이 말하는 능력이 발달함에 따라 소연극이나 게임을 포함하는 학습활동이 이루어지기도 한다.

4. 학생-교사의 상호작용은 어떠한가? 학생-학생의 상호작용은 어떠한가?

교사는 전체학생은 물론 개별 학생과도 상호작용 한다. 학습 초기에 상호작용은 교사가 일방적으로 말하고 학생들은 비언어적으로 반응함으로써 이루어진다. 점차로 학생들이 더 언어적 성격을 띠고 교사는 비언어적으로 바뀐다. 학생들은 행동을 함께 수행한다. 학생들은 서로 관찰함으로써 학습한다. Asher는 어느 시점에서는 관찰자들이 그 명령문을 이해하였는지를 행동으로 보일 수 있다고 본다. 학생들이 말할 능력을 갖추었을 때 교사에게는 물론 다른 학생들에게 명령을 내리기도 한다.

5. 학습자의 감정은 어떻게 다루어지는가?

전신 반응법이 발달된 한 가지 중요한 이유는 목표어를 학습할 때 학습자가 갖는 긴장감을 줄이기 위한 것이다. 이것은 학습자들이 말할 능력이 주어졌을 때 말하게 함으로써 이루어질 수 있다. 그 이전에 말하도록 강요하는 것은 불안감을 조장할 수 있다. 또한 학생들이 처음 말하기 시작할 때는 완전한 언어 구사를 기대해선 안 된다. 불안감을 줄이는 또 다른 방법은 학습을 가능한 한 흥미롭게 하는 것이다. 다소 익살스러운 명령과 우스운 소연극은 학습을 재미있게 할 수 있는 두 가지 방법이다. 마지막으로 너무 많은 모방이나 학생들을 너무 서두르게 하는 것은 좋지 않다. 성취감, 불안감의 감소는 학습을 촉진한다.

6. 언어를 어떠한 관점에서 바라보는가? 문화를 어떠한 관점에서 바라보는가?

모국어를 습득하는 것과 마찬가지로, 구어가 강조된다. 문화는 언어를 모국어로 사용하는 사람의 생활양식이다.

7. 언어의 어떤 영역이 강조되는가? 어떤 언어 기술이 강조되는가?

어휘나 문법구조에 대한 학습을 다른 언어능력을 발달시키는 것보다 더 중요시 여긴다. 이것은 명령문 속에 함축되어 있다. 명령문은 한 단어나 복합어로 주어진다. 명령문을 사용하는 이유는 아이들이 모국어를 습득할 때 그들의 발화에 빈번히 사용되는 표현이기 때문이다. 이해하는 것이 발화하는 것보다 선행되어야 한다. 문어보다 구어에 더 강조를 둔다. 학생들은 10시간 정도의 학습이 이루어진 후에 그들이 수행한 명령문을 읽고 쓸 수 있게 된다.

8. 학습자의 모국어는 어떤 역할을 하는가?

전신 반응법에 대한 소개는 학생들의 모국어로 한다. 방법에 대한 소개가 끝나면 더 이상 모국어는 사용되지 않는다. 목표어의 의미는 몸동작을 통하여 명백히 알 수 있다.

9. 학습에 대한 평가는 어떻게 이루어지는가?

교사는 학생들의 행동을 관찰함으로써 학생들이 이해했는지를 즉시 알 수 있다. 형식적인 평가는 각 학생에게 일련의 행동을 제시하는 명령문을 주어 수행할 수 있는지를 점검함으로써 가능하다. 학습단계가 높은 학생들의 평가는 주로 소연극을 통해 이루어진다.

10. 교사는 학습자의 오류에 어떻게 반응하는가?

학생들이 처음 말하려고 할 때 오류를 범할지도 모른다. 교사는 그 오류에 대해 인내를 가지고 오직 중요한 오류만을 정정한다. 그리고 오류를 정정함에 있어서도 부드럽게 다룬다. 학생들의 단계가 높아질수록 더 사소한 오류까지도 정정할 수 있다.

5 전신 반응법에 대한 검토

앞에서 관찰한 수업에서 보았듯이 주요 교수기법은 행동을 지시하는 명령이다. Asher는 비록 이 교수기법이 중요할지라도 다양한 학습 활동을 통해 학생들의 흥미를 유발시킨다. 명령을 어떻게 사용하는지에 대해서는 다음에 자세히 기술되어 있다. 만약 여러분이 전신 반응법의 몇몇 원리들에 관심이 있다면, 이 방법을 보완할 여러분 자신만의 교수기법을 고안해 보아도 좋을 것이다.

■ 행동을 지시할 명령문 사용하기

관찰한 교실에서 명령문의 사용은 전신 반응법의 주요 기법이라는 것은 명백하다. 명령문은 학생들이 어떠한 행동을 수행하게 한다. 또한 행동은 명령문의 의미를 명확하게 한다. Asher는 수업 진행과정이 일정한 속도로 유지되어야 하기 때문에 수업에 어떤 명령문을 줄지에 대해 미리 준비하도록 권고한다. 만약 교사가 사전 준비 없이, 수업이 진행되는 동안 생각한다면 수업은 늦은 속도로 진행될 것이다.

처음에 목표어의 의미를 명확히 하기 위해 교사는 학생들과 함께 행동을 취한다. 점차로 교사의 명령에 따라 학생들만 행동하게 한다. 학생들의 행동을 통해 교사는 그들이 이해했는지를 알 수 있다. 우리가 관찰한 수업에서 보았듯이, Asher는 교사가 명령문의 순서를 다양하게 바꾸어 학생들이 단지 행동순서를 암기하지 않고 언어와 행동을 연결시킬 수 있는 능력을 갖게 해야 한다고 말한다.

Asher는 학생들이 성공적인 학습이 되고 있음을 인식하는 것이 중요하다고 본다. 그러므로 교사는 자꾸 새로운 명령문을 한 번에 너무 많이 제시해선 안 된다. 교사는 한 번에 세 가지 명령문 정도만을 주는 것이 적절하다. 학생들이 세 가지 명령문을 성공적으로 학습하면 다시 다른 세 가지 명령문을 줄 수 있다.

이 장에서 전신 반응법을 사용하는 초급단계의 학생들을 관찰하였는데, 여러 언어 교사들이 명령문을 사용하여 얼마나 많은 문장을 가르칠 수 있는지에 대해 의아해한다. Asher는 모든 문법이 명령문을 사용하여 전달될 수 있다고 주장한다. 상급단계의 학생들을 대상으로 과거시제를 사용하는 수업을 예로 들어본다.

Teacher: Ingrid, walk to the blackboard.
(Ingrid gets up and walks to the blackboard.)
Teacher: Class, if Ingrid walked to the blackboard, stand up.
(The class stands up.)
Teacher: Ingrid, write your name on the blackboard.
(Ingrid writes her name on the blackboard.)
Teacher: Class, if Ingrid wrote her name on the blackboard, sit down.
(The class sits down.)

■ 역할 바꾸기

학생들은 똑같은 행동을 교사와 다른 학생들에게 명령을 주어 수행하게 한다. Asher는 일부 학생들은 더 걸릴지도 모르지만, 대부분의 학생들은 10시간 내지 20시간 학습 후에 말할 수 있을 거라고 말한다. 학생들이 목표어로 말할 준비가 될 때까지는 말하도록 강요되어선 안 된다.

■ 행동순서

관찰한 수업에서 교사가 세 가지 연속된 명령을 내리는 것을 보았다.

예를 들어, 학생들에게 문을 가리키도록, 문 쪽으로 걸어가도록, 문을 만지도록 명령을 내렸다. 학생들이 목표어를 조금씩 학습해 감에 따라 일련의 연관된 긴 명령문이 주어지고 그러한 명령문들을 모아 하나의 절차를 구성하기도 한다. 우리가 관찰한 수업에서는 긴 행동의 순서를 보진 못했지만 다음은 수업이 진행됨에 따라 계속해서 학생들이 수행하도록 제시될 명령문이다.

Take out a pen.
Take out a piece of paper.
Write a letter. (imaginary)
Fold the letter.
Put it in an envelope.
Seal the envelope.
Write the address on the envelope.
Put a stamp on the envelope.
Mail the letter.

이러한 일련의 명령은 행동순서로 불린다. 편지를 쓰는 것과 같은 많은 일상의 활동들은 학생들이 수행하도록 요구되어지는 행동 순서로 나눠질 수 있다.

6 결론

전신 반응법을 적용하는 수업을 관찰함으로써 그 교수법의 원리와 교수기법을 살펴보았다. 이러한 원리나 교수기법 중에서 어느 것을 여러분의 교실수업에 어떻게 적용할 것인지를 생각해 보아야 한다. 우리가 관찰한 수업에서 교사는 5학년 학생들에게 전신 반응법을 사용하였다. 그러나 이 교수법은 성인 학습자나 더 나이 어린 아이들에게도 사용되어 오기도 했다.

여러분 자신에게 질문하라. 목표어로 말하기를 우선으로 하지 않고 미루어 두는 것에 대해 어떻게 생각하는가? 학생들이 말할 준비가 될 때까지 말하도록 강요해선 안 된다고 보는가? 교사는 학습초기에 학생들이 범한 오류를 다소 무시하는 것이 좋은가? 여러분이 동의할만한 다른 원리가 있는가?

여러분은 목표어의 문법구조와 어휘를 가르치기 위해 명령문을 사용할 것인가? 명령문을 가지고 모든 문법구조를 가르치는 것이 가능하다고 보는가? 행동을 수반한 언어학습이 기억하기에 훨씬 도움이 된다고 생각하는가? 전신 반응법의 교수기법을 여러분의 교수에 적용시키기를 원하는가? 위에서 언급한 원리와 일치하는 또 다른 기법들을 고안해 볼 수 있는가?

7 학습활동

A. 전신 반응법에 대한 이해도 점검

1. Asher는 언어 학습은 모국어 습득에 유사한 것이어야 한다고 주장한다. 전신 반응법의 어떤 특성이 아동이 모국어를 습득하는 것과 유사하다고 보는가?
2. 전신 반응법의 원리 중 하나는 학생들의 불안감이 줄어들 때 학습이 향상된다고 강조한다. 이 교수법이 학생들의 불안감을 어떻게 낮춘다고 보는가?

B. 전신 반응법의 적용

1. 명령문을 사용할지라도 부모가 아이를 대하듯이 교사는 부드럽게 그리고 기분 좋게 명령해야 한다. 교사의 목소리, 얼굴 표정, 그리고 태도가 친절해야 한다. 이 장에서 이런 식으로 명령문을 주는 것을 연습하시오.
2. 많은 목표어 구조와 어휘는 명령문을 가지고 가르칠 수 있다. 목표어로 현재진행 시제나 다른 문법구조를 소개하는 전신 반응법 수업을 구상해 보시오.

3. 관찰한 수업의 행동순서에서 교사는 학생들에게 편지를 쓰고 보내도록 요구했다. 교실에서 행동순서로 사용될 수 있는 세 가지 다른 공통적인 학습 활동에 대해 생각해 보시오. 각각을 위한 명령문 목록을 만드시오.

참고 문헌

Asher, J. 2009. *Learning Another Language through Actions: The Complete Teacher's Guidebook*. (7th edn.) Los Gatos, CA: Sky Oaks Productions.

Garcia, R. 1996. *Instructor's Notebook: How to Apply TPR for Best Results* (4th edn.) Los Gatos, CA: Sky Oaks Productions.

Krashen, S. and **T. Terrell.** 1983. *The Natural Approach: Language Acquisition in the Classroom.* Hayward, CA: The Alemany Press.

________. 1987. Principles and Practice in Second Language Acquisition. Engliwood Cliffs, NJ: Prentice Hall.

Lewis, M. 1993. *The Lexical Approach.* Boston: Heinle/Cengage.

________. 1997. *Implementing the Lexical Approach*. Boston: Heinle/Cengage.

Nelson, G., T. Winters, and **R. Clark.** 2004. *Do as I Say: Operations, Procedures and Rituals for Language Acquisition* (3rd edn.). Brattleboro, VT: Pro Lingua Associates, Publishers.

Richards, J. and **T. Rodgers.** 1986. *Approaches and Methods in Language Teaching.* Cambridge: Cambridge University Press.

Romjin, E. and **C. Seely.** 2000. *Live Action English.* Berkley, CA: Command Performance Language Institute. (Also available in Spanish, French, German, Italian, and Japanese.)

Seely, C. and **E. Romijn.** 2006. *TPR is More Than Commands at All Levels* (3rd edn.). Los Gatos, CA: Sky Oaks Productions.

Winitz, H. 1978. *The Learnables*. Kansas City, MO: International Linguistics. (Cassette program series.)

________. (ed.). 1981. *The Comprehension Approach to Foreign Language Instruction.* Rowley, MA: Newbury House.

09
의사소통 중심 교수법

Communicative Language Teaching

1 서론

지금까지 살펴본 대부분의 언어 교수법의 목적은 학습자가 목표어로 의사소통하기를 학습하는 것임을 볼 수 있다. 그러나 1970년대에 이르러 언어 교육가들은 그러한 목표를 성취할 수 있는지에 대하여 의문을 갖기 시작했다. 일부 교육가들은 학생들이 교실상황에서 정확하게 문장을 생성해 낼 수는 있지만, 교실 밖에서 의사소통하기 위해 교실에서 학습한 문장을 적절히 사용하지 못한다고 보았다. 또 다른 교육가들은 언어는 기본적으로 사회적이라는 근거에 입각하여 의사소통이 가능하다는 것은 단지 언어 구조를 학습하는 것 이상을 의미한다고 주장했다(Halliday 1973). 사회적인 맥락 안에서 의사소통이 이루어지기 위해서는 약속하기, 초대하기, 그리고 초대 사양하기 등과 같은 어떤 기능(function)을 학습할 필요가 있다는 것은 분명하다

(Wilkins 1976). 학생들은 언어용법의 규칙을 정확히 알고 적용시킬 수는 있지만 언어사용은 할 수 없다고 한다(Widdowson 1978). 간단히 말해서, 다른 사람과 의사소통을 하기 위해서는 화자에게 **언어적 능력**(linguistic competence) 이상의 것이 필요하다. 즉 그것은 **의사소통 능력**(communicative competence) — 언제, 어떻게, 무엇을, 누구에게 적절하게 말할 수 있는 능력 — 을 의미한다(Hymes 1971). 이러한 관점은 1970년대 말과 1980년대 초의 언어구조 중심 접근방법에서 **의사소통적 접근방법**(Communicative Approach)으로의 변화를 가져오는데 큰 기여를 했다(Widdowson 1978; Savignon 1997).

의사소통 중심 교수법(Communicative Language Teaching)의 목적은 '의사소통적 접근방법'의 이론적인 관점을 적용시킴으로써 의사소통 능력을 향상시키는 것을 그 목표로 삼는다. 실 상황에 이러한 목표를 반영시키는 것은 교육정책이 그 이론을 어떻게 해석하고 적용하는가에 달려 있다. Klapper(2003)는 사실상 지금까지 우리가 살펴본 다른 교수법들과 비교해 볼 때 의사소통 중심 교수법에 대해 명확히 제시할 수 있는 교수기법이 없기 때문에 교사들이 이 방법을 명확하게 이해하기 어렵다는 점을 강조한다. 이러한 명확한 교수기법이 없다는 것이 지난 30년간 이 방법이 지속되어 올 수 있었던 구실이 될 수도 있다. 그러나 이러한 구실은 교사들이 의사소통 중심 교수법을 수행함에 있어서 매우 다른 양상을 보여준다는 것을 의미하기도 한다. 그럼에도 불구하고 의사소통 중심 교수법을 적용하는 수업을 관찰함으로써 그 이론을 이해하고 그것이 실제 수업상황에 어떻게 활용되는지를 살펴보고자 한다.

우리가 관찰하고자 하는 교실은 캐나다에 이주해 온 20명의 성인 학습자들로 구성되어 있다. 그들은 2년 전부터 캐나다에 살고 있으며, 중상위 단계의 영어 능력을 지녔다. 영어를 목표어로 하는 이 수업은 일주일에 2회 이루어지고, 1회에 두 시간씩 수업이 진행된다.

2 교실 경험

교사는 학생들과 인사를 나눈 후에 양면으로 적힌 한 장의 핸드아웃을 나누어준다. 한 면에는 최근 신문 스포츠 기사를 복사한 것으로 리포터가 지난 번 월드컵 경기에 어느 나라가 우승했는지를 토론하는 내용이다. 교사는 학생들에게 그 기사를 읽고 리포터가 다음 월드컵 경기에 어느 나라가 우승할 것인지에 대해 예측하며 쓴 문장을 찾아 밑줄을 긋도록 하였다. 수업은 목표어로 진행된다. 학생들은 다 마친 후에 밑줄 친 부분을 소리 내어 읽는다. 교사는 학생들이 읽는 문장들을 칠판에 적는다. 그러고 나서 리포터가 쓴 예측된 문장들 중에서 어느 문장이 더 확실한지 또는 어느 문장이 덜 확실한지에 대해 교사와 학생들은 논의한다.

France is very likely to win the next World Cup.
Spain can win if they play as well as they have lately.
Germany probably won't be a contender next time.
Argentina may have an outside chance.

그런 다음 교사는 학생들에게 첫 문장을 보고 같은 예측을 나타내는 다른 유사한 표현으로 문장을 만들어 보라고 한다. 한 학생이 "France is very likely to win the next World Cup."이라고 말하자 교사는 잘했다고 칭찬한다. 교사는 또 다른 학생에게 말해 보라고 요구하지만 아무도 대답을 하지 않자, 교사 자신이 "France is almost certain to win the World Cup."이라고 말한다. 다음 두 번째 문장에 대해서도 질문하자 한 학생이 "It's possible that Spain will win the World Cup."이라고 한다. 다른 학생은 "There's a possibility that Spain will win the World Cup."이라고 말한다. 리포터가 예측한 문장들에 대해 이런 식으로 논의되었다. 모든 학생들이 제시하는 단락은 리포터가 본래 의도하는 예측과 확신하는 정도가 같은지에 대해 교사나 다른 학생들에 의해 평가되었다.

다음에는 교사가 학생들에게 나누어 준 핸드아웃 뒷면을 보게 한다. 거기에는 신문기사 내용의 순서가 바뀌어 있었다. 가령, 첫 두 문장은 다음과 같다.

Argentina may have an outside chance.
In the final analysis, the winning team may simply be the one with the most experience.

첫 문장은 스포츠 기사의 중간 부분에 놓여 있고 두 번째 문장은 기사 맨 끝에 있었다. 교사는 학생들에게 문장의 순서가 바뀌어져 있으니 번호를 매기면서 그 문장들을 바른 순서로 늘어놓으라고 말한다. 끝마치고 나서 학생들이 순서대로 정렬한 것과 핸드아웃에 있는 원래의 신문기사와 비교해 보라고 한다.

그런 다음에 교사는 학생들의 예측과 리포터의 예측이 일치하는지를 질문한다. 학생들을 두 명씩 짝을 짓게 한 후, 다음 월드컵에서 어느 나라가 우승할지를 적어보라고 한다.

다음의 학습활동은 게임이다. 교사는 학생들을 다섯 명씩 두 그룹으로 나누게 한다. 그리고 각 그룹에 13장의 카드 한 벌을 준다. 각 카드에는 스포츠 장비 그림이 그려져 있었다. 학생들이 그 장비가 무엇인지 각각 알아맞히자 교사는 각 이름을 칠판에 적는다. 야구공, 축구공, 배구공, 테니스 라켓, 스키, 롤러스케이트, 미식 축구공, 야구 방망이, 골프클럽, 볼링공, 배드민턴 라켓, 하키 스틱.

카드를 섞은 다음 각 그룹의 네 명의 학생에게 각각 세 장씩 나누어 주었다. 학생들은 각자 받은 카드를 다른 학생들에게 보여주지 않는다. 남은 카드는 그룹 중앙에 놓는다. 그룹의 다섯 번째 학생은 카드를 받지 않는다. 그 학생은 Dumduan(교실에 있는 학생이름)이 다음 주말에 무엇을 할지에 대해 예측해야 한다. 그 다섯 번째 학생은 "Dumduan may go skiing this weekend."라고 예측하는 진술문을 만들어 본다. 그룹에 있는 학생 중 한 명이 스키 그림이 들어있는 카드를 가지고 있다. 그 학생이 "Dumduan can't go skiing because I have her skis."라고 대답한다. 반대로 아무도 스키가 그려진 그림을 가지고 있지 않다면, 그 다섯 번째 학생은 Dumduan이 스키를 타러 갈 것이라는 가능성에 대해 더 강한 진술문을 만들 수 있다. 가령, 그 학생은 "Dumduan will go skiing."라고 말할 것이다. 그 학생은 그룹 중앙에 놓인 카드를 뒤집어 봄으로써 그의 예측을 검토할 수 있다. 만약 그 카드가 스키가 그려진 그림이면 그 학생의 예측이 정확했다는 것을 알 수 있다.

학생들은 게임을 하면서 정말로 즐거워하는 것 같다. 학생들은 교대로 차례를 바꾸어 가며 그들의 친구가 어떻게 시간을 보낼지 예측할 기회를 갖는다.

다음 활동으로는 교사가 다음과 같은 여러 예측되는 상황을 읽는다.

> By 2030, solar energy will replace the world's reliance on fossil fuels.
> By 2050, people will be living on the moon.

교사는 학생들에게 위 문장들의 각 상황에 대해 어떻게 예측하며 왜 그렇게 생각하는지를 진술문으로 만들어 보게 한다. 그들은 역시 그 예측에 대해 어떻게 느끼는지를 말해야 한다. 그중 하나를 논의하면서 한 학생은 "It is *like that a world government will be in place by the twenty-second century."라고 생각하지 않는다고 말한다. 교사와 다른 학생들은 그가 범한 오류를 무시한 채 계속하여 논의한다.

그림 9.1 학생들이 조각 그림이야기에 대해 예측하는 장면

그러고 나서 교사는 학생들에게 세 명씩 그룹을 형성하게 한다. 20명의 학생들이 있었기 때문에 세 명씩 여섯 그룹으로 나누고 남은 두 사람이 한 그룹이 된다. 각 그룹의 한 사람이 조각 그림이야기(picture strip story)를 받는다. 한 장의 종이에 연속적인 내용을 갖는 여섯 개의 그림이 들어 있고, 그림 안에 아무 글자도 쓰인 것이 없다. 그 그림들은 하나의 이야기를 형성한다. 이야기를 받은 학생이 나머지 다섯 개의 그림은 가린 채로 첫 번째 그림만을 그룹의 다른 학생들에게 보인다.

나머지 학생들은 다음 두 번째 그림에서 무엇이 일어날지를 예측한다. 첫 번째 학생은 그들의 예측이 정확한지에 대해 말해준다. 그러고 나서 두 번째 그림을 보여준다. 세 번째 그림이 어떤 내용의 그림일 것인가에 대해 묻는다. 일련의 그림을 다 보여준 후에 그룹은 다시 새로운 조각 그림이야기를 교사로부터 받는다. 역할을 바꾸어 첫 번째 학생은 다른 학생들과 함께 예측하는 역할을 하고 그룹 중 다른 학생

하나가 그림을 보여주는 역할을 하게 된다.

마지막 학습활동으로 학생들은 역할극(role play)을 한다. 교사는 네 명씩 한 그룹을 이루게 한다. 그들은 모두 같은 회사의 고용인임을 가정한다. 그들 중 한 명은 고용주가 된다. 그들은 회의를 하는데 이 회사가 다른 회사와 합병하게 되면 어떻게 될지에 대해 논의를 한다. 논의하기 전에 그룹의 학생들은 함께 몇 가지 가능성에 대해 토의한다. 회사 사람 일부가 직업을 잃을 것인지, 그들의 부서가 옮겨질지, 어떤 정책이 변할지, 월급을 더 받을 것인지 등의 여러 주제들에 대해 무엇을 논의할지를 결정한다. 교사는 학생들에게 그중 한 명이 고용주라는 사실을 염두에 두고, 만약 고용주가 그들이 동의하지 않는 예측을 한다면 그들의 관계에 대해 생각해 보아야 한다고 말한다.

10분 동안 학생들은 그룹 안에서 역할극을 한다. 교사는 이 그룹 저 그룹 다니며 질문에 대답해 주기도 하고, 각 그룹의 논의에 대해 조언을 하기도 한다. 논의가 끝난 후에 학생들은 질문할 기회를 갖는다. 이런 식으로 학생들은 관련된 어휘를 끌어낸다. 그런 다음에 어떤 언어형태로 고용주에게 말하는 것이 적절한지를 토론한다. 교사는 "만약 여러분은 회사의 휴가 정책이 바뀔 거라고 기대하는데 고용주가 바꾸지 않을 거라고 말한다면 여러분의 예측을 어떻게 표현할 것인가? 아마도 여러분은 'The vacation policy will change.'라고 말하기보다는 'I think the vacation policy might change.'라고 말할 것이다."라고 설명한다.

"그러나 만약 여러분의 직장 동료가 당신의 말에 동의하지 않으며, 당신의 생각이 확실히 옳다고 생각한다면, 여러분은 당신의 예측을 어떻게 표현할 것인가?"라고 교사는 이어 학생들에게 묻는다. 한 학생이 "I know that the vacation policy will change."라고 대답한다. 다른 학생은 "I am sure that the vacation policy will change."라고 말한다. 세 번째 학생은 단순히 "The vacation policy will change."라고 답한다.

수업이 끝날 즈음에 교사는 학생들에게 과제를 준다. 학생들은 라디오에서 다가올 선거를 두고 두 명의 정치 후보자들이 어떤 공약을 내세우는지를 찾아내서 어느 후보가 우승할지를 예측하고 왜 그렇게 생각하는지를 영어로 작성한다. 다음 수업에 각자 써 온 것을 다른 학생들에게 읽어주기로 한다.

3 교실 경험에 대하여

이전에 살펴보았듯이, 이제까지 관찰한 행동의 기저가 되는 중요한 교수법 원리가 있다. 다음은 수업관찰과 그 관찰에 따른 원리를 열거한 것이다.

수업관찰	원리
1. 교사는 최근 신문에서 스포츠 기사를 복사한 핸드아웃 한 장을 나누어준다.	가능할 때마다 '실제언어(authentic language)' — 실제 상황에서 사용되는 언어 — 를 소개해야 한다.
2. 교사는 학생들에게 리포터가 예측한 문장을 찾아 밑줄을 긋도록 하고, 리포터가 어느 문장에 더 확신 있게 예측하는지를 말하게 한다.	화자나 청자의 의향을 이해하는 것은 의사소통 능력이 발달해 감을 의미한다.
3. 교사는 학습활동에 관한 지시를 줄 때 목표어를 사용한다.	목표어는 교실 상황에서 의사소통을 위한 도구이지 학습의 목표가 아니다.
4. 학생들은 리포터가 예측하는 표현들을 유사한 다른 문장으로 바꾸어 본다.	한 가지 기능은 많은 다른 언어적 형태로 나타낼 수 있다. 학습의 목표가 실제 언어사용에 강조를 두기 때문에 다양한 언어형태가 함께 제시될 수 있다. 언어형태보다는 의사소통하는 과정에 더 강조를 둔다.
5. 학생들은 신문 기사의 문장을 섞어 놓는다.	학생들은 문장 이상의 담화(discourse)적인 면에서 언어를 다룬다. 따라서 문장을 서로 결합하는 언어의 속성인 언어의

	응집성(cohesion)과 결합성(coherence)을 알아야 한다.
6. 학생들은 언어 게임을 한다.	게임의 속성은 의사소통적 — 의견을 서로 교환할 목적을 갖는 — 상황과 공통적인 특성을 갖기 때문에 중요하다. 화자는 청자로부터 전달하고자 하는 내용이 제대로 소통되었는지에 대한 즉각적인 반응을 받는다. 소그룹 형태의 학습활동은 의사소통적인 연습의 기회를 충분히 제공한다.
7. 학생들은 그 예측되는 상황에 대해 어떻게 생각하는지 말한다.	학생들은 그들의 학습 경험에 대한 생각과 느낌을 표현할 기회를 갖는다.
8. 한 학생이 오류를 범한다. 교사와 다른 학생들은 그것을 상관하지 않는다.	학생들의 오류는 무시되기도 하고 의사소통 능력을 발달해 가는 자연스런 결과로 본다. 이 학습은 유창성에 강조를 두기 때문에 학생들이 오류를 범하면 그 즉시 정정하지 않고 나중에 그 오류를 다룬다.
9. 각 그룹의 학생들은 조각 그림 이야기를 한다.	교사의 주요 임무는 의사소통 능력을 향상시킬 학습 상황을 조장하는 것이다.
10. 학생들은 조각 그림이야기에서 두 번째로 나올 그림이 무엇일지에 대해 예측한다.	의사소통적 상호작용(communicative interaction)은 학생들 상호 간에 협력적인 관계를 형성한다. 그것은 학생들이 '의미협상'(meaning negotiation)할 기회를 제시한다.
11. 학생들은 역할극을 한다. 그들은 같은 회사의 고용인으로 가정한다.	의사소통적인 상황의 사회적인 맥락은 발화에 대한 의미를 명료하게 한다.
12. 학생들 중 한 명은 고용주 역할을 수행하게 하고 고용인 역할을 하는 학생들은 그 학생에게 말할 때 그가 고용주임을 기억해야 한다.	언어형태를 적절히 사용하는 학습은 의사소통 능력을 발달시키는 데 중요하다.
13. 교사는 이 그룹 저 그룹 다니며 조언을 주기도 하고 질문에 대답하기도 한다.	교사는 의사소통적 학습활동을 구성하는 촉매자의 역할뿐만 아니라 학습활동을 하는 동안 상담자로서의 역할도 한다.
14. 학생들은 예측 상황을 진술하기 위해 교실의 다른 학생들에게 여러 문장 형태를 사용하여 표현한다.	의사소통할 때 화자는 무엇을 말해야 할지뿐만 아니라 어떻게 말해야 할지를 선택해야 한다.

15. 역할극을 마친 후에 학생들은 관련된 어휘를 끌어낸다.	학생들은 기능, 상황적 맥락을 먼저 배우고 그 다음에 문법과 어휘를 학습한다.
16. 과제로 학생들은 정치 후보자들에 대해 알아보고 다가올 선거에 누가 당선될지를 예측한다.	학생들은 실제 상황 속에서 의사소통을 제대로 하기 위해 실제로 사용되는 언어를 접할 기회를 가져야 한다. 그들은 이해능력을 향상시키기 위한 학습책략을 향상시키는 방법을 배운다.

4 교수법 원리에 대한 검토

10가지 질문에 대한 대답은 의사소통 중심 교수법을 더 잘 이해하도록 도울 것이다. 일부 대답에서는 어떤 개념을 명확하게 하기 위한 새로운 정보도 포함된다.

1. 의사소통 중심 교수법을 사용하는 목적은 무엇인가?
학생들이 목표어로 의사소통 능력을 기르는 것을 목적으로 한다. 이것을 위해 학생들은 언어형태, 의미, 그리고 기능에 대한 지식이 필요하다. 여러 다른 언어형태가 하나의 기능을 수행하는 데 사용되고 또 하나의 언어형태가 다양한 기능을 수행한다는 것을 학생들은 알아야 한다. 그들은 사회적인 맥락이나 대화자의 역할이 주어지면 적절한 형태로 목표어를 사용할 수 있어야 한다. 학생들은 대화자와 의미를 협상할 수 있어야 한다. 의사소통은 하나의 과정이며 언어형태만의 지식으론 불충분하다.

2. 교사의 역할은 무엇인가? 학생들의 역할은 무엇인가?
교사는 의사소통이 잘 이루어지게 하는 촉매자의 역할을 한다. 이러한 역할에서, 의사소통을 향상시키는 상황을 만드는 것이 주요 임무이다. 학습 활동이 이루어지는 동안 교사는 상담자의 역할로서 학생들의 질문에 대답하거나 학생들의 언어 수행을 모니터링하기도 한다. 교사는 학생들이 범하는 오류를 주시하여 노트에 적었다가 언어형태의 정확성을 요구하는 학습 활동에서 그 오류를 다루기도 한다. 다른 경우에는 학생들과 함께 의사소통적 학습활동에 참여하는 '협력-의사소통자'(co-communicator)로서의 역할도 한다(Littlewood 1981).

무엇보다도 학생들은 의사소통 하는 자들이다. 그들은 비록 목표어에 대한 능력이 불완전할 때도 서로 의미를 협상하는 데 — 다른 사람을 이해하고 자신을 이해시키는 데 — 능동적으로 참여하기도 한다. 교사의 역할이 교사 중심적인 방법보다 통제적이지 않기 때문에 학생들은 그들 자신의 학습에 더 책임감을 느낀다.

3. 교수/학습 과정에는 어떤 특성이 있는가?

의사소통 중심 교수법의 가장 큰 특성은 모든 학습활동이 의사소통 능력을 향상하는 데 초점을 둔다는 것이다. 학생들은 게임, 역할극, 문제-해결 학습활동(교수기법에 대한 검토에서 자세한 설명 참조) 등과 같은 의사소통적 학습활동을 통하여 목표어를 사용한다.

진정한 의사소통적 학습활동은 학습자 상호 간의 '정보 차이'(information gap), '선택'(choice), 그리고 '반응'(feedback)이라는 세 가지 공통적인 특성을 갖는다고 Morrow는 주장한다(Johnson & Morrow 1981). '정보 차이'란 두 사람이 대화하는 중 어느 한 사람이 아는 것을 그 상대방이 모른다는 것이다. 가령, 두 사람이 다 오늘이 화요일임을 알고 있고, 어느 한 사람이 상대방에게 "What is today?"라고 묻고 당신이 "Tuesday."라고 대답한다면 이 대화는 이미 의사소통적인 것이 아니다. 여기서 질문형식은 전개식 질문(display question) — 교사가 학생들이 익히 알고 있는 것에 대한 질문 — 이며, 화자가 모르는 내용에 대한 정보를 알기 위한 묻는 질문이 아니다.

대화에서 화자는 무엇을 말해야 할지와 어떻게 말해야 할지를 선택한다. 만약 학습활동이 학생들로 하여금 한 방향으로만 말하도록 짜여 있다면, 화자는 선택의 여지가 없고 그 대화는 의사소통적인 것이 아니다. 예를 들어, 사슬연습(chain drill)에서 만약 한 학생이 마치 옆에 있는 사람이 다른 사람의 질문에 답하였던 것과 똑같이 옆에 있는 사람의 질문에 대답한다면, 언어형태와 내용의 선택은 이루어지지 않으며 진정한 의사소통은 일어나지 않는다.

진정한 의사소통은 분명한 목적을 갖는다. 화자는 청자가 응답하여 말하는 내용에 근거하여 그의 목적이 성취되었는지를 평가할 수 있다. 만약 청자가 화자에게 그러한 반응을 할 기회를 주지 않으면 대화는 의사소통적이지 않게 된다. 변형연습(transformation drill)을 통하여 의문문을 형성하는 연습은 가치 있는 학습 활동이긴 하지만, 화자는 청자로부터 아무 반응을 얻지 못하기 때문에 의사소통 중심 교수법을 따르는 것이 아니며, 화자 자신이 만든 의문문이 이해되었는지를 평가할 수가 없다.

의사소통 중심 교수법의 또 하나의 중요한 특성은 실생활에 관련된 자료를 사용하는 것이다. 그것은 학생들에게 실제 상황에서 사용되는 언어를 이해하는 책략을 발달시킬 기회를 제공한다는 점에서 바람직한 것으로 간주된다.

마지막으로 의사소통 중심 교수법의 학습활동은 소그룹을 통하여 이루어진다. 작은 규모에서 상호작용 하는 것은 의사소통을 위해 각자의 학생에게 주어진 시간을 최대로 활용할 수 있다는 점에서 선호된다. 의사소통 중심 접근방법과 밀접한 연관성을 가진 학습이론은 없지만 그 방법의 기본 가정은 학습자들이 기능적이고 사회적으로 적절한 언어를 연습함으로써 의사소통하는 능력을 향상시키기 위한 것이다.

4. 학생-교사의 상호작용은 어떠한가? 학생-학생의 상호작용은 어떠한가?

교사는 학생들과 상호작용을 하기도 한다. 또 다른 경우에는 학습활동의 촉매자로서 역할을 하지만 교사 자신이 직접 학생들과 상호작용하지 않는다. 때로 교사는 협력 의사소통자로서의 역할을 하기도 하고 주로 학생들 간의 의사소통이 잘 이루어지도록 유도한다. 학생과 학생 간의 상호작용을 많이 갖게 된다. 학생들은 2인조, 3인조, 소그룹, 전체 그룹의 다양한 그룹형태로 상호작용하게 된다.

5. 학습자의 감정은 어떻게 다루어지는가?

의사소통 중심 교수법은 학습의 목적이 목표어로 의사소통 하는 것에 강조를 두기 때문에 학생들의 동기를 유발시키는 것을 기본 가정으로 삼는다. 또한 교사는 정기적으로 학생들의 의견이나 생각을 들어봄으로써 학생들 개개인의 느낌이나 생각을 표현할 기회를 준다. 마지막으로 교사뿐만 아니라 다른 학생들과의 협력적으로 상호작용할 기회가 많이 주어지기 때문에 학생들의 안전감은 높아진다.

6. 언어를 어떠한 관점에서 바라보는가? 문화를 어떠한 관점에서 바라보는가?

언어는 의사소통을 위한 것이다. 언어형태나 의미에 관한 지식인 언어적 능력은 의사소통 능력의 한 부분을 형성한다. 의사소통 능력의 다른 한 부분은 언어가 사용되는 기능에 대한 지식이다. 관찰하였던 수업에서 보았듯이, 여러 가지 언어형태는 하나의 기능을 위해 사용되기도 한다. 가령 화자는 "It may rain."이나 "Perhaps it will rain."이라고 말함으로써 예측 문장을 만들 수 있다. 반대로 언어의 같은 형태는 여러 다른 기능으로 사용될 수 있다. 예를 들어, 'may'는 예측이나 허락을 표현하는 문장('You may leave now.')을 만들기 위해 사용되기도 한다.

그러므로 학습자는 언어형태, 의미, 그리고 기능에 대한 지식이 필요하다. 그러나 유창한 의사소통자가 되기 위해서 학습자는 이 지식을 사용해야 하고 함축된 의미를 적절히 전달하기 위해 사회적인 상황을 고려해야 한다(Canale & Swain 1980). 화자는 'may'를 사용하면서 허락(May I have a piece of fruit?)을 구할 수 있다. 그러나 만약 화자의 입장에서 청자가 사회적으로 동등하거나 상황이 비형식적인 경우에는 허락을 구하기 위해 'can'을 더 사용할 수도 있을 것이다(Can I have a piece of fruit?).

문화는 그 언어를 사용하는 사람의 일상 생활양식이다. 의사소통을 하는 데 반영되는 문화적인 요인은 많다. 가령, 의사소통 중심 교수법이 중시하는 비언어적인 행동(nonverbal behavior)이 바로 그것이다.

7. 언어의 어떤 영역이 강조되는가? 어떤 언어 기술이 강조되는가?

언어기능은 언어형태보다 더 강조된다. 항상 그런 것은 아니지만 전형적으로 기능적 교수요목(functional syllabus)이 사용된다. 다양한 언어형태는 하나의 언어기능을 위해 소개된다. 처음에는 간단한 언어형태만이 제시되기도 하지만, 점차로 학생들이 목표어로 유창해짐에 따라 언어기능들이 다시 소개되고 더 복잡한 언어형태가 학습된다. 그러므로 가령 요청을 구하는 경우, 초급단계의 학생들은 'Would you…?'나 'Could you…?'를 많이 연습할 것이다. 학습단계가 높은 학습자는 'I wonder if you would mind…'과 같은 문장을 터득할 것이다.

학생들은 문장 이상의 담화적인 면(discourse level)에 대해서도 학습한다. 언어의 응집성이나 결합성에 대한 학습도 이루어진다. 가령, 우리가 관찰한 수업에서 학생들은 순서가 뒤섞인 두 번째 문장이 원래 스포츠 기사에서는 마지막 문장이라는 것을 알게 되는데 그것은 문장의 시작이 'In the final analysis…' 같은 부사구로 이루어지기 때문이다. 이 부사구는 이 문장과 다른 문장들을 결합하는 응집장치이다. 학생들은 역시 뒤섞인 첫 문장과 두 번째 문장 사이에 응집력이 부족하다는 것을 알 수 있는데, 그것은 두 문장이 의미상 연결되지 않기 때문이다.

학생들은 학습초기부터 말하기·듣기·읽기·쓰기의 네 가지 능력을 모두 학습해 간다. 화자와 청자 간의 의미협상을 위해 구두로 의사소통이 이루어지고, 쓰여진 글로부터 의미의 이해를 위해 독자와 저자의 상호작용이 이루어진다. 저자는 독자로부터의 즉각적인 반응을 받진 않는다. 그러나 독자는 저자의 의향을 이해하고, 저자는 마음에 독자의 관점을 의식하고 글을 쓴다. 그러므로 의미는 책에만 남아 있는 것이 아니라 독자와 저자 사이에 일종의 협상을 통하여 이루어진다고 볼 수 있다.

8. 학습자의 모국어는 어떤 역할을 하는가?

의사소통 중심 교수법에서도 학습자의 모국어 사용이 가능하다. 그러나 의사소통적 학습활동 동안 학생들에게 학습활동을 설명할 때, 그리고 과제를 줄 때에도 가능한 목표어를 사용한다. 학생들은 교실 운영을 통해서도 언어를 학습할 수 있기 때문이다. 그리고 목표어가 의사소통을 위한 도구이지 학습되기 위한 목적이 아님을 인식해야 한다.

9. 학습에 대한 평가는 어떻게 이루어지는가?

학생들에 대한 평가는 언어적 정확성은 물론 유창성에도 반영된다. 언어구조나 어휘를 잘 알고 있는 학생이 반드시 유창한 의사소통자는 아니다. 교사는 상담자나 의사소통자로서의 역할을 할 때 비형식적인 방법으로 학생들을 평가한다. 더 형식적인 평가를 위해 교사는 실제 의사소통 기능을 갖는 통합식 평가(integrative test)를 사용한다. 가령, 학생들의 작문을 평가하기 위한 방법으로 그들의 친구에게 목표어로 편지를 쓰게 할 수 있다.

10. 교사는 학습자의 오류에 어떻게 반응하는가?

학습자의 오류는 의사소통 능력을 향상시키는 데 나타나는 자연스런 결과라고 보며, 언어형태의 오류는 유창성에 관한 학습 활동을 하는 동안 간과되기도 한다. 학생들 중에는 언어적인 지식은 부족해도 유창하게 말할 수 있는 경우도 있다. 대개 교사는 유창성에 관련된 학습활동 동안 학생들이 범하는 오류를 관찰하였다가 언어형태의 정확성에 관한 학습활동에서 그것을 다루기도 한다.

5 교수기법과 자료에 대한 검토

의사소통 중심 교수법에 관련된 교수기법과 자료에 대해 더 자세히 살펴보기로 한다.

■ 실제 자료 사용

학생들이 교실에서 학습한 것을 교실 밖의 상황에 전이시킬 수 없는 문제를 극복하기 위해서나 다양한 상황의 자연 언어에 학생들을 노출시키기 위하여 의사소통 중심 교수법 옹호자들은 목표어 화자에게 실제 상황을 접할 수 있는 실제 자료의 사용을 강조한다. 관찰한 수업을 통하여 교사가 실제의 신문기사를 사용하는 것을 보았다. 또한 교사는 학생들에게 다가올 선거에 출마할 두 명의 정치 후보자들을 조사해 오라는 과제를 주기도 한다. 물론 관찰한 교실은 중상위 정도의 학습단계여서 가능했다. 학습능력이 더 낮은 단계의 학생들에게는 이러한 언어 자료를 동일하게 사용하기는 어려울 것이다. 이용 가능한 실제 자료(가령, 예측을 위한 학습으로 일기예보의 사용)나 현실적인 자료가 학습의 효과를 가져 온다. 실제 자료가 의사소통적 기능을 가지고 실제로 사용되는 것만큼 중요하지 않다. 실제자료를 이용할 수 있는 또 하나의 가능성은 낮은 단계의 학생들에게 많은 언어를 포함하지 않는 실물예시(realia)를 사용하되 많은 토론을 끌어낼 수 있도록 유도하는 경우이다. 가령 목표어로 쓰인 식당 메뉴나 시간표들이 그 예에 속한다.

■ 뒤섞인 문장

학생들은 문장들이 뒤섞인 내용이 담긴 핸드아웃을 받게 되는데, 이것은 일찍이 수업에서 다룬 내용일 수도 있고 처음 보는 것일 수도 있다. 그들은 뒤섞인 문장을 순서대로 배열하여야 한다. 이러한 연습은 언어의 응집성이나 결합성에 대해 가르친다. 학생들은 대명사 같은 형식적 언어장치를 통하여 문장들이 문장 이상의 단계에서 어떻게 결합하는지를 학습한다. 글로 쓰여진 것 외에도 학생들은 뒤섞인 문장으로 되어 있는 대화를 순서대로 배열하되 구두로 말하기 연습을 하기도 하고, 그림 조각 이야기의 그림들을 순서대로 늘어놓는 그림에 관련된 대화문을 만들기도 한다.

■ 언어 게임

게임은 의사소통 중심 교수법에서 빈번히 사용된다. 학생들은 게임을 하면서 즐거움을 느끼고, 만약 게임 활동이 잘 고안된다면, 의사소통 학습활동으로 많이 사용될 것이다. Morrow(1981)에 의하면, 의사소통적 활동을 갖는 게임들은 의사소통의 세 가지 특성, 즉 학습자 상호 간의 정보 차이(information gap), 선택, 반응을 잘 반영해 준다. 이러한 세 가지 특성은 일찍이 관찰한 카드게임에서 잘 드러난다. 화자는 청자가 다음 주말에 무엇을 할지 알지 못하기 때문에 정보 간의 차이는 존재한다. 화자는 무엇을 예측할지(어떤 운동경기를 선택할 것인지)와 어떻게 예측할지(어떤 언어형태로 예측할 것인지)에 대해 선택한다. 화자는 그룹의 다른 학생들로부터 적절한 반응을 받았다. 화자의 예측을 이해할 수 없다면, 다른 학생들 누구도 반응하지 않을 것이다. 만약 그 학생이 의미있는 반응을 받게 되면 그 학생의 예측이 받아들여졌다는 것을 의미한다.

■ 조각 그림이야기

조각 그림이야기와 관련하여 여러 학습활동이 행해질 수 있다. 관찰한 수업에서 뒤섞인 문장의 학습활동과도 관련된 것을 보았다. 그룹에 있는 한 학생에게 조각 그림이야기를 주면, 그 학생은 그룹의 다른 학생들에게 조각 그림 중의 첫 번째 그림을 보여주고 나서 다음에 나오는 그림이 어떤 내용을 담고 있을지를 예측하게 한다. 정보 차이 — 그룹에 있는 다른 학생들은 다음 그림이 담고 있는 것을 알지 못했다 — 가 생긴다. 나머지 학생들은 두 번째 그림이 어떠할지에 대한 예측과 어떻게 표현해야 할지를 선택한다. 학생들에게 조각 그림을 모두 보여주면서 그림과 그들이 한 예측을 비교해 보게 한다. 그들은 언어 형태보다는 예측한 내용에 대해 초점을 두고 반응을 받게 된다.

방금 언급한 학습활동은 의사소통적 교수기법으로서 문제해결 과업(problem-solving task)을 사용하는 한 예이다. 문제해결 과업은 의사소통적 교수기법의 세 가지 특성을 잘 반영하므로 의사소통 중심 교수법에서 많이 사용된다. 게다가, 문제해결 과업은 학생들이 서로 정보를 나눌 수 있고 해결점에 도달하기 위해 함께 협력하도록 짜여졌다. 이것은 학생들이 의미를 협상하게 하는 활동이다.

■ 역할극

일찍이 비암시 교수법의 한 교수기법으로 역할극의 사용을 보았다. 역할극은 의사소통 중심 교수법에서 매우 중요하다. 왜냐하면 역할극은 다른 사회적인 상황에서나 다른 사회적인 역할로서 의사소통하는 연습의 기회를 제공하기 때문이다. 역할극은 매우 구조적인 형태(교사가 학생들이 누구인지, 무슨 말을 해야 하는지에 대해 결정한다)이거나 가장 구조적이지 않는 형태(교사가 학생들이 누구인지, 어떤 상황인지, 무엇에 대해 이야기해야 할지에 대해서는 결정해 주지만 무슨 말을 해야 할지에 대해서는 학생들 스스로 결정하게 한다)로 구성될 수 있기 때문이다. 물론 후자가 의사소통 중심 교수법의 특성에 더 일치하는데 그것은 후자가 학생들에게 더 많은 선택을 제공하기 때문이다. 이와 같은 비구조적인 역할극은 대부분의 의사소통에서 일어나는 것처럼 학생들은 다른 사람이 무엇을 말할지(자연스런 불예측성)에 대해 확신할 수 없기 때문에 화자와 청자 사이에 정보의 차이를 제공한다. 화자는 적절히 의사소통이 이루어졌는지에 대한 반응을 화자로부터 받게 된다.

6 결론

아마도 의사소통 중심 교수법의 가장 큰 공헌은 교사들이 의사소통 교수법에 관해 자세히 관찰할 수 있는 기회를 제공하였다는 점이다. 만약 교사가 학생들의 목표어 사용을 목적으로 한다면 교사는 목표어의 어휘와 문법규칙을 더 잘 이해해야 한다.

학생들이 의사소통 능력을 성취하는 것이 여러분이 생각하는 언어 학습목적인가? 기능적 교수요목를 여러분의 수업에 채택하고 싶은가? 여러 언어형태가 한 번에 제시되어야 한다고 보는가? 여러분은 언어의 정확성보다 유창성을 강조하고 싶은 때가 있는가? 의사소통 중심 교수법의 어떤 원리가 여러분에게 더 의미를 준다고 보는가?

언어게임, 문제해결 과업, 역할극을 사용할 것인가? 여러분이 사용하는 모든 학습 활동이 의사소통의 세 가지 특성을 포함하는가? 실제 자료가 사용되어야 한다고 보는가? 여러분이 유용하다고 생각하는 의사소통 중심 교수법에 관련된 어떤 다른 교수기법이나 자료가 있는가?

7 학습활동

A. 의사소통 중심 교수법에 대한 이해도 점검

1. Morrow가 말하는 의사소통의 세 가지 특성인 정보 차이, 선택, 반응을 설명하여 보시오. 관찰한 수업에서 다룬 학습활동 하나를 선택하여 이 세 가지 특성이 반영되었는지를 살펴보시오.
2. 의사소통은 일종의 학습과정이라고 보는 이유를 말하시오. 의미를 협상하는 것이 무엇을 의미하는지 설명하시오.
3. 화자가 사용하는 언어형태가 사회적인 맥락에서 적절해야 한다는 것을 어떻게 생각하는가?

B. 의사소통 중심 교수법의 적용

1. 만약 여러분의 친구인 Paula를 Roger에게 소개하길 원한다면, 다음처럼 말할 것이다.

   Roger, this is (my friend) Paula.
   I would like you to meet Paula.
   Let me present Paula to you.
   Roger, meet Paula.
   Allow me to introduce Paula.

   다시 말해서, 이러한 한 가지 기능을 위해 여러 가지 언어형태가 사용될 수 있다. 초급단계, 중급단계, 상급단계의 학생들에게 어떤 형태로 가르치길 원하는가? 왜 그렇게 가르치고자 하는가? 초대하기(inviting) 기능을 가르치기 위해 사용하고자 하는 언어형태를 열거해 보시오. 어느 형태를 초급단계, 중급단계 학생들에게 가르칠 것인가? 상급단계의 학생들에게는 어떻게 적용시킬 것인가?
2. 여러분의 학생들에게 요청하기(requesting) 기능을 가르치려고 한다. 여러분이 선택한 실제 자료는 기차 시간표이다. 요청하기 기능을 연습하기 위해 시간표를 사용하며 의사소통적 게임이나 문제해결 과업을 고안해 보시오.
3. 위 2번에서처럼 요청하기 기능을 가지고 연습할 역할극을 만들어 보시오.

참고 문헌

Breen, M. and **C. Candlin.** 1980. The essentials of a communicative curriculum in language teaching. *Applied Linguistics* 1/2: 89-112.

Brumfit, C. and **K. Johnson** (eds.). 1979. *The Communicative Approach to Language Teaching.* Oxford: Oxford University Press.

Canale, M. and **M. Swain.** 1980. Theoretical bases of communicative approaches to second language teaching and testing. *Applied Linguistics* 1: 1-47.

Halliday, M. A. K. 1973. *Explorations in the Functions of Language.* London: Edward Arnold.

Hymes, D. 1971. Competence and performance in linguistic theory in R. Huxley and E. Ingram (eds.). *Language Acquisition: Models and Methods,* 3-28. London: Academic Press.

Johnson, K. and **K. Morrow** (eds.). 1981. *Communication in the Classroom.* Essex: Longman.

Klapper, J. 2003. Taking communication to task? A critical review of recent trends in language teaching. *Language Learning Journal* 27: 33-42.

Lee, J. and **B. van Patten.** 1995. *Making Communicative Language Teaching Happen.* New York: McGraw-Hill.

Littlewood, W. 1981. *Communicative Language Teaching.* Cambridge: Cambridge University Press.

Savignon, S. 1997. *Communicative Competence: Theory and Classroom Practice* (2nd edn.). New York: McGraw-Hill.

Widdowson, H. G. 1978. *Teaching Language as Communication.* Oxford: Oxford University Press.

_________. 1990. *Aspects of Language Teaching.* Oxford: Oxford University Press.

_________. 1998. Context, community, and authentic language. *TESOL Quarterly* 32/4: 705-15.

Wilkins, D. 1976. *Notional Syllabuses*. Oxford: Oxford University Press.

Yalden, J. 1987. *The Communicative Syllabus: Evolution, Design, and Implementation.* Englewood Cliffs, NJ: Prentice-Hall.

10
내용중심 교수법

Content-based Instruction

1 서론

Howatt(1984)는 의사소통적 접근방법에는 두 가지 입장, 즉 강한 입장과 약한 입장이 있다고 본다. **약한 입장**은 이전 장에서 제시된 방법으로 학습자들에게 의사소통할 목적을 위해 목표어인 영어를 연습할 기회를 더 제공하는 데 그 중요성을 두고 있다. 이 방법은 의사소통적 접근 방법을 적용하는 수업에서 관찰해 보았듯이, 학습자들은 특정한 언어기능(가령, 예측하기)에 관련하여 예측하는 문장 만들기를 통하여 의사소통적 기능을 사용할 기회를 제공하는 것을 강조한다. 반면에 **강한 입장**은 학습자들에게 의사소통할 목적을 위해 영어를 연습할 기회를 더 제공하는 그 이상의 것이 있다고 보는 입장으로 그것은 언어가 의사소통을 통해서 습득된다는 것이다. 다시 말해서 약한 입장은 '영어를 사용하기 위해 학습'(learning to use English)하는 데 초점을 두는 반면에, 강한 입장은 학생들이 '영어를 학습하기 위해 영어를 사용'(use

English to learn it)하는 데 초점을 둔다(Howatt 1984: 279). 이 장에서 살펴볼 '내용중심 교수법'(Content-based Instruction)', '과업중심 교수법'(Task-based Instruction), '참여중심 교수법'(Participatory Instruction)은 모두 의사소통적 접근방법의 강한 입장에 속한다. 이 세 가지 교수법이 언뜻 보기에는 서로 다른 것 같지만, 미리 정해진 언어형태보다 의사소통 능력에 초점을 둔다는 것과 의사소통을 위해서가 아니라 의사소통을 통하여 목표어를 가르친다는 점에서 공통점을 갖는다.

우리가 이 세 가지 교수법을 자세히 살펴보기 전에 고려해야 할 두 가지 중요한 사실이 있다. 첫째로 일부 언어 교육가들은 '내용중심 교수법', '과업중심 교수법', '참여중심 교수법'을 교수법을 소개하는 책들에 포함시키기를 꺼려한다. 그들은 그러한 교수법들을 교수요목 유형(syllabus style)으로 보기를 더 선호하기 때문이다. 그럼에도 불구하고, 일부 다른 교육가들은 그 교수법들을 교수법 범주에 넣는 것이 더 적절하다고 주장한다. 예를 들어 Snow(1991)는 내용중심 교수법을 '여러 얼굴을 가진 교수법'(method with many faces)이라고 보았는데, 그것이 언어 교수법의 한 방법으로 볼 수도 있고, 다양한 형식이나 상황을 기술하기 위해서도 적용되기 때문이다. 이 외에도 Kumaravadivelu(1993)은 과업(Task)이라는 용어는 언어 교수법의 내용과 방법론 모두를 언급하기 위해 종종 사용된다고 본다. 실제로 의사소통적 방식의 강한 입장에서는 교수요목 개발과 방법론을 명확히 분리하는 것은 어렵다. 만약 학습자들이 의사소통을 통해서 의사소통하기를 학습하게 되는 것은 목적지와 경로가 동일하다는 것과 다름없기 때문이다(Nunan 1989).

둘째로, 일부 언어 교육가들은 내용중심, 과업중심, 그리고 참여중심 교수법이 각각 다른 방법이므로 따로 분리하여 다루는 것에 대해 의문을 제기한다. 예를 들어, Skehan(1998)은 내용중심 교수법(다음 장에서 다루게 될 프로젝트 학습 포함)을 과업중심 교수법의 예로 간주하기도 하고, 과업중심 교수법과 참여중심 교수법을 내용중심 교수법의 한 방식으로 여기기도 한다. 또 다른 경우에 있어서 이러한 교수법들은 학습자들이 의사소통을 통해서 의사소통하기를 학습한다는 가정하에 통합될 수 있음을 인식해야 할지라도, 그 세 가지 교수법들의 범위와 강조점이 각각 분리하여 다룰 수 있을 정도로 뚜렷한 차이를 가지고 있다고 보아야 한다. 따라서 세 가지 교수법을 분리하여 이 장에서는 '내용중심 교수법'을 다루고자 한다.

2 내용중심 교수법의 이론적 근거

언어를 가르치는 과정에서 영어가 아닌 다른 교과목을 학습내용으로 다루는 것은 새로운 견해가 아니다. 오랫동안 전문화된 언어 교육은 교과목에 관련된 내용을 다루어 왔다. 가령, 비행 조종사를 위한 언어 교육 내용은 컴퓨터 기술자의 것과는 다르다. 이것은 **특별한 목적을 위한 언어교수법**(language teaching for specific purposes)으로 간주되는 반면에 학문적 상황에서는 **학문 목적을 위한 언어교수법**(language teaching for academic purposes)으로 불릴 것이다. 성인 이주민을 위한 효율적인 내용중심 교수법의 한 형태인 성인 이주민들을 위한 '직무능력 중심 접근법(workplace literacy instruction)'이나 **능력중심 접근법**(competency-based instruction) 등이 있다. 전자는 성인 학습자들이 직장에서 그들의 업무와 관련된 내용이 담긴 기술교범 책자를 읽고 쓰는 능력을 배우게 된다. 후자의 경우에 그들이 전화를 한다거나 구직 지원 서류를 작성하는 등의 '실제 상황에서 대처할 수 능력'(life-coping)이나 생존을 위한 기본적인 읽고 쓰는 능력(survival skill)을 위한 언어 학습에 초점을 둔다.

내용중심 교수법[10)]은 단지 언어 학습만을 위한 것이 아니라 목표어와 교과목 내용—종종 학문적 내용—을 동시에 학습해 간다는 점에

10) 간략하게 표현하기 위해 내용중심 교수법은 언어와 교과목 내용의 통합을 의미한다.

서 큰 기여를 하였다. 교과목 내용이 학습자들이 관심과 흥미를 갖는 대중가요나 스포츠 같은 주제일 수도 있다. 또한 종종 교과목 내용이 목표어 학습을 위한 내용으로 제공되기도 한다(Brinton, Snow, & Wesche 2003). 1970년대 영국의 모국어 화자를 대상으로 읽기와 쓰기 수업을 모든 다른 교과목 수업에 통합하기 위해 시작된 '교과과정 전반에 걸친 언어 교육'(language across the curriculum) 운동이 일어났다. 캐나다에서는 영어를 모국어로 하는 화자가 불어로 교과목을 학습하는 '몰입식 언어교육'(language immersion program)이 오랫동안 성공적으로 시행되어 왔다. 미국에서는 공립학교[11])에서 내용중심 교수법을 통해서 영어를 가르쳐 왔다. 이 방법을 택한 이유는 영어를 배우는 학습자들이 영어를 모국어로 하는 학생들과 정규 학과 수업에서 영어도 교과목 내용도 잘할 수 없다는 점에 기인한 것이다. 반대로 이 학생들에게 영어만 우선 배우게 하였을 때 교과목 내용에 대한 학습이 지연되었다. 두 가지 문제를 해결하기 위하여 교사들은 역사나 과학과 같은 교과목을 가르치면서 동시에 그 내용과 관련된 목표어를 가르치기로 한 것이다. 그러므로 언어는 교과목 내용을 학습하기 위한 매개체가 된다(Mohan 1986).

유럽에서는 이것을 '교과목-언어 통합 교수법'(CLIL: Content and Language Integrated Learning)이라고 부른다. Marsh(2002: 15)는 이것을 '학습자의 모국어가 아닌 목표어가 언어학습이 아닌 교과목 내용을 배우기 위한 매체로서 사용되는 두 개의 목적을 지닌 학습상황'으로 정의한다. 또한 그는 이것을 '언어나 교과목 내용 어느 한 쪽에 치우치지 않고 목표어와 교과목 내용의 결합으로 보아야 한다(2008: 233)'고 주장한다.

최근에 에스토니아, 핀란드, 라트비아, 네덜란드, 스페인 등의 여러 나라들이 이러한 '교과목-언어 통합 교수법'을 널리 시행해 왔다. 이

11) 대학생을 대상으로 적용됨(Byrnes 2005).

방법이 여러 곳에서 급속도로 널리 사용되기 때문에 다소 주의를 필요로 한다. 전 세계적으로 나이 어린 학생들을 대상으로 목표어 학습이 이루어져 왔다. 한 가지 이유는 부분적으로 정부기관은 학습자의 언어학습 성취도면에서 만족하지 않기 때문이다. 또 하나의 부분적인 이유는 부모들은 의당 그 학생들이 제2언어 또는 목표어 지식이 제공하는 삶의 기회를 갖기를 원하기 때문이다. 그러나 어린 학습자들의 목표어 학습에 대해서 두 가지 관점에서 주의 깊게 고려해야 한다. 첫째, 제2언어나 목표어 학습 이전에 모국어 학습이 중요하다. 둘째, 목표어 학습 프로그램을 만들기 전에 먼저 아이들이 그들의 모국어를 어떻게 학습하는지에 관한 여러 연구들을 살펴볼 필요가 있다 (Cameron 2003; 캐나다 교육부 2010). 언어 교육에 대하여 조기 학습이 반드시 좋다는 것은 그저 사실이 아니다.

물론 학생들이 모국어가 아닌 다른 나라의 언어로 교과목을 배울 때 그 내용을 이해하는 데 상당한 언어의 도움이 필요하다. 그러므로 내용학습 목적은 물론 분명한 언어학습 목적이 세워져야 한다. Sherris(2008: 1)는 예로 수학 교과목에서 사용되는 언어를 통해 이 점을 강조한다.

> 수학의 이차 방정식을 가르치고자 할 때, 교사는 몇 가지 가능한 학습수행 목표를 세울 것이다. '학생들은 이차 방정식을 풀 수 있어야 하고, 같은 이차 방정식을 푸는 다양한 방법들을 논의하며, 이차 방정식 푸는 여러 방법들을 요약할 수 있는 능력이 있어야 한다. 여기서 사용된 방정식 풀다(solve), 논의한다(discuss), 요약하다(write)라는 단어는 구체적인 교과목 내용을 학습하기 위한 것과 언어 기능을 수행하는 데 묘사되는 동사(descriptive verb)들이다. 즉, 이차 방정식을 푸는 것은 교과목 목표를 기술한다. 반면에 이차 방정식을 풀기 위해 사용된 다양한 방법들을 논의하고 요약하는 것은 학습하는 내용과 관련된 언어학습 목표를 기술하는 방식이다.

목표어 학습 목적은 내용에 의해 주도되기 때문에 내용중심 교수법은 언어목록의 선택이나 순서가 미리 정해진 교수요목에 의해서가 아니라 의사소통적 요구에 의해 형성된다고 볼 수 있다.

3 학습경험[12)]

타이완에 있는 한 국제학교의 6학년 학생들이 내용중심 교수법을 사용하여 영어와 지리(geography) 교과목 수업을 받는 교실을 참관하기 위해 들어섰다. 교실에는 대부분 중국 학생들이었고 몇 명의 일본 학생들, 그리고 소수의 한국 학생들도 있었다. 학생들의 영어실력은 중하위(low-intermediate) 수준이었다. 교사는 학생들에게 'globe'가 무엇인지 영어로 질문한다. 두세 명의 학생들이 'world'라고 대답하였고, 또 일부 학생들은 두 팔로 원을 만들어 보인다. 나머지 학생들은 말이 없다. 교사는 탁자 밑에서 지구본을 꺼내 탁자 위에 올려놓고 학생들에게 지구본에 대해 무엇을 알고 있는지 질문한다.

학생들은 열심히 그 질문에 대답을 하고 교사는 그들의 대답을 칠판에 적는다. 학생들이 그 개념을 설명하는 데 어려움을 보이자 교사는 적절히 표현하도록 도와준다. 그런 다음 교사는 '*Understanding Globes*'라는 비디오에 기초하여 준비한 핸드아웃을 나누어준다. 핸드아웃 맨 윗부분에는 'Some vocabulary to know'라는 제목이 쓰여 있다. 그리고 비디오에서 사용된 지리학상의 주요 용어들이 열거되어 있었다. 교사는 학생들에게 10개의 단어, 즉 degree, distance, equator, globe, hemisphere, imaginary, latitude, longitude, model, parallel을 주고, 그 단어들을 읽어 줄 때 잘 들어보라고 한다.

12) 이 수업은 Cristelli(1994)에 근거한 것이다. 제2언어로 영어를 배우는 초급 단계의 중학생들을 대상으로 하는 통합적 내용중심 교과과정으로 국제학교에서 네 개의 시범 단원을 가지고 가르치는 프로젝트이다.

그림 10.1 영어를 매개체로 지리수업을 가르치는 장면

어휘목록 밑에는 빈칸 채우기 연습활동이 있었다. 교사는 학생들에게 그 단락을 읽으면서 새로운 어휘를 가지고 빈칸을 채우라고 말한다. 학생들이 빈칸 채우기를 끝마친 후에, 교사는 학생들에게 비디오를 보여 준다. 그들이 비디오를 볼 때 교사가 소리 내어 읽어 주었던 어휘를 가지고 남아있는 빈칸 채우기를 하라고 말한다.

읽어 준 내용은 다음과 같다.

A ________ is a three-dimensional _______ of the earth. Points of interest are located on a globe by using a system of _________ lines. For instance, the equator is an imaginary line that divides the earth in half. Lines that are parallel to the equator are called lines of _________. Latitude is used to measure _________ on the earth north and south of the equator …

비디오가 끝난 후에 학생들은 2인조로 짝을 지어 그들의 대답을 검토한다.

다음에, 교사는 빈칸 채우기 문제에 있는 are located, are called, is used 등과 같은 특정 동사형에 주목하게 한다. 교사는 학생들에게 이번 주 수업시간에 다룰 수동태 현재형의 예라고 말한다. 교사는 수동태가 행동의 주체자(agent)와 행위자(doer)의 초점을 바꾸기 위해 사용된다고 설명한다. 사실상, 학생들이 방금 읽은 내용에는 행동의 주체자가 직접 연관성이 없기 때문에 주체자에 대해서는 전혀 언급이 없다.

그런 후에 교사는 세계 각 나라의 지역 위치를 나타내기 위해 위도와 경도가 어떻게 사용되는지를 설명한다. 교사는 그들에게 몇 가지 예문을 제시한다. 그때 학생들은 다른 나라에 있는 도시의 위치를 나타내는 데 경도와 위도 좌표를 사용한다. "This city is located at 60° north latitude and 11° east longitude."라고 말함으로써 교사는 수동태 현재형과 동시에 교과목 내용을 통합시킨다. 학생들이 손을 든다. 한 여학생을 교실 앞으로 나오게 해서 그 도시의 위치를 손으로 가리켜 보라고 한다. 그 여학생은 지구본에서 노르웨이에 있는 오슬로(Oslo) 지역을 손으로 가리킨다. 연습을 위해 교사는 더 많은 예를 제시한다.

잠시 후에, 학생들은 추측 게임(guessing game)을 한다. 소그룹 활동에서 학생들은 다섯 개의 도시 이름에 대해 생각한다. 그런 다음 그들은 지구본에서 그 도시들을 가리킨 후, 경도와 위도 좌표를 적는다. 그러고 나서 학생들은 경도와 위도를 다른 학생들에게 큰 소리로 말해주어 다른 학생들이 그 도시가 무엇인지를 알아맞히게 한다. 첫 번째 그룹이 "This city is located at 5° north latitude and 74° west longitude."라고 말한다. 여러 번 틀린 후에 네 번째 그룹이 그 도시가 "Bogota"라고 말한다. 그 그룹의 학생이 새로운 좌표를 말한다. "This city is located at 34° south latitude and 151° east longitude." 그 대답은 "Sydney!" 이었다.

그런 후, 교사는 학생들에게 Dictogloss 받아쓰기 — 학습자가 짧은 텍스트를 듣고 핵심어휘나 표현들을 바탕으로 원문처럼 재구성(reconstruct) 하는 받아쓰기 — 활동을 한다고 말한다. 교사는 학생들에게 오스트레일리아에 관한 내용 두 단락을 읽어준다. 교사는 학생들에게 그 내용을 두 번 들려주는데 처음에는 그 내용을 들으면서 주요 요점(main idea)이 무엇인지 파악하게 한다. 두 번째는 구체적이고 상세한 내용을 파악하기 위해 주의 깊게 듣게 한다. 그런 다음에 교사는 학생들에게 들은 내용을 가능한 한 많이 재구성하도록 요구한다. 학생들은 주어진 10분 동안 각자 자신들이 들은 내용을 열심히 기억해 내어 적어보도록 한다. 그 다음에는 2인조 활동을 통해서 재구성한 내용이 서로 맞는지 함께 단락을 완성시켜 나간다. 두 명이 서로 적은 내용을 하나로 만들어 각 조별 초안을 만든다. 이렇게 만든 초안은 다른 조원들에게 들려줌으로써 어느 조가 원문의 내용과 가장 일치하는지를 투표한다. 교사는 학생들에게 들려준 텍스트 내용을 제시하여 학생들이 재구성한 내용과 검토하게 한다.

AUSTRALIA

Australia is the 6th largest country in the world. With an area of 7,692,000 sq km, it has a relatively small population of around 22.5 million people. Its largest city is Sydney, home of the famous Opera House and Harbour Bridge, and is located on the east coast to the north-east of the capital city, Canberra. Other major cities include Melbourne, in the south, and Perth, which is situated on the west coast, over 3,500 km from the capital.

Australia's highest peak, Mount Kosciuszko, is relatively small at 2,228 metres and is situated in Kosciuszko National Park. Australia has many national parks including Kakadu, the largest national park in Australia, which covers almost 2,000 sq km, and Karijini, which features spectacular waterfalls and gorges. Other places of interest include Alice Springs, in the heart of the Australian outback and situated in the centre of the country. To the south-west of Alice Springs is Uluru (Ayers Rock), a huge sandstone rock and an Aboriginal sacred site situated in the Uluru-Kata Tjuta National Park.

There are many other famous attractions. Situated off the north-east coast, visitors can marvel at the Great Barrier Reef – the world's largest coral reef. Further south, beach lovers may wish to visit The Gold Coast, a 70 km stretch of golden sand running along Australia's east coast.

Label the map with the following:

Sydney	Alice Springs
Melbourne	The Gold Coast
Perth	Uluru
Canberra	The Great Barrier Reef

Facts

Capital City: ______

Largest City: ______

Area: ______

Population: ______

Highest Point: ______

National Parks:

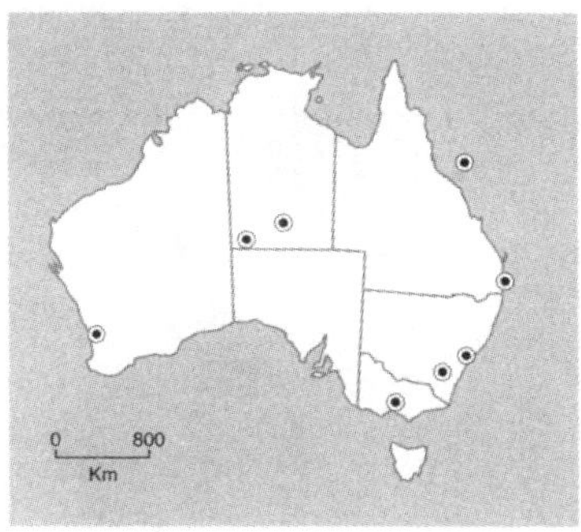

그림 10.2 도식 조직자의 예시

과제로 교사는 학생들에게 오스트레일리아를 서술하는 내용이 담긴 종이 한 장과 새로운 정보를 구조화하고 기억하기 쉽도록 도와주는 도식 조직자(graphic organizer) 한 장을 나누어 준다. 학생들은 그 내용을 읽고 도식 조직자에 들어있는 지도에 주요 도시들이나 흥미로운 장소에 대해 표기하고 그 종이에 적절히 기술하게 한다.

4 교실 경험에 대하여

다음은 수업관찰과 기반이 되어 있는 교수법 원리들을 살펴보기로 한다.

수업관찰	원리
1. 교실에선 목표어로 지리수업이 이루어진다.	교과목 내용과 목표어 모두 언어교수 목적이다.
2. 교사는 학생들에게 지구본에 대해 알고 있는지 질문한다.	교육이 학생들의 이전 교육 경험에 근거를 한다.
3. 교사는 학생들이 목표어로 개념 설명에 어려움을 보일 때 적절한 표현으로 도와준다.	교사는 학습자가 언어내용을 '층 쌓기(scaffold)'하도록 한다. 즉 학생들과 함께 완전한 발화를 형성해 가는데 학생들이 하고자 하는 표현을 하도록 돕는다.
4. 학생들은 열심히 대답하고 교사는 그것을 칠판에 쓴다.	학생들은 언어사용의 연관성을 의식할 때 학습에 대한 동기를 갖게 된다. 언어사용이 학습 목표의 수단이지 목적 자체가 아님을 안다.
5. 교사는 새로 나온 어휘를 학생들에게 읽어주고, 그 다음에 학생들은 'Understanding Globes'라는 제목의 비디오를 본다.	언어는 학생들에게 흥미로운 내용을 전달하기 위한 교수매체로 사용될 때 가장 효율적으로 학습된다.
6. 학생들은 비디오를 보면서 빈칸 채우기를 한다.	어휘는 맥락 속에서 그 의미를 명확히 전달 가능하며 이 경우에 어휘 습득이 쉽게 된다. 실제로 사용되는 맥락에서 어휘 및 문법구조는 물론 4가지 기술 모두 통합하여 가르치는 것이 중요하다.
7. 교사는 경도와 위도 좌표를 가지고 수동태 현재를 사용하는 여러 예문을 보여준다.	교과목을 학습할 때 언어학습 또한 필요하다. 가령, 교사는 여러 예문을 보여주며 여러 번 반복하거나 학생들이 이해하였는지를 점검하기도 한다.

8. 교사가 학생들에게 경도와 위도 좌표를 말해 주면, 학생들은 교실 앞에 나와 지구본에 그 도시를 가리킨다.	학생들은 실제자료와 학습활동을 통해 의미적이고 인지능력을 요구하는 언어나 내용을 다룬다.
9. 교사는 Dictogloss 받아쓰기 활동을 한다. 활동 내용을 점검한다.	학생들이 학문적인 교과목 내용의 담화 구조를 학습하는 것이 중요하다.
10. 교사는 '도식 조직자' 한 장과 그 종이에 나와 있는 도시들에 대해 기술된 내용을 읽고 그 지도에 표기하고 기술하는 과제를 준다.	도식 조직자는 학생들이 학문적인 내용을 학습하는 데 필요한 능력(기술)을 개발하도록 도와준다.

5 교수법 원리에 대한 검토

10가지 질문에 대한 대답은 내용중심 교수법을 더 잘 이해하도록 도울 것이다. 일부 대답에서는 어떤 개념을 명확하게 이해하기 위한 새로운 정보도 포함된다.

1. 내용중심 교수법을 사용하는 목적은 무엇인가?

내용중심 교수법에서 교사는 학생들이 목표어와 교과목 내용을 동시에 학습하기를 원한다. 교과목 내용은 학생들의 취미 또는 현재 일어나는 중요한 사건을 다루므로 학생들의 흥미를 유발하는 주제이거나 교과목 내용이 언어학습을 위한 내용으로 학문적인 주제를 다루기도 한다. 교사들은 학생들이 목표어를 유창하게 구사할 때까지 교과목을 위한 수업을 미룰 필요가 없다는 것이다. 오히려 목표어와 교과목 내용을 동시에 학습할 수 있다는 장점이 있다.

2. 교사의 역할은 무엇인가? 학생들의 역할은 무엇인가?

교사는 교과목 내용과 목표어 학습을 위한 명확한 학습목표를 세우는 것이 필요하다. 그런 다음 교과목 내용을 가르치는 데 필요한 언어내용을 '층 쌓기'—학습자가 주어진 과제를 잘 수행할 수 있도록 교사가 도움을 제공하는 지원의 기준이나 수준—를 통해서 교과목 내용과 목표어를 두 가지를 동시에 가르칠 수 있는 학습활동을 전개한다.

3. 교수/학습 과정에는 어떤 특성이 있는가?

교사들은 학습자들이 실제 생활에서 사용되는 언어를 접할 수 있는 상황을 제공해야 한다. 교사는 학습자들의 관심과 흥미를 유발시킬 수 있는 시청각적 자료, 실제로 사용되는 언어에 노출, 반복 학습활동, 그리고 다양한 예문 연습을 통해서나 학생들의 경험을 근거로 한 의미 있는 학습활동을 제시해야 한다. 또한 목표어와 교과목 내용 학습이 동시에 충족될 수 있는 활동을 고안해야 한다. 또한 학문적인 교과목 내용의 담화구조를 내재하는 학습활동—즉 특정한 주제(가령, 수학)를 가르칠 때 사용되는 수학적 언어(Ball & Goffney 2006)와 역사를 가르칠 때 사용되는 언어적 표현(Schleppegrell, Achugar, & Oteiza 2004)이 어떻게 다른지를 제시하는 학습활동—이 이루어져야 한다. 학습자들은 언어와 교과목 내용을 학습함에 있어서 능동적으로 참여하고 학생-학생 간의 상호작용을 통하여 학습한다. 학생들이 학술적 과업을 수행할 수 있도록 사고 능력(thinking skill)을 기르도록 도와준다. 도식 조직자는 이러한 과정을 돕기 위해 사용되는 하나의 도구이다.

4. 학생–교사의 상호작용은 어떠한가? 학생–학생의 상호작용은 어떠한가?

교사는 학습자들의 학습을 지도한다. 또한 교사는 교과목 내용을 전달하는 데 언어가 어떻게 사용되는지 학생들로 하여금 주의를 기울이게 하는 동시에 학생들의 언어능력이 향상되도록 돕는다. 학생들은 학생-학생 간의 협력을 통하여 목표어를 능동적으로 사용하면서 동시에 교과목 내용을 학습한다.

5. 학습자의 감정은 어떻게 다루어지는가?

교과목 내용과 목표어를 동시에 학습하는 것이 학생들의 흥미와 동기를 유발시키는 계기가 된다. 학생들은 교과목 내용과 목표어 사용의 연관성을 인식하며, 목표어 사용이 학습 목표의 수단이지 목적 자체가 아님을 이해한다.

6. 언어를 어떠한 관점에서 바라보는가? 문화를 어떠한 관점에서 바라보는가?

목표어 학습은 의미 있는 학습활동을 통해서 그리고 교과목 내용을 전달하는 매체로 사용될 때 가장 효과적이다. 학습하고자 하는 언어의 문화는 학습되는 교과목 내용에 함축적으로 기술되는 정도에서 가르친다.

7. 언어의 어떤 영역이 강조되는가? 어떤 언어 기술이 강조되는가?

교과목 내용은 학습하고자 하는 언어의 범위를 결정한다. 언어 학습에는 어휘 및 문법구조를 다루는 동시에 그 언어적 항목들이 어떻게 구성을 이루는지에 관한 담화론적 관점도 다룬다. 말하기·읽기·쓰기·듣기의 네 가지 능력은 실제로 사용되는 맥락에서 통합하여 가르치는 것이 중요하다.

8. 학습자의 모국어는 어떤 역할을 하는가?

학습자의 모국어를 사용하지 않는다.

9. 학습에 대한 평가는 어떻게 이루어지는가?

학습자의 교과목 내용과 언어능력에 대한 평가가 이루어진다.

10. 교사는 학습자의 오류에 어떻게 반응하는가?

교사는 학생들이 범한 오류에 대해 정확히 정정해 주거나 학습자 스스로 자가 수정하게 한다. 교사는 학생들의 오류를 인지하고 학교생활에서 그들이 필요로 하는 언어사용을 할 수 있도록 돕기 위해 교과목 내용을 다시 반복한다.

■ 교사의 준비

내용중심 교수법은 교사의 철저한 준비가 필요하다. 즉 교사는 교과목 지식, 유창한 언어능력, 교수기법을 터득해야 한다. 교사는 교과목 내용과 언어를 동시에 가르치는 통합된 교육방식에 대한 원리를 이해해야 한다. 또한 교사는 목표어와 교과목 학습목표를 잘 반영할 수 있는 수업 내용을 개발하고, 학생들의 관심을 유도하고 흥미로운 자료를 제시하여야 한다.

미국 전역에서 영어 학습자의 학문적 교육 요구 사항을 해결을 위해 그 효율성이 입증된 교수방법으로는 '내용보호 언어교수법' (Sheltered Instruction Observation Protocol)을 들 수 있다(Short & Echevarria 1999). 이 방법은 학교나 지역의 정확한 요구에 맞는 수업계획과 학습활동을 제시하는 효율적인 교수법을 통하여 교사들의 전문성 개발을 도와준다. 일찍이 관찰한 수업에서 볼 수 있듯이, '내용보호 언어교수법'은 어휘학습 활동, 도식 조직자, 빈칸 메우기(cloze) 활동과 같은 특정한 교수기법과 자료를 사용한다.

팀티칭(team teaching) 수업을 시행하는 경우에는 두 명의 교사 중에서 한 명은 교과목을 담당하고, 다른 한 명은 목표어를 가르친다. 주로 대학에서는 **'병존 언어교수법'**(Adjunct Model)을 사용한다. 이 교수법은 학생들이 정규 교과과정을 수강하면서 동시에 그 학문적 교과목 내용에 연관되는 언어교육을 받는다. 언어교육 시간에는 학생들이 교과목 내용을 이해할 수 있도록 학습활동을 전개한다. 언어교사는 학생들이 교과목 수업을 받는 동안 필요한 학기말 리포트 작성, 필기 능력 개발, 교과목 내용 원서 읽는 능력을 향상시킬 수 있도록 도와준다.

내용중심 교수법의 모든 학습형태가 갖는 공통점은 구체적인 교과목 내용과 언어능력을 동시에 학습해 간다는 것이다. 어떤 의미에서는 "내용중심 교수법은 학생들에게 '하나로 두 가지'(교과목 내용과 목표어 능력)를 얻게 한다는 것을 의미한다"(Wesche 1993).

■ 총체적 언어접근법

다음으로 넘어가기 전에, 한 가지 중요한 사실은 이 교수법의 기본 철학이 이 장에서 제시되었던 다른 교수법들과 공통점을 갖는다는 것이다. 비록 모국어를 영어로 하는 아이들을 위한 수업에 기초를 두었지만 '총체적 언어접근법(Whole Language Approach)'은 L2 학습자에게도 적용된다. 총체적 언어접근법은 그 이름이 제시하듯이 언어가 어휘, 문법, 발음으로 나뉘어 따로 학습하는 것이 아니라 언어의 의미를 중심으로 총체적으로(holistically) 학습됨을 의미한다. 다시 말해서 음, 어휘, 단락 등의 언어항목들을 개별적으로 먼저 학습하기 전에 전체 본문으로부터 그 의미를 이해하려는 시도를 하는 **하향식**(top-down) 학습형태가 주어진다. 이것은 이 책의 다른 교수법에서 보았던 학생들이 개별적 언어항목을 먼저 학습하고 난 후 전체적인 본문을 이해하는 **상향식**(bottom-top) 학습방법과는 대조를 이룬다.

언어학습은 개별적 언어항목에 중점을 둔 학습이 아니라 의미적 언어사용에 초점을 두는 하향식 교수방법이 적용될 때 가장 효과적이라고 본다. "그러므로 총체적 언어접근법 교육가들은 학습자의 언어적인 면뿐만 아니라 인지적인 면에서 흥미를 유발하고 중요한 학습내용을 다루는 내용중심 교과과정(content-rich curriculum)을 강조한다"(Edelsky, Altwerger, & Flores 1991: 11). 그들은 또한 학습자가 범하는 오류를 학습의 한 과정으로 간주하고, 학습자의 흥미나 성취도를 증진시키기 위해 읽기와 쓰기 연습을 유도하는 학습활동을 권한다.

더욱이 총체적 언어교수법과 내용중심 교수법 지지자들은 학습의 사회적 특성을 중시하는 Vygotsky(1978)의 견해를 받아들인다. 언어학습은 사회적 과정으로서 교사-학생 또는 학생-학생 상호 간의 협력이 이루어질 때 성공적인 학습이 이루어진다고 본다. Vygotsky에 의하면, 학습자의 사고능력이 개발되는 것은 사회적 상호작용을 통해서만 가능하다고 보고 이것이 일어나는 영역을 '근접발달 영역'(zone of proximal development)이라 부른다. 그는 근접발달 영역을 다음과 같이 정의한다.

> 학습자가 타인의 도움 없이 스스로 문제를 해결할 수 있는 실제적 발달 수준과 교사의 지도 또는 학생-학생 간의 협력 아래 문제를 해결할 수 있는 잠재적 발달 수준 사이의 거리(Vygotsky 1978: 86).

총체적 언어접근법의 원리에 적합하도록 읽기를 가르치는 교수기법의 한 예로 '언어경험 접근법'(Language Experience Approach)을 들 수 있다. 총체적 언어접근법 원리에 부합하는 두 가지 쓰기 교수기법은 학습과정 쓰기(process writing)와 일기쓰기(journal keeping)이다. 이 세 가지 기법은 교수기법과 자료에 대한 검토에서 다루기로 한다.

6 내용중심 교수법에 대한 검토

■ Dictogloss 받아쓰기

교사는 Dictogloss 받아쓰기 활동에서, 학생들에게 관련된 교과목 내용의 짧은 텍스트를 두 번 들려준다(Wajnryb 1990). 학생들은 처음에는 그 내용을 쭉 들으면서 전체적으로 주요 요점(main idea)이 무엇인지 파악한다. 두 번째 들을 때는 구체적이고 상세한 내용을 파악하기 위해 주의 깊게 듣는다. 그런 다음 학생들은 들은 내용을 기억하면서 적는다. 어느 교사들은 학생들이 내용을 들으면서 적도록 허용하기도 하는데, 그럴 경우에는 학생들이 각자 자신들이 들은 내용을 복원하는 과정에서 노트를 이용한다. 학생들은 이런 방법으로 노트 적기 연습을 한다. 그 다음에는 2인조 또는 소그룹 활동을 통해서 각자 적은 내용이 서로 맞는지 함께 논의하면서 수정하여 각 조별 초안을 만든다. 이렇게 만든 초안은 다른 조 학생들에게 들려줌으로써 동료학생 수정(peer-editing)의 시간을 갖는다. 이러한 과정을 통하여 학생들은 학습하고자 하는 교과목의 내용을 접하게 된다.

■ 도식 조직자

도식 조직자는 학생들로 하여금 새로운 개념, 지식 및 정보를 탐색하고 기억하게 도와주도록 시각적인 체계로 구조화하는 것을 의미한다. 도식 조직자는 글의 중요한 개념과 이를 설명하고 있는 요소를 그림으로 나타내고 서로 연관성 있는 것끼리 묶기도 하며, 지식이나 정보를 나타내기 위해 단어, 구문, 기호, 또는 화살표를 사용하기도 한다. 도표, 표, 세로줄, 웹 등이 여기에 속한다. 도식 조직자를 사용하면서 학생들은 본문 내용을 이해할 수 있게 되고, 더 나아가 학술 교재나 그들이 읽은 내용을 요약하는 것과 같은 학문적인 과업을 완성할 수 있다. 내용중심 교수법에서 도식 조직자를 사용하는 중요한 원리는 그것이 인지능력을 요하는 텍스트의 구조를 시각화하여 요소들 사이의 관계를 빨리 인식할 수 있으며 정보를 효과적으로 저장하고 회상할 수 있고 말로 설명될 수 없는 개념을 명확히 할 수 있는 있게 해준다.

■ 언어경험 접근법

읽기 능력을 위해 사용하는 교재를 학생들의 생활 경험에 근거한 것을 사용한다. 학생들은 차례로 그들의 경험을 발하고 교사는 목표어로 그것을 적는다. 그런 다음 각 학생들은 교사의 도움으로 자신이 만든 이야기를 가지고 읽기 연습을 한다. 언어경험 접근법은 총체적 언어 접근법의 원리를 적용한다. 본문은 학생들의 흥미와 관심을 갖는 내용을 다루고, 학생-학생 간의 상호작용을 통해 학습이 이루어지고, 총체적인 학습방식을 취하고, 학생들의 경험에 관한 이야기를 다루기 때문에 그 의미에 대한 이해가 쉽다.

■ 과정중심 쓰기 활동

전통적으로 교사는 쓰기를 가르칠 때 교사는 학생들에게 작문할 주제를 주기도 하고, 쓰기 활동의 전 단계(pre-writing phase)로서 글 주제를 가지고 쓸 내용에 관해 구상(brainstorm)하게 하고, 그 주제를 가지고 작문을 끝까지 완성하게 한다. 그 다음에 교사는 학생들이 쓴 것을 모아 평가를 한다. 이러한 학습 방법은 산출능력(product- oriented) 중심적이다. 즉, 글을 쓰는 과정(process)에 교사에게 직접적으로 관여하지 않는다. 반면에, 과정중심 쓰기 활동(process writing)에서는 학생들이 먼저 한 주제에 대해 집단적으로 구상한 다음, 각자 글을 쓴다. 초안을 작성하면, 작문한 내용을 가지고 교사 또는 다른 학생들과 함께 피드백을 주고받으며 완성시켜 나간다. 이런 식으로 학생들 자신이 쓴 내용을 다른 학생이 읽게 하여, 수정을 거듭하면서 글 쓴 형태와 의미에 대한 표현을 발달시켜 간다. 과정중심 쓰기 활동에서는 학생들의 작문에 대한 평가(evaluation)에 강조를 두기보다는 오히려 반복된 수정(revision)을 통해 완성해 가는 것으로 쓰기능력 개발에 초점을 둔다.

■ 일기쓰기

쓰기 능력을 개발하기 위한 또 다른 활동은 일기쓰기(dialogue journals)이다. 일기쓰기가 사용되는 방식은 다양하다. 그러나 본질적으로 일기는 수업 후 교실에서 또는 일주일에 한 번 정도 숙제로 쓰게 한다. 일기를 적을 때 학생들이 어떻게, 무엇을 학습하고 있는지에 대한 느낌을 표현하도록 한다. 때론 일기를 통하여 학생들이 교사에게 하고 싶은 말을 할 수 있는 기회를 제공하기도 한다. 대개 일기를 읽는 사람은 교사가 된다. 교사는 일기를 읽고 그 내용에 대한 짧은 코멘트를 주기도 하지만 언어형태를 정정해 주지 않는다.

7 결론

여러 얼굴을 가진 교수법으로서의 내용중심 교수법은 교사들에게 목표어와 교과목 내용 학습을 통합하는 방안을 제시하고 학생들에게는 그 두 가지를 모두 동시에 학습하는 활동을 제공한다. 이 교수법은 목표어를 배우면서 교과목 내용을 뒤로 미루지도 않고 반대로 교과목 내용을 다루면서 목표어 학습을 뒤로 미루지 않는다는 점에서 매우 효과적인 교수법이다. 이러한 이유로 내용중심 교수법은 언어 수업에서 언어를 학습하면서 동시에 학생들의 흥미를 주는 내용을 다루는 점에서 학생들을 위해서도 효율적인 방법이라고 볼 수 있다. 그러한 교과목 내용들은 학생들로 하여금 학습동기를 지속적으로 부여하고, 중·고등학교에서 대학교에 이르기까지 학문적인 성취를 위한 준비단계가 되기도 한다. 몇 가지 고려할 사항이 있다. 교과목 내용과 목표어 학습이 동시에 이루어지는 데 있어서 학습자에게 유익한 이점은 무엇인가? 내용중심 교수법을 적용함에 있어서 적절하지 않을 상황이 있는가? 내용중심 교수법은 어느 나이의 학습자에게 가장 적합한가? 왜 그렇게 생각하는가?

8 학습활동

A. 내용중심 교수법에 대한 이해도 점검

1. 제9장과 제10장에서 사용된 의사소통적 접근방법 사이의 차이를 기술하시오.
2. 내용중심 교수법이 왜 '여러 얼굴을 가진 교수법'이라고 생각하는가?(Snow 1991)
3. 교과목 내용과 언어를 동시에 가르치는 경우에 교사는 어떠한 준비를 해야 하는가?

B. 내용중심 교수법의 적용

1. 여러분의 수업에서 내용중심 교수법을 적용하지 않는다 할지라도 교과목 내용과 언어를 동시에 가르치도록 해보자. 가령, 한 편의 시나 학생들이 관심을 갖는 주제를 택해서 가르쳐 보자. 그 수업경험을 통해서 무엇을 배우게 되었는가?
2. 과정중심 쓰기 활동과 일기쓰기가 총체적 언어접근법 원리와 어떻게 일치하는가? 그 원리에 부합하는 다른 쓰기 활동 교수기법이 있다고 보는가?

참고 문헌

Ball, D. and **I. Goffney.** 2006. The role of mathematical language in learning and succeeding in mathematics. A presentation at the Association of State Supervisors of Mathematics. 2006 Annual Meeting, St. Louis, MO.

Breen, M. 1984. Process syllabuses for the language classroom in C. Brumfit, (ed.). *General English Syllabus Design—Curriculum and Syllabus Design for the General English Classroom* (EFL Documents 118). Oxford: Pergamon Press for the British Council.

Brinton, D., A. Snow, and **M. Wesche.** 1989. *Content-based Second Language Instruction.* Boston, MA: Heinle & Heinle.

________. 2003. *Content-based Second Language Instruction.* Michigan Classics Edition. Ann Arbor, MI: University of Michigan Press.

Byrnes, H. 2005. Content-based foreign language instruction in C. Sanz (ed.). *Mind and Context in Adult Second Language Acquisition,* 282-302. Washington, DC: Georgetown University Press.

California State Department of Education. 2010. *Improving Education for English Learners: Research-based Approaches.* Sacramento, CA: CDE Press.

Cameron, L. 2003. Challenges for ELT from the expansion in teaching children. *ELT Journal* 57/2: 105-12.

Cantoni-Harvey, G. 1987. *Content-area Language Instruction: Approaches and Strategies.* Reading, MA: Addison-Wesley.

Coyle, D., P. Hood, and **D. Marsh.** 2007. *Content and Language Integrated*

Learning. Cambridge: Cambridge University Press.

Crandall, J-A. (ed.). 1987. *ESL through Content-area Instruction*. Englewood Cliffs, NJ: Prentice Hall Regents.

DeGraaff, R., G. Koopman, Y. Anikina, and **G. Westhoff**. 2007. An observation tool for effective L2 pedagogy in content and language integrated learning (CLIL). *International Journal of Bilingual Education and Bilingualism* 10/5: 603-24.

Echevarria, J., M-E. Vogt, and **D. Short.** 2008. *Making Content Comprehensible to English Learners: The SIOP Model*. Boston, MA: Pearson/Allyn and Bacon.

Edelsky, C., B. Altwerger, and **B. Flores.** 1991. *Whole Language: What's the Difference?* Portsmouth, NH: Heinemann.

Freeman, Y. and **D. Freeman,** 1992. *Whole Language for Second Language Learners*. Portsmouth, NH: Heinemann.

Gibbons, P. 2003. Mediating language learning: Teacher interactions with ESL students in a content-based classroom. *TESOL Quarterly* 37/2: 247-73.

Goodman, K. 1986. *What's Whole in Whole Language?* Portsmouth, NH: Heinemann.

Heald-Taylor, G. 1989. *Whole Language Strategies for ESL students*. San Diego, CA: Dormac, Inc.

Howatt, A. P. R. 1984. *A History of English Language Teaching*. Oxford: Oxford University Press.

Kumaravadivelu, B. 1993. The name of the task and the task of naming: Methodological aspects of task-based pedagogy in G. Crookes and S. Gass (eds.). *Tasks in a Pedagogical Context*. Clevedon: Multilingual Matters Ltd.

Marsh, D. (ed.). 2002. *CLIL/EMILE European Dimension: Actions, Trends and Foresight Potential*. European Commission, Public Services Contract DG 3406/ 001-001.

_________. 2008 in J. Cenoz and N. Hornberger (eds.). *Encyclopedia of Language and Education* (2nd edn.) Volume 6: Knowledge about Language, 233-46. New York: Springer.

Mehisto, P., M-J. Frigols, and **D. Marsh.** 2008. *Uncovering CLIL: Content and Language Integrated Learning and Multilingual Education*. Oxford: Macmillan.

Met, M. 1999. *Content-based Instruction: Defining Terms, Making Decisions*. Washington, DC: The National Foreign Language Center, Washington,

DC.

Mohan, B. 1986. *Language and Content.* Reading, MA: Addison-Wesley.

Nordmeyer, J. and **S. Barduhn** (eds.). 2010. *Integrating Language and Content.* Alexandria, VA: TESOL, Inc.

Nunan, D. 1989. *Designing Tasks for the Communicative Classroom.* Cambridge: Cambridge University Press.

Riggs, P. 1991. Whole language in TESOL. *TESOL Quarterly* 25/3: 521-42.

Schleppegrell, M., M. Achugar, and **T. Oteiza.** 2004. The grammar of history: Enhancing content-based instruction through a functional focus on language. *TESOL Quarterly* 38/1: 67-93.

Sherris, A. 2008. Integrated language and content instruction. *CAL Digest.* Washington, DC: Center for Applied Linguistics.

Short, D. and **J. Echevarria.** 1999. *The Sheltered Instruction Observation Protocol: A Tool for Teacher-Researcher Collaboration and Professional Development.* Educational Practice Report, Santa Cruz, CA and Washington, DC: Center for Research on Education, Diversity & Excellence.

Skehan, P. 1998. Task-based instruction. *Annual Review of Applied Linguistics: Foundations of Second Language Teaching.* Volume 18.

Snow, M. 1991. Content-based instruction: A method with many faces in J. Alatis. (ed.). Georgetown University Round Table on Languages and Linguistics 1991: *Linguistics and Language Pedagogy,* 461-70. Washington, DC: Georgetown University Press.

_________. and **D. Brinton,** 1997. *The Content-based Classroom: Perspectives on Integrating Language and Content.* White Plains, New York: Addison Wesley Longman Publishing Company.

Staton, J., R. Shuy, J. Peyton, and **L. Reed.** 1988. *Dialogue Journal Communication: Classroom, Linguistic, Social, and Cognitive Views.* Norwood, NJ: Ablex.

Stryker, S. and **B. Weaver.** 1997. *Content-based Instruction in Foreign Language Education: Methods and Models.* Washington, DC: Georgetown University Press.

Vygotsky, L. 1978. *Mind in Society.* Cambridge, MA: Harvard University Press.

Wajnryb, R. 1990. *Grammar Dictation.* Oxford: Oxford University Press.

Wesche, M. 1993. Discipline-based approaches to language study: Research issues and outcomes' in M. Krueger and F. Ryan (eds.). *Language and*

Content: Discipline and Content-based Approaches to Language Study. Lexington, MA: D. C. Health.

Zamel, V. 1982. Writing: The process of discovering meaning. *TESOL Quarterly* 16/2: 195-209.

11
과업중심 교수법
Task-based Language Teaching

1 서론

Wilkins(1976)는 교수요목을 두 유형 — **통합적 교수요목**(synthetic syllabi)과 **분석적 교수요목**(analytic syllabi) — 으로 구분하였다. 통합적 교수요목은 문법구조, 어휘, 언어기능 등과 같이 언어 단위(linguistic unit)로 구성된다. 이러한 언어 단위는 주로 단순한 언어 구조에서 복잡한 언어 구조의 순서로 논리적으로 정렬되어 있다. 학습자는 의사소통을 하기 위해서 이러한 언어 단위들을 통합하여 사용하여야 한다. 또 다른 한편으로 분석적 교수요목은 '언어를 학습할 목적과 그러한 목적을 충족시키는 데 필요한 언어 수행으로 구성된다' (Wilkins 1976: 13). 제10장에서 다루었던 내용중심 교수법은 분석적 교수요목을 사용한다. 특정한 순서로 하나씩 언어 단위를 학습하기보다는 오히려 학습자들은 교과목 내용과 언어 단위를 동시에 학습해 간다. 제2언어 습득 연구는 분석적 교수요목을 선호하는데, 학습자들이 언어단위들을 한 번에 하나씩 차례로 습득해 가지 않기 때문이다. 대신에 학습자들은 교과목 내용을 학습하는 과정에서 제시된 언어 단위를 통해서 목표어를 습득해 간다. 이 장에서 다룰 과업중심 교수법은 분석적 교수요목의 범주에 속한다. 이 교수요목은 일련의 언어 단위를 학습해 가는 것이 아닌 여러 과업 활동을 통해서 이루어진다.

과업은 의미 있는 학습활동이며, 학습자들은 과업을 수행하기 위해서 의사소통하게 된다. 과업은 교사와 학생들 간의 의사소통이 성공했는지 알 수 있게 되는 명확한 결과를 보여준다. 과업중심 교수요목에서 예로 들 수 있는 과업 활동으로는 학생들이 여행을 가기 위해 여행 일정표를 짜는 것이다. 학생들은 소그룹을 형성하여 기차 시간표를 보고 목적지를 정하고 여행시간을 최소로 줄이기 위해 기차로 여행할 직선 노선이 무엇인지 조사한다. 학생들이 과업을 수행하기 위해서는 자신의 생각을 표현하며 서로 의사소통해야 한다. 그러한 과정 속에서 그들은 서로 정확히 이해했는지 알 수 있으며 여러 번 반복을 통해 명확한지 확인한다. 상호작용과 명확히 서로 이해했는지를 확인하는 활동들이 언어습득을 촉진시킨다(Long 1996; Gass 1977). Candlin과 Murphy(1987: 1)는 과업중심 교수법을 다음과 같이 설명한다. "중요한 목적은 언어학습이다. 과업을 수행하는 과정에서 학습자는 자신의 이전 지식과 새로운 지식을 필요로 하는 문제해결 협상을 통해 학습을 이루어간다."

과업중심 교수법은 언어습득이 언어사용을 통해서 이루어진다고 보는 의사소통적 접근법의 강한 입장이다. 다시 말해서 학생들은 과업을 수행하기 위해 필요한 언어를 습득한다.

과업중심 교수법을 적용하는 교실 수업을 살펴보기 전에, Ellis (2009)와 마찬가지로 과업중심 교수요목과 과업중심 교수법의 차이를 살펴보고자 한다. 과업중심 교수요목은 문법적 단어들을 따로 수업에 다루지 않는 것에 대해 비난받아 왔다(Sheen 2003; Swan 2005). 분석적 교수요목 특성을 띄는 과업중심 교수요목은 문법적 단위들을 명확히 가르치지 않는 반면에, 과업중심 교수법 (Ellis 2003)을 사용하는 일부 방법론자들은 문법적 단위를 가르치는 것을 배제하지 않는다. 가령 Loschky과 Bley-Vroman(1993)은 학생들이 의사소통에 관련된 과업은 학생들이 그 과업을 수행하면서 기존 알고 있는 문법적 지식을 사용하도록 구성되어야 한다고 강조한다. 문법적 단위를 반영하는 의사소통적 과업으로는 택시 뒷좌석에 두고 내린 가방의 주인이 누구인지를 알아내기 위해 추론하는 활동을 통합시키는 것이다 (Riggenbach, Samuda, & Wisniewska 2007). 예문 'It might be a woman.' 또는 'She is probably a businesswoman.'에서 볼 수 있듯이, 가방 주인이 누구인지 추론하는 그 과업을 완수하기 위해서는 법 조동사(modal verb)나 가능성을 표현하는 부사의 사용이 꼭 필요할 것이다.

다른 방법론자들은 의사소통적 과업과 마찬가지로 말하기에 초점을 두지 않고 특정한 언어 항목에 대해 학생들의 인식을 불러일으키는 과업이 있다고 주장한다(Ellis 2009). 예를 들어, 학생들은 어느 도시의 지도를 보면서 교사의 지시에 따라 목적지에 이르는 길을 추적하며 찾아내는 과업을 수행하게 될 것이다. 이 과업을 통해서 학생들은 명령문, 장소나 방향에 관련된 전치사, 그리고 다른 건물들의 명칭에 대한 입력을 제공받을 것이다. 다른 의사소통적 과업은 텍스트에서 특정 언어 단위들에 밑줄을 치거나 굵은 글씨로 주목하게 함으로써 학생들이 인식할 수 있도록 유도하는 **입력 강화**(input enhancement) 활동이거나 특정 어휘 또는 문법구조가 많이 들어가는 표현을 여러 번 사용하는 **입력 반복**(input flooding) 활동들이 있다. 입력 강화 활동은 문법적 형태소와 같이 쉽게 인식될 수 없는 문법구조를 학습하는 데 효과적일 수 있다.

Ellis(2003)는 의사소통적 과업활동에 이어서 직접적으로 명확한 설명이나 전형적인 연습활동을 통해서 문법구조를 가르칠 수 있는 여러 방법들이 있다고 주장한다. Willis(1996)도 역시 이러한 후속 과업활동을 위한 다양한 방법들을 제안한다. 다른 방법론자들은 언어형태에 초점을 둔 문법 연습활동처럼 언어 단위를 직접적으로 가르치는 것은 반대하지만 의사소통적 과업활동을 통해서 언어형태에 초점이 이루어져야 한다고 주장한다(Long 1991). 가령, 언어형태의 초점으로 학생들이 범한 오류를 교사들이 정정해 주거나 간단한 문법 설명이 제시될 것이다. 이와 같이 학습자의 언어형태의 오류가 있을 때 간단한 설명이나 반복을 통해 학습자들로 하여금 정확한 언어형태를 사용하도록 가르치는 것이 긍정적인 학습효과를 가져올 수 있다고 강조한다(Long 2009).

Samuda와 Bygate(2008)는 과업중심 교수법의 이론적인 근거를 살펴보기 위해 제2언어습득 연구 이전의 교육학 역사를 조사하였다. 그들은 효과적인 학습을 위한 것으로 학습자의 경험, 연관성, 지적인 노력의 필요성을 강조하는 John Dewey(1913)의 교육학적 이론을 지지한다. Dewey는 구성주의(constructivism)의 창시자로서 학습자들을 교사의 지식을 담는 그릇으로 간주하는 교육방법을 반대하였다. 오히려 그는 학습자들이 자신의 경험이나 문제해결을 통하여 스스로 학습을 능동적으로 구성해 가야 한다고 보는 교육철학을 강조한다. 이러한 교육철학이 과업중심 교수법에 어떻게 적용되는지 살펴보고자 한다.

2 교실 경험

다음은 Prabu(1987)의 수업을 발췌하여 확대한 것이다. 이 수업은 인도 남쪽지역에서 영어를 목표어로 학습하는 상위단계의 언어능력을 갖는 10세의 아동 40명으로 구성되어 있다. 우리가 교실로 막 들어설 때 교사는 학생들에게 질문하고 있었다.

"오늘 수업활동으로 시간표를 만들기로 했지요?"
교사는 칠판에 가로줄과 세로줄을 긋고 수업시간표를 만든다. 수업시간표 맨 위의 첫 번째 칸에 9:30-10:15이라고 적는다. 학생들은 교사가 그 날 첫 수업시간을 기록하는 것이라 생각한다.

교사는 다음 칸을 가리키면서 “What should I write here?”라고 묻는다. 학생들은 “Ten fifteen.”이라고 대답한다. 그 다음 교사가 가로로 되어있는 빈칸에 손을 가리키자 학생들은 “Eleven o’clock.”이라고 말한다. 교사가 차례로 각 빈칸을 손으로 가리키면 학생들은 모두 한 목소리로 수업시간이 언제 시작하고 언제 끝나는지를 대답한다.

그림 11.1 칠판에 수업시간표를 작성하는 장면

그런 후에 교사는 “Who will write the names for the days of the week here?”라고 묻자 여러 명의 학생들이 손을 든다. 교사는 학생 한 명을 지적하고 교실 앞으로 나오게 한다. 그 학생은 분필을 들고 다른 학생들의 도움을 받아 각 주의 이름을 월요일부터 금요일까지 정확하게 쓴다.

“Is that correct?”라고 교사가 묻자 학생들은 “Correct!”라고 합창하듯이 대답한다. “What about Saturday? Do we have school on

Saturday?"라고 질문하자 학생들은 모두 함께 "No … weekend."라고 말한다. 교사는 "Yes. Saturday is on the weekend. Saturday's a weekend day."라고 다시 언급한다.

그러고 나서, 교사는 학생들에게 칠판으로부터 빈 수업시간표를 베껴 쓰게 한다. 교사가 말을 하자 학생들은 수업시간표에 자신의 각자 수업시간을 적어 넣는다. 교사가 "On Monday, you study English during the first period. How many of you like to study English?" 대부분 학생들이 손을 들고 대답한다. 교사가 다시 "I guess that English is your favorite period, second only to lunch."라고 말하자, 학생들은 모두 웃는다. 교사가 계속해서 "You also study English on Wednesday and Friday, first period. During the second period on these days, you study math."라고 한다. 교사는 수업시간표가 완성될 때까지 이런 방법으로 계속한다. 그런 다음 학생들은 자신이 작성한 수업시간표를 서로 확인한다.

그런 다음, 교사는 학생들을 다섯 명씩 여덟 그룹을 형성하게 한다. 그룹의 각 학생들은 그 주의 어느 특정한 날 수업 시간표가 적힌 카드를 받는다. 학생들의 서로 카드의 정보를 나누면서 그 주간의 수업 시간표를 완성한다. 수업 시간표를 완성해 가는 동안 학생들 사이에 많은 토론이 이루어진다.

교사는 이 그룹 저 그룹 다니는 동안 학생들이 오류를 범하는 것을 듣게 된다. 그러나 교사는 어떤 오류도 정정해 주지 않으며 계속해서 학생들의 과업활동을 주시하면서 학생들이 가능한 한 목표어로 이야기할 것을 강조한다.

수업 시간표 만들기를 끝마친 첫 번째 그룹은 칠판 앞으로 나와서 칠판에 그려진 빈 수업 시간표에 기입한다. 교사는 학생들이 각 그룹에서 만든 수업 시간표를 제출하게 한다. 교사는 학생들이 적은 시간표가 정확한지를 검사한 후에 다음 날 돌려준다.

다음날, 소그룹 활동으로 학생들은 친한 친구들이 좋아하는 교과목을 조사하는 방법을 탐구하게 한다. 먼저 학생들은 친구들의 가장 인기 있는 세 과목이 무엇인지 조사해야 한다. 각 그룹은 그 정보를 알아 낼 방법들을 토의한다. 예를 들어, 설문지를 작성하거나 교실을 돌아다니며 학생들을 면담하기도 한다. 그들의 조사가 마친 후에 조사한 내용을 요약하고 결과를 보고한다. 요약하기와 결과 보고를 어떻게 해야 하는지 결정해야 한다. 가령, 비율, 막대그래프, 원형 도표나 어떤 다른 시각적 자료를 사용할 것이다. 다시 학생들 간의 상호작용이 많이 이루어진다. 학생들은 그들이 어떻게 정보를 모을 것인지 또한 결과를 어떻게 보고할지에 대해 열심히 토의하고 있다.

수업시간이 종료되어야 해서 이 과업활동의 마무리는 다음 시간에 보고하기로 한다. 다음 수업시간에는 학생들이 지난 시간에 과업활동을 통해서 준비한 내용을 보고할 것이다. 교사는 다른 새로운 과업을 학생들에게 준다. 학생들은 교사의 지시에 따라 과업을 수행할 것이다. 새로운 과업은 주로 이전 수업시간에 학생들이 과업을 수행할 때 교사가 주목하고 기록한 것에 기초를 둔다.

3 교실 경험에 대하여

일찍이 의사소통적 교수법에서도 과업들이 사용되었다. 그래서 언뜻 보기에 우리가 방금 언급한 것이 그렇게 낯설지 않은 것으로 보일 것이다. 제9장에서 다룬 의사소통 중심 교수법에서 사용되었던 과업이 의사소통적 기능이었던 예측되는 상황 만들기에 대한 학습활동인 반면에, 과업중심 교수법에서 사용되는 과업은 어떤 특정한 기능이나 특정한 언어형태를 만드는 연습을 하는 것은 아니다. 우리가 관찰한 과업중심 수업에서 사실상 교사는 다양한 언어형태를 사용하여 수업을 진행하고 있었다. "과업을 중심으로 학습이 이루어진다는 점에서는 의사소통 중심 교수법과 과업중심 교수법 사이에 차이는 없다. 그러나 전자가 과업을 수행하는 과정에서 사용되는 언어에 초점을 두는 반면, 후자는 과업 완수 자체에 초점을 둔다(Long & Crookes 1993: 31).” 이것이 중요한 관점의 변화이다.

다음은 Prabu(1987)의 수업에서 관찰한 내용들과 그로부터 추론되는 과업중심 교수법의 근거를 이루는 원리들을 함께 살펴보기로 한다.

수업관찰	원리
1. 교사는 수업 시간표 만들기 활동을 할 거라고 학생들에게 말한다.	수업 활동은 분명한 목적과 명확한 결과를 가진다.
2. 교사는 수업 시간표를 만드는데 학생들과 함께 시작한다. 이것은 교사가 질문하고 학생들이 반응하는 방식으로 교사와 학생의 상호작용 속에서 이루어진다.	나중에 학생들이 혼자서 해 볼 수 있는 과업과 유사한 학습활동으로서 이전 과업(pre-task)을 통하여 학습에 대한 논리적 사고를 형성하게 한다. 그 과업을 완성하기 위해 필요한 언어형태를 사용할 기회도 제공한다.
3. 교사는 학생들의 수업시간을 먼저 시간표에 적게 하고 난 후 그 주의 날짜를 기입하게 한다.	교사는 그 과업을 완성하는 데 필요한 논리적 사고 과정을 작은 단계로 나눈다. 학습활동을 통해 형성된 사고력은 누구 도움 없이도 해낼 수 있는 것이어야 한다.
4. 특정 학생의 대답이 정확한지에 대해 교사는 다른 학생들에게 질문한다.	교사는 학생들이 어떻게 학습과정을 처리하는가를 이해하고 학습에 대한 인식과 준비가 되어 있는지에 따라 학습 진행 과정을 수정해 간다. 그러한 교사와 학생 간의 협상은 특히 학습능력이 각기 다른 학습자들로 모인 경우에 학습활동의 특성을 더욱 쉽게 파악하게 한다.
5. “What about Saturday? Do we have school on Saturday?”라고 교사는 묻는다.	교사는 의식적으로 간단한 언어형태를 사용하지 않는다. 즉, 이전 과업이 현 단계를 이해하는 데 필요로 하는 것이면 어떠한 언어형태라도 사용한다. 가령, 축약된 wh-의문문에서 yes/no 의문문으로 바꾸어 사용하기도 한다. 이러한 전환은 교실 상황이나 교실 밖의 상황에서 유창성이 높은 화자가 유창성이 낮은 화자와 상호작용할 때 사용하는 하나의 자연스런 책략이다.

6. 학생들은 "Weekend."라고 대답하고, 교사는 "Yes. Saturday is on the weekend. Saturday's a weekend day."라고 다시 언급한다.	교사는 학생들이 말한 것을 정확한 형태로 다시 반복하여 말해준다.
7. 교사는 수업시간표에 대해 말한다.	교사는 목표어의 좋은 예시들을 제시한다.
8. 학생들은 교사의 지시에 따르면서 그룹으로 과업을 수행한다. 각 그룹은 그 과업을 완성하기 위해 필요한 정보가 주어진다.	학생들이 하나의 과업을 완성하기 위해 전체 정보를 이해하는 데 필요한 각기 다른 부분을 수행하는 조각그림 맞추기(jigsaw) 과업은 학습자로 하여금 상호작용할 기회를 제공한다.
9. 학생들은 오류를 범하기도 하고 교사는 그러한 오류를 주목한다.	교사는 학생들이 의미에 초점을 둔 언어사용을 하는 데 불필요하게 방해해선 안된다.
10. 교사는 학생들이 완성한 과업을 제출하게 한 다음, 그 과업내용을 근거로 하여 점수를 매긴다.	학생들이 과업을 성공적으로 완성함에 있어서 교사나 다른 학생들로부터 피드백을 받는다. 그러한 반응은 주로 의미에 초점을 둔다.
11. 교사는 학생들에게 반 친구들의 인기 있는 교과목에 대해 조사하게 한다. 또한 그 결과를 다른 학생들에게 보고할 방법을 구상하게 한다.	학생들은 과업을 수행하는 방법과 구상에 관한 입력을 제공한다. 이것은 학생–학생 간의 의미 있는 상호작용(meaningful interaction)이 이루어지게 한다.
12. 학생들은 다음 수업시간에 조사한 내용을 보고한다.	다른 학생들 앞에서 발표하는 것이 학생들로 하여금 의미전달은 물론 언어의 정확성과 논리적 전개를 잘할 수 있도록 도와준다.
13. 학생들이 보고할 때 과업 활동에서 사용했던 언어를 사용한다.	학생들이 수행했던 언어를 반복하는 것은 학생들에게 할 수 있는 것과 할 수 없는 것을 알게 한다.
14. 교사는 학생들의 과업활동에서 주목했던 오류에 기초를 둔 새로운 과업을 준비한다.	'듣고 수행하기(Listen-and-do)' 과업활동은 새로운 어휘습득을 촉진시키고, 문법적 형태의 좋은 예시를 제공한다. 이러한 후속 과업활동은 이전 시간에 수행했던 학습을 향상시킬 수 있다.

4 교수법 원리에 대한 검토

10가지 질문에 대한 대답은 내용중심 교수법을 더 잘 이해하도록 도울 것이다. 일부 대답에서는 어떤 개념을 명확하게 이해하기 위한 새로운 정보도 포함된다.

1. 과업중심 교수법을 사용하는 목적은 무엇인가?
명확한 성취를 가져오는 다양한 과업들을 수행함으로써 학생들의 언어학습을 촉진하는 것이다.

2. 교사의 역할은 무엇인가? 학습자의 역할은 무엇인가?
교사의 역할은 학생들의 요구분석에 기초하여 학생들의 수준에 적합한 과업을 선택하는 것이다. 또한 교사는 학생들의 능력과 요구에 맞는 사전과업 활동과 후속과업 활동을 통하여 학습을 조장한다. 이 외에도 교사는 학생의 과업활동을 모니터링하고 필요하면 도움을 제공한다. 학생들의 역할은 과업을 수행하기 위해 다른 학생들과 함께 의사소통하는 것이다.

3. 교수/학습 과정에는 어떤 특성이 있는가?
사전과업 활동은 전형적으로 연속된 과업의 시작단계이다. 교사는 이 활동에서 과업을 수행하기 위해 사용될 언어를 학생들에게 소개한다. 학생들이 교실에서 과업을 수행하는 것과 교실 밖 실제 상황에서도 그 과업이 어떻게 적용될 수 있는지를 알 수 있도록 과업은 의미에 초점을 둔 학습 활동이어야 한다. 학생들은 능동적으로 과업에 착수하고, 교사는 학생들의 과업을 모니터링하고 필요할 때마다 도움을 제공한다. 교사와 학생들이 모두 그 과업을 성공적으로 완성했다고 말할 수 있도록 과업은 분명한 성취를 가져오게 한다. 후속과업 활동은 학생들의 학습을 강화하고 제기된 문제점을 해결하기 위해 주어진다.

4. 학생-교사의 상호작용은 어떠한가? 학생-학생의 상호작용은 어떠한가?

교사는 수업의 초기단계에서 입력 제공자(input provider)이다. 교사는 학생들이 수행할 과업을 구성한다. 또한 교사는 과업활동이 이루어지는 동안 초점되어야 할 언어를 강조하면서 학생들의 과업활동을 주목한다. 학생들은 종종 과업을 수행하고 문제해결하기 위해 다른 학생들과 서로 협력하며 돕는다.

5. 학습자의 감정은 어떻게 다루어지는가?

학생들은 실생활에서 적용 가능한 과업을 수행함으로써 학습동기를 갖게 된다.

6. 언어를 어떠한 관점에서 바라보는가? 문화를 어떠한 관점에서 바라보는가?

언어는 의사소통을 위한 것이고 언어수행을 위한 것이다. 문화는 학생들이 각자 자기 나라의 음식을 준비하여 나누어 먹는 활동에서처럼 비록 어떤 과업이 문화적인 초점을 갖는다 할지라도 명백히 다루어지지 않는다.

7. 언어의 어떤 영역이 강조되는가? 어떤 언어 기술이 강조되는가?

언어의 의미는 강조된다. 과업의 특성에 따라 말하기·듣기·읽기·쓰기의 네 가지 능력 중 필요한 능력이 사용될 것이다.

8. 학생의 모국어는 어떤 역할을 하는가?

학생들의 모국어가 명확히 사용되지 않는다.

9. 학습에 대한 평가는 어떻게 이루어지는가?

교사는 계속해서 학생들이 사용하는 언어와 과업결과를 평가한다.

10. 교사는 학생의 오류에 어떻게 반응하는가?

언어형태의 초점은 학생들의 학습에 본질적이다. 교사는 학생들이 범한 문법적인 오류에 대해 간단한 문법적인 설명을 하거나 정확한 예문을 제시함으로써 정정해 준다.

우리가 일찍이 관찰한 수업에서 보았듯이 Prabhu는 어떤 과업을 수행할지는 교사가 결정하여야 한다고 보는 반면에, Breen(1987)은 어떤 과업을 수행할지에 대해 교사와 학생들 사이에 협상이 이루어져야 한다고 강조한다. 또 다른 방법으로는 실제상황에 관련된 과업들을 위해 학생 요구분석(need analysis)을 통해 결정해야 한다고 본다(Long, Skehan 1998에서 인용).

■ 프로젝트 학습

프로젝트 학습은 실제 상황에 토대를 둔 언어 사용과 관련되며, 충분한 장점을 가지고 있어 관심을 모으고 있다. 과업중심 교수법과 마찬가지로 교실에서 사용되는 언어는 미리 정해진 것이 아니라 학생들이 하기 원하는 프로젝트의 성질에 따라 달라진다. 학생들은 목표어로 학교 신문을 출간하는 프로젝트를 과업으로 하고자 한다. 이 프로젝트는 다른 모든 계획안이 갖는 세 단계를 따른다(Fried-Booth 2002).

프로젝트의 첫 단계는 학생들이 교실에서 교사와 함께 협력하여 프로젝트의 내용과 규모에 필요한 구체적인 언어형태를 계획한다. 또한 그들은 어떻게 과업을 수행할지(가령, 각자 수행할 특정 역할을 정하기)에 대한 책략을 구상한다.

두 번째 단계는 전형적으로 교실 밖에서 이루어지며 필요한 정보를 모으는 활동이다. 가령, 만약 학생들이 학교 신문을 출간하기로 한다면, 이 단계에서는 인터뷰를 하고, 사진을 찍고, 인쇄된 것이나 시각적인 자료를 수집하는 것이 해당된다. 또한 인터뷰 기사를 쓰고, 배열하고, 인쇄하고, 신문의 초간을 배분하는 것을 포함한다. 이 단계 동안 학생들은 자연스럽고 통합된 형태로 말하기·듣기·읽기·쓰기의 네 가지 능력을 사용하게 된다.

세 번째와 네 번째 단계에서 학생들은 프로젝트를 검토할 기회를 갖는다. 또한 그들이 수행한 활동에 대해 교사로부터 반응을 받기도 한다. 각 세 단계에서 교사는 프로젝트 지휘자로서가 아니라 학생들과 함께 상담자(counselor)로서나 설계사(consultant)로서 역할을 한다.

학생들이 교실 밖으로 나갈 때 프로젝트 학습은 언어 학습과 언어 사용의 다리 역할을 한다. 프로젝트 학습은 교사가 언어학습에서 중요시 여기는 언어의 사회적이고 인지적인 면을 강조하는 학습활동이다.

5 과업중심 교수법과 자료에 대한 검토

Prabhu는 과업의 세 가지 유형을 제시하였는데 일찍이 관찰한 수업에서 모두 적용하였던 학습활동들이다.

■ 정보차이 학습활동

제10장과 이 장에서 살펴보았던 정보차이(information-gap) 학습활동은 과업을 완성하기 위해 학생들 간의 정보 교환을 수반한다. 이 장에서 관찰한 수업에서 학생들이 수업 시간표를 완성하기 위해 그룹의 구성원들과 정보를 교환하는 것을 보았다. 다른 정보차이 학습활동은 다른 학생이 그리는 그림을 보고 묘사하기, 학생들이 서로 정보를 나눈 후에 상대방 학생의 가계(family tree)를 만들어 가기 등이 있다.

■ 견해차이 학습활동

견해차이(opinion-gap) 학습활동은 과업을 완성하기 위해 학생들의 개인적인 선호, 느낌, 태도를 보여주는 활동이다. 예를 들어, 학생들은 높은 실업률(high unemployment)과 같은 사회적인 문제에 대해 가능한 해결책을 찾는 방법들을 논의한다. 다른 과업으로는 어려움에 처한 친구가 조언을 요청하는 경우, 그 친구에게 충고의 편지를 쓰는 학습활동도 있다. 이 장에서 관찰한 수업은 상위단계의 학생들로 구성되어 있어서 학생들의 인기 교과목에 대해 반 친구들의 의견을 묻는 것은 그들에겐 좀 쉬운 학습활동이었다.[13)]

■ 추론차이 학습활동

학생들로 하여금 주어진 정보를 추론하게 함으로써 몇 가지 새로운 정보를 끌어내게 한다. 가령, 학생들은 기차 시간표를 가지고 한 도시에서 다른 도시로 가는 가장 좋은 방법을 찾아내거나 수수께끼를 푸는 학습활동에 참여한다. 관찰한 수업에서는 학생들이 반 친구들에게 가장 인기 있는 세 개의 교과목이 무엇인지를 알아내는 방법과 그 결과를 보고하는 것이었다. Prabhu(1987)는 정보차이 과업이 학생들 간의 지속된 협상보다는 정보를 간단히 교환하는 정도에 그쳤고 견해차이 과업은 너무 개방적(open-ended)이었기 때문에 추론차이(reasoning-gap) 과업의 학습 효과가 가장 크다고 말한다. 추론차이 과업은 비록 예측 가능한 언어 사용을 수반하지만 의미에 대한 학생들 간의 지속적인 협상을 요구하는 학습활동이다.

Ellis(2009)는 과업중심 교수법을 언어구조 초점되지 않은 과업과 언어구조 초점되는 과업으로 분류할 수 있다고 본다.

■ 언어단위 초점되지 않은 과업

언어단위 초점되지 않은 과업(unfocused task)은 학생들이 의사소통을 통해서 과업을 수행하도록 하는 활동이다. 한 예로는 이 장의 서론 부분에서 기술된 과업으로 학생들이 기차여행을 위해 여행 일정표를 짜는 활동이다. 학생들은 그 과업을 이행하기 위해 스스로 그들이 익히

13) 과업중심 교수법에서 사용된 설문조사를 사용하는 다른 과업활동을 위해 Cohen(2009)을 참조하라.

알고 있는 언어표현을 사용한다.

■ 언어단위 초점 과업

언어단위 초점 과업(focused task)은 특정한 언어 단위를 사용하면서 의사소통을 통해 과업을 수행하는 활동이다. 물론 그 과업이 처음 그 과업을 만든 교사의 의도에 적합한 문법구조를 끌어낼지 보장할 수는 없다(Loschky & Bley-Vroman 1993). 모든 과업처럼 언어단위 초점 과업은 언어형태가 아닌 의미에 초점을 둔 활동이어야 한다. 이러한 이유로 학생들에게는 그 특정 언어구조를 명확히 드러내고 가르치지 않은 채 내재적으로 표현되어야 한다(Ellis 2009).[14)]

■ 입력제공 과업

입력제공 과업(input-providing task)은 읽기와 듣기와 같은 수용적 기술(receptive skill)을 수반하는 활동이다. 이 장에서 관찰된 수업에서는 학생들이 교사가 제시한 교과내용을 가지고 일정표를 완성하는 것에서 볼 수 있다.

■ 출력촉진 과업

출력촉진 과업(output-promoting task)은 학생들로 하여금 말하기와 쓰기 능력을 촉진시키는 활동으로, 이 장에서 살펴본 과업으로는 학생들이 카드에 적은 정보를 공유하면서 일정표를 완성하는 것이다.

14) 다른 예시를 더 보기 위해서는 Larsen-Freeman(2007)의 Grammar Dimensions을 참고하기 바란다.

6 결론

과업중심 교수법은 교수법의 목적이 언어형태를 체계적으로 가르치기보다는 자연스럽게 언어학습 능력이 이루어질 수 있는 언어사용을 위한 맥락(context)이 제시된다면 언어학습이 가장 성공적일 거라는 원칙에 기초한다는 점에서 전통적인 교수법에 이의를 제기한다(Ellis 2009: 222).

몇몇 방법론자들은 이렇게 말하는 입장과 과업중심 교수법은 문법구조나 어휘를 명확히 가르침으로써 보완될 수 있다고 보는 입장에는 서로 반박하기 어렵다고 주장한다. 반면에 다른 방법론자들은 언어형태에 초점을 두는 것은 용납할 수 없는 타협이라고 본다. 그러나, 여전히 과업중심 교수법이 모든 교수법 맥락에서 적절한지 항상 의문이다(Andon & Eckerth 2009). 분석적 교수요목을 통해서 학습자들은 효과적으로 학습할 수 있다고 보는 반면에, 문법구조와 어휘를 포함하는 질문이나 시험을 통해서만이 언어학습의 성공이 결정된다고 보는 상황에서 그 교수요목을 사용하는 것은 어려울 것이다.

그럼에도 불구하고 과업중심 교수법이 학생들로 하여금 목표어를 능동적으로 의미 있게 사용하도록 도와준다고 본다. 그러므로 과업중심 교수법이 여러분이 가르치는 교수 상황에 적합하다면 여러분은 어떤 면에서 흥미를 갖는가? 여러분은 어떤 면이 그 방법을 사용하는 데 탐탁하지 않은가? 어떻게 과업을 선택할 것인가? 과업중심 교수법을 적용함에 있어서 어떤 어려움이 있을 거라고 생각하는가? 만약 그런 어려움이 있다면 어떻게 그 어려움을 다룰 것인가? 또는 그 어려움을 효율적으로 해결하는 반면에 과업중심 교수법을 최대한 어떻게 활용할 것인가?

7 학습활동

A. 과업중심 교수법에 대한 이해도 점검

1. 과업중심 교수법이 어떻게 분석적 교수요목의 사용과 일치하는지 설명하시오.
2. 입력촉진 활동이 무엇인가? 예를 드시오. 여러분은 왜 이 활동을 하는가?

B. 과업중심 교수법의 적용

1. Prabhu가 주장하는 세 가지 유형인 정보차이 과업, 견해차이 과업, 그리고 추론차이 과업에 적절한 각 예를 열거하시오. 교실에서 그것들을 적용시켜 보고 무엇을 알 수 있는지 관찰하시오.
2. 학생들에게 적용할 프로젝트의 목록을 열거하시오. 그 프로젝트가 특정언어형태에 적합하도록 만들어지지 않는다는 것을 기억하시오. 학생들이 학습에 참여하길 원한다는 사실이 중요하다는 것을 기억하시오. 이 장에서 묘사된 학교신문 출간하기와 같은 것이 목록에 있을 수 있을 것이다. 현장 학습, 설문지 수집하기, 환경 문제를 다루는 주제를 가지고 연구하기 등을 구상할지도 모른다. 만약 학생들이 프로젝트를 구상하게 된다면, 여러분은 Fried-Booth(1986)를 연구하도록 권할 것이다.

참고 문헌

Adams, R. 2009. Recent publications on task-based language teaching: A review. *International Journal of Applied Linguistics* 19/3: 339-55.

Andon, N. and **J. Eckerth.** 2009. Chacun à son goût? Task-based L2 pedagogy from the teacher's point of view. *International Journal of Applied Linguistics* 19/3: 286-310.

Breen, M. 1987. Learner contributions to task design in C. Candlin and D. Murphy (eds.). *Language Learning Tasks,* 23-46: Englewood Cliffs, NJ: Prentice Hall.

Candlin, C. and **D. Murphy** (eds.). 1987. *Language Learning Tasks.* Englewood Cliffs, NJ: Prentice Hall.

Cohen, J. 2009. Using student-generated surveys to enhance communication. *Essential Teacher* 6/3-4: 42-4.

Dewey, J. 1913. *Interest and Effort in Education*. Boston: Houghton-Mifflin.

Eckerth, J. and **S. Siekmann.** 2008. *Task-based Language Learning and*

Teaching: Theoretical, Methodological, and Pedagogical Perspectives. Frankfurt: Peter Lang.

Ellis, R. 2003. *Task-based Language Learning and Teaching.* Oxford: Oxford University Press.

________. 2009. Task-based language teaching: Sorting out the misunderstandings. *International Journal of Applied Linguistics* 19/3: 221-46.

Fried-Booth, D. 2002. *Project Work* (2nd edn.). Oxford: Oxford University Press.

García Mayo, M. (ed.). 2007. *Investigating Tasks in Formal Language Learning.* Clevedon: Multilingual Matters.

Gass, S. 1997. *Input, Interaction, and the Second Language Learner.* Mahwah, NJ: Lawrence Erlbaum.

Haines, S. 1989. *Projects for the EFL Classroom.* London: Nelson.

Larsen-Freeman, D. (Series Director) 2007. *Grammar Dimensions: Form, Meaning, and Use* (4th edn.). Boston: Heinle/Cengage.

Long, M. 1991. Focus on form: A design feature in language teaching methodology in K. de Bot, F. Ginsberg, and C. Kramsch (eds.). *Foreign Language Research in Cross-cultural Perspective,* 39-52. Amsterdam: John Benjamins.

________. 1996. The role of the linguistic environment in second language acquisition in W. Ritchie, and T. Bahtia (eds.). *Handbook of Second Language Acquisition,* 413-68. New York: Academic Press.

________. 2009. Methodological principles for language teaching in M. Long, and C. Doughty (eds.). *The Handbook of Language Teaching,* 373-94. Malden, MA: Wiley-Blackwell.

________. and **G. Crookes.** 1993. Units of analysis in syllabus design: The case for task in G. Crookes and S. Gass (eds.). *Tasks in a Pedagogical Context,* 9-54. Clevedon: Multilingual Matters.

Loschky, L. and **R. Bley-Vroman,** 1993. Grammar and task-based methodology in G. Crookes and S. Gass (eds.). *Tasks in Language Learning,* 123-67. Clevedon: Multilingual Matters.

Norris, J. 2009. Task-based teaching and testing in M. Long and C. Doughty (eds.). *The Handbook of Language Teaching*, 578-94. Malden, MA: Wiley-Blackwell.

Nunan, D. 2004. *Task-based Language Teaching.* Cambridge: Cambridge University Press.

Prabhu, N. S. 1987. *Second Language Pedagogy.* Oxford: Oxford University Press

Riggenbach, H., V. Samuda, and **I. Wisniewska.** 2007. *Grammar Dimensions* (Book 2, 4th edn.). Boston: Heinle/Cengage.

Rott, S. 2000. Teaching German grammar through communicative tasks: Some suggestions. *Die Unterrichtspraxis* 33/2: 125-33.

Samuda, V. and **M. Bygate.** 2008. *Tasks in Second Language Learning.* Basingstoke: Palgrave Macmillan.

Sheen, R. 2003. Focus-on-form: A myth in the making. *ELT Journal* 57: 225-33.

Skehan, P. 1998. Task-based instruction. *Annual Review of Applied Linguistics: Foundations of Second Language Teaching* 18.

Swan, M. 2005. Legislating by hypothesis: The case of task-based instruction. *Applied Linguistics* 26/3: 376-401.

van den Branden, K. 2006. *Task-based Language Teaching: From Theory to Practice.* Cambridge: Cambridge University Press.

________. 2009. Mediating between predetermined order and chaos: The role of the teacher in task-based language education. *International Journal of Applied Linguistics* 19/3: 264-85.

________, **M. Bygate,** and **J. Norris.** 2009. *Task-based Language Teaching: A Reader.* Amsterdam: John Benjamins.

Wilkins, D. 1976. *Notional Syllabuses.* Oxford: Oxford University Press.

Willis, D. and **J. Willis.** 2007. *Doing Task-based Teaching.* Oxford: Oxford University Press.

Willis, J. 1996. *A Framework for Task-based Learning.* London: Longman.

12
언어교육의 정치적 관점 및 참여중심 교수법

The Political Dimensions of Language Teaching and the Participatory Approach

1 서론

이 장에서 언어사용과 언어교육의 정치적 관점을 살펴보고자 한다. 또한 교육의 정치적 면에 특별한 관심을 기울이는 언어교수법의 하나인 참여중심 교수법에 대해서도 조사하고자 한다.

2 언어의 정치적 측면

언어를 습득하는 것은 정치적 행위이다. 특정 언어 구사자들은 그 언어를 구사할 수 없는 사람들이 갖지 못하는 권한을 가지고 있다. 오늘날 영어가 국제어 또는 세계어로서 인식되고 있기 때문에, 영어는 '힘의 언어'(language of power)로 여겨진다.[15] 전 세계의 많은 사람들은 영어를 배우려고 하는데, 그것은 유창한 영어능력이 훌륭한 교육이나 더 좋은 직장을 갖는 데 이롭기 때문이다. 또한 그들은 영어능력은 경제 발전을 가져오는 지름길이라고 생각한다. Graddol(2006: 22)은 '세계어 또는 국제어로서의 영어는 세계화의 도래를 가속화하고 있고, 또 다른 한편으로 국제화가 영어 사용을 촉진시키는 계기가 되고 있다'고 주장한다.

이러한 견해는 영어를 습득하고자 하는 사람들에게 영어가 편익을 주는 도구로서 여기게 한다. 그러나 일부 교육가들은 영어를 목표어로 배우고 또 그럼으로써 영어를 모국어로 구사하는 사람들이 갖는 정체성을 얻게 될 때 과연 그들이 무엇을 잃게 되는지에 대해 우려를 표한다. 다시 말해서 영어를 습득한다는 것은 자신의 모국어 구사 능력을 잃게 되는 것과 더불어 영어를 모국어로 하는 사람들의 정체성을 갖게 됨으로써 자신의 모국어의 정체성이 희미해지거나 사라지게 될 것에 대해 염려한다. 이 외에도 그들은 그 결과로 발생될 '교육을 받을 기회의 불균등'(educational inequality)에 대해 염려하는데, 그것은 모든 사람들이 영어를 배울 기회가 주어지지 않기 때문이다. 일반적으로 특히 '영어만 사용하기 정책'(English only policy)이 채택되어 영어를 모국어로 구사하는 지배권을 행사하는 나라에 살고 있는 이주민이나 그 지역의 토착민의 모국어는 영어 사용의 우세로 인해 사라질 위기에 처한 언어(endangered language)가 되는 실정이다.

15) Graddol(2006)은 아랍어, 중국어, 스페인어와 같은 언어들이 국제어로서 자리를 차지할 것이라 제안한다.

3 어느 영어를 가르쳐야 하는가?

정치적인 현안은 어느 영어를 수업에서 가르쳐야 할 것인가 하는 문제이다. 그것은 영국 영어를 의미하는 것인가 아니면 미국 영어를 의미하는 것인가? 또는 Kachru(1992)가 소위 '핵심층'(inner circle) 범주에 넣는 나라 — 캐나다, 호주, 아일랜드, 말타(Malta), 뉴질랜드, 남아프리카, 카리브 해안의 일부 지역 — 에서 사용되는 영어를 의미하는가?[16] 이러한 영어의 다양성 간에도 분명한 차이점이 있기 때문에 명확한 선택이 주어진다. 그러면 Kachru가 '비핵심층'(outer circle) 범주에 넣는 인도, 나이지리아, 싱가포르처럼 영어를 공식어로서만 사용하는 나라들에서 사용되는 영어는 어떻게 볼 것인가? 이 국가들은 모두 영국의 식민지들로 그들만의 영어를 발달시킴으로 인해 **세계에서 사용되는 여러 형태의 영어들**(World Englishes)이 되었다. 그렇다면 이러한 다양한 영어를 수업시간에 가르칠 것인가? 영어의 다양성을 인정하되 그 각각의 영어가 갖는 독특한 특성을 인식해야 한다. 이러한 사실이 명백히 보여주는 나라로서 싱가포르에서는 수업시간에 표준 싱가포르 영어(Standard Singaporean English)를 가르치지만, 종종 가족이나 친구들 간에는 '싱글리쉬'(Singlish) — 지역 방언과 영어의 혼합 — 를 사용한다.

공통어로서의 영어

Kachru가 제시하는 '확대층'(expanding circle)이라는 세 번째 범주에 들어가는 수백만의 영어 구사자들이 있다. 그들은 다국어를 사용하는 환경에서 영어로 의사소통하는 것이다. 때론 같은 나라에 살고

16) 여기서 언급된 나라들은 영어 외 다른 언어들을 사용하고 있다. 때때로 이 나라들의 소수인들이 영어를 모국어로 사용하기도 한다. 가령, Crystal(23)은 남아프리카 사람들의 대략 10퍼센트만이 영어를 모국어로 사용하고 있다고 주장한다.

있는 사람들끼리도 영어로 의사소통할 경우가 있다. 즉 영어는 주로 접촉 언어(contact language)로서 사용되어 왔으며(Canagarajah 1999), 이를 **공통어로서의 영어**(English as a lingua franca), '국제어로서의 영어'(English as an international language) 또는 '세계어'(global language)라고 부른다. '공통어로서의 영어'는 사회적 규범이 영어를 모국어로 구사하는 자들에 의해 통제되는 핵심층과 비핵심층에 속하는 나라들에서 사용되는 언어와는 다르다.

그렇다면 누가 영어를 소유하고 있는가?(Widdowson 1994) 이 질문에 대한 대답으로 Cummins와 Davison(2007)은 영어가 영어를 모국어로서 습득하는 사람들에 속했다고 주장한다. 반면에 Seidlhofer, Breiteneder, 그리고 Pitzl(2006)은 영어가 여러 목적을 위해서 정기적으로 사용하는 사람들의 것이며, 영어와 같은 공통어는 지역사회 유대감을 불러일으키지만, 다국어 구사주의(multilingualism)에 대한 위협이 될 수 있다고 강조한다. 연합된 공동체를 갖는 동시에 여러 언어 구사자들의 권리를 보호하기 위하여 그들의 대답은 영어를 더 이상 영어 모국어 화자의 소유물로 간주하지 않으려는 것이다. 그렇다고 본다면, 모든 다른 언어처럼 '공통어로서의 영어'의 규범은 그 언어를 사용하는 모든 사람들에 의해 결정되어야 한다(Walker 2010).

물론, 공통어로서의 영어가 전 세계적으로 널리 사용되는 것에서 볼 수 있듯이 이 언어는 동질집단의 언어(homogeneous language)가 아니며, 그 언어와 어울릴 수 있는 단 하나의 문화도 없다. 누가 영어를 소유하는가에 대한 두 번째 대답을 지지하는 학자들은 공통어로서의 영어의 특성을 핵심층 나라가 정하는 기준에 정확히 따르기보나는 그 언어를 사용하는 사람들의 규칙에 따라 반영되어야 한다고 인식하고 있다. 한 가지 예를 들면, 공통어로서의 영어 구사자들은 'He walks to school every day.'라는 표현보다는 'He walk to school every day.'로 표현하며 3인칭 현재시제 동사를 사용할 때 's'를 생략하는 경향이 있다. 이때 영어를 모국어로 구사하는 화자들이 정확한 문법규칙에 따르기보다는 이해 가능한 의미(comprehensibility)가 더 중요하다고 생각한다면 ‘s’의 생략을 화자의 오류로 여기지 않을 것이다. 이러한 사실은 공통어로서의 영어를 사용하는 사람들이 영어 모국어 구사자들과 똑같이 구사할 필요성이나 갈망을 갖지 않는다는 점이다.

공통어로서의 영어가 ‘자연 언어’(natural language)이기 때문에 다른 자연 언어처럼 다양할 뿐이다. 그렇다고 모든 공통어로서의 영어 구사자들이 ‘s’를 생략하지는 않는다. 그럼에도 불구하고 공통어로서의 영어에 대한 인식은 교사들이 영어의 정확한 표현방식에 대한 질문을 촉구할 것이다. 일부 교사들은 ‘s’의 생략이 의미 전달에 영향을 미치지는 않지만 화자가 어떻게 인지하는지에 영향을 미친다고 본다(Ur 2010). 다른 교사들은 ‘주도하는 모델’(dominant models) 중 하나—‘세계에서 사용되는 여러 형태의 영어들’(World Englishes)의 하나를 포함—가 다른 특정 지역에서 주도하는 모델이라면 기준점이 되어야 한다고 주장한다(Kuo 2006, Bruthiaux 2010 참조). Jenkins (2006: 161)는 다음과 같이 언급한다.

> 공통어로서의 영어가 핵심층, 비핵심층, 또는 확대층에서 사용되는 언어라는 점과는 관계없이 지역사회에서 이루어지는 의사소통 맥락에서 그 언어를 학습하고 사용하는 사람들을 좌절케 하지 않는다.

물론 지역사회 밖에서 어느 특정한 시기에 특정한 장소에서 어떤 영어를 가르칠지에 대한 질문에 실제로 대답할 수 있는 사람은 없을 것이다.

비평적 담화분석

비평적 담화분석(critical discourse analysis)은 정체성과 언어의 힘이 어떻게 언어 속에서 구성되는지에 대한 연구이다. Fiarclough(2001)와 같은 비평적 담화 분석자는 언어가 전달하고자 하는 암묵적인 내용과 사회적 관행이 어떻게 연관되어 있는지를 관찰하고자 한다. 가령, Stubbs는 남아프리카공화국 신문 제1면 머리기사 표제에서 다룬 남아프리카의 인종 차별정책의 예를 인용한다(Batstone 1995). 넬슨 만델라 여사의 감옥으로부터 석방에 관한 머리기사 표제는 'Jubilant Blacks Clashed with Police'라고 적혀 있다. 사실 이 머리기사의 표제는 'Police Clashed with Jubilant Blacks'라는 어순으로 되어야 할 것이다. 그럼에도 표제의 어순을 바꾼 것은 충돌을 일으킨 책임을 경찰이 아닌 흑인에게 돌리기 위한 것이었다. 다시 말해서 언어의 표현은 이념적으로 중립적이지 않다. 중립성의 결여는 인종을 넘어서 정체성의 문제까지 확대된다. 예를 들어, 성 차별 현상은 언어교육 교재 및 자료에서도 볼 수 있는데 그러한 자료에서도 여성이 남성에게 복종하는 모습으로 그려지고 있다.

물론, 이런 문제들은 영어가 아닌 다른 언어에서도 나타나는 현상이다. 우리는 한때 다른 나라의 속국이었던 대부분의 나라들이 언어사용과 힘의 역학에 대한 문제들이 종종 나타나는 것을 볼 수 있었다. 그러한 언어들은 네덜란드어, 영어, 불어, 독일어, 포르투갈어, 러시아어, 스페인어 등이다. 어느 누구도 교사에게 학습자가 배우기 원하는 언어를 가르치지 말라고 하지 않았다. 그러면 언어의 정치적인 면에 대해 교사들이 어떻게 할 수 있겠는가?

교수법에 대한 비판적 접근법

이 질문에 대한 대답으로 교사들이 언어사용과 관련된 정치적인 현안에 대한 인식을 고취시키는 것이 중요하다고 볼 수 있다. 교사들은 학습자들에게 언어를 가르치는 것이 단지 목표어로 의미를 전달하고자 하는 중립적인 도구로 보아선 안 된다. 교수법에 대한 **비판적 접근**(critical approaches to pedagogy)은 교과과정이 학습자들로 하여금 사회적 불의에 대한 인식을 인지하게 함으로써 보다 평등한 사회를 만드는 데 목적을 두고 구성되어야 하는 교수법을 지향하는 것이다. 이러한 비판적 접근은 정치적 성향이나 가르치는 맥락에 무관한 사람들에 의해서 결정되어선 안 된다. 그러나 만약 비판적 접근법을 적용하려고 한다면 다음의 몇 가지를 고려해 볼 수 있다.

글을 읽고 쓸 줄 아는 능력

Gee(1996)와 Luke(2004) 같은 교육가들은 교육적 소양을 가진 영어권 문화에 대한 참여는 단지 **영어를 읽고 쓸 줄 아는 능력**(literacies) 이상의 것이라고 강조하면서 글을 읽고 쓸 줄 아는 능력을 단수 개념으로서가 아니라 복수 개념으로 보았다. 여기서 영어권 문화에 대한 참여는 학습자들이 힘을 가진 사람들이 사용하는 특정한 영어 규범, 문법구조, 어휘에 접근하는 것을 의미한다. 따라서 학습자들은 언어를 학습하는 것이 단지 글을 읽고 쓰는 것만이 아니라 정치·교육·비즈니스의 담화를 학습하게 된다. 특이한 언어형태, 어휘, 담화구조를 습득하는 것은 힘을 갖는 것을 의미한다. 이러한 견해를 지지하는 교사들은 언제 그리고 어떻게 직접 또는 간접적으로 힘이 표출되어야 하는지를 살펴보면서 자신의 교수법, 교재 및 자료의 선택, 학습 활동, 평가 도구를 다시 한 번 점검하고 검토하게 된다. 외에도 교사들은 교재에 쓰인 어휘들을 조사하고 문법구조나 언어 사용이 어떻게 이루어졌는지 살펴보면서 학습자들과 함께 학습 활동에 참여하여야 한다. 이러한 학습 활동을 통해서 학습자들은 그들이 알고 있는 범위 안에서 어휘나 문법구조를 선택하는 능력을 길러갈 것이다.

다국어 사용주의(plurilingualism) 및 다국어 구사 능력

어느 특정 언어가 완전히 지배하는 것을 막기 위해 교사들은 모든 언어에 대해 긍정적인 태도를 지녀야 한다. 목표어 학습은 부가적이어야 하지 감하는 것이어선 안 된다. 다시 말해서 학습하고자 하는 언어는 어떤 다른 언어를 대체해선 안 되며 오히려 학습자의 언어능력을 더욱 강화시켜야 한다. 많은 영어 학습자들은 다국어 구사자들, 즉 그들이 익히 습득한 어떠한 언어도 희생하지 않고 그들이 필요로 하는 정도에까지 하나 이상의 언어를 구사할 수 있는 능력을 갖춘 자들이다(유럽의회 문서 2007). 교사들은 다국어 구사자로서의 학습자들의 정체성을 존중해 주어야 한다. 이 외에도 Cook(2002)에 의하면, 언어 학습의 목적은 학습자들로 하여금 단일 언어 구사자의 언어 사용을 모방하는 것이 아니라 그들이 성공적으로 언어를 사용하고 **다국어 구사 능력**(multicompetence)을 기르는 데 있다.

비원어민 교사

또 하나의 정치적 현안은 교사의 목표어 구사 능력(원어민 교사나 비원어민 교사)에 관한 것이다. 많은 언어 교육 프로그램은 원어민 교사를 고용하기를 선호한다. 그것은 원어민 교사들은 가르치고자 하는 목표어 사용에 대한 직관을 가지고 있어서 정확히 표현할 수 있기 때문이다. 그러나 사실상 비원어민 교사(non-native speaker as teacher)들은 목표어 교수법에 대해 다양한 기법을 숙지하고 있고, 그중 가장 중요한 것은 그들이 성공적 언어학습의 본보기이다. 이 외에도, 교사들이 학습자들의 모국어를 구사할 수 있다면 학습자들이 목표어 습득에 있어서 장애물이 무엇인지 인식하고 그 장애물을 극복할 수 있게 도와주기도 한다. 교사의 지위는 목표어를 구사할 수 있는 능력이 있는가의 문제가 아니라 정치적인 관건에 달려 있다. 다시 말해서 훌륭한 교사는 원어민같이 목표어를 구사하는 것에 있는 것이 아니라 어느 교수법으로 얼마나 잘 가르치는가에 있다.

숨은 교과과정

또 하나의 문제는 숨은 교과과정(hidden curriculum) — 명백하게 드러나지 않은 교수·학습과정 — 에 대한 교사의 인식과 연관이 있다. 가령, 교사는 언제 학생들의 책상을 가지런히 배열된 형식에서 원형으로 배열할 것인가? 교사가 학생들이 반드시 알아야 할 내용을 질문하고자 할 때 어떻게 전달할 것인가? 이러한 내용이 교사가 첫 수업 시간에 짜온 수업계획서 내용과 다르다면 어떻게 할 것인가? 교사가 교재에 나와 있는 학습활동을 하지 않고 대신에 학생들의 배경이나 흥미를 조장할 수 있는 활동으로 대체하려고 한다면 어떻게 할 것인가? 이러한 대체적인 활동이 학생들, 교사나 교육 행정가들과 같이 관계자들의 수업관찰자에게는 어떤 모습으로 비추게 될 것인가? 그것이 긍정적 또는 부정적으로 보일 것인가? 이 질문들에 답하기 위해서 무엇을 그리고 어떻게 가르칠지에 대한 방법을 고려해야 한다.

우리가 일찍이 살펴보았듯이, 영어교수 및 학습의 정치적 측면은 전 세계적으로 영어교사교육 프로그램과 영어 프로그램에서 논의되어 왔다. 이러한 서론적 토론을 결론 맺기 위해 여기서 몇 가지 고려해야 할 사항이 있다.

전 세계에 거주하는 사람들이 서로 의사소통하기 위해서는 영어가 필요한 매개체인지 아니면 영어가 전 세계를 지배하는 언어가 될 것이라고 보는가(Phillipson 2008)? 교사는 학습자들이 이 문제를 어떻게 생각할지 알기 원할 것이다. 교사들은 자신의 수업에서 일찍이 접해보지 못했던 교과과정이나 교재에서 다루지 않았던 영어의 형태나 학습활동을 탐구하고 싶어 할 것이다. 마지막으로 교사는 학습자들의 삶, 사회적인 문제들, 영어 학습과 관련된 어려움이 무엇인지를 수업에서 어떻게 논의할 수 있는지에 대해 생각해 볼 것이다. 이 장에서 제시하는 수업을 통해 이러한 문제들이 언급될 것이다.

참여중심 교수법: 언어교육의 정치적 대응

참여중심 교수법은 비록 1960년대 Paulo Freire(가장 비평적인 교육가로 유명함)의 연구에 그 근원을 두고 있지만, 1980년대에 이르러서야 언어교육 연구에서 널리 논의되고 있다. 여러 면에서 참여중심 교수법은 내용중심 교수법과 유사한데 그것은 이 방법이 학생들에게 의미 있는 내용을 다루며 언어형태도 내용에 따라서 결정되기 때문이다. 그러나 현저히 다른 점은 내용의 성격이다. 참여중심 교수법은 교과 내용을 다루는 것이 아니라 학생들이 직면한 문제들을 다룬다. 또한 이 방법은 우리 사회에서 특히 교육학 그리고 언어교육이 강력한 힘의 역학(power dynamic)을 만들어 내고 영속화시킬 수 있는 역할에 대한 인식에 기초를 둔다. Ann Berthoff(1987: xix)에서 '교육은 정치적 행위를 대신하지 않으나 교육이 비평적 의식의 발달에 매우 중요하기 때문에 정치적 행위에 필수불가결하다. 결국 교육은 언어가 지닌 변화의 힘에 의존한다'고 주장한다.

1950년대 말에 Frerie는 브라질에 있는 슬럼가나 농촌지역에 살고 있는 성인들에게 모국어로 읽고 쓰는 능력을 가르치기 위해 '포르투갈어 학습 프로그램'(Portuguese literacy program)을 개발했다. 그 프로그램에서 교사들은 수업에 참여하는 성인 학습자들이 그 지역사회에서 살아가면서 드러난 실생활의 문제들에 관련된 대화문을 가르쳤다. 그 대화문으로부터 지역사회 생활에 반드시 필요한 어휘 목록을 작성하였다. 그중에 일부 어휘들은 글을 읽고 쓰는 초기 단계에서 사용되는 기본 인코딩(부호화)과 해독(decoding) 기술을 가르치는 데 사용되는 **생성 어휘**(generative word)이다.

그 이후로, 여러 곳에서 Freire의 성인 학습자들을 대상으로 하는 읽고 쓰기 프로그램이 실시되었다. Friere는 교육과 지식을 억압하는 사회적인 상황으로부터 학습자들이 스스로 해방될 수 있도록 도와주어야 하는 기본 전제로 여겼다. 그러므로 수업에서 배운 대화문은 학습자들의 읽고 쓰는 능력을 향상시켰을 뿐만 아니라 그들의 삶의 변화를 가져오는 데 기여를 하였다. Freire는 '교육은 학습자들이 살아가는 세상과의 관계 속에 투영되고 그들에게 세상을 형성해 가는 수단을 제공한다는 점에서 의미가 있다'고 주장한다(Freire & Macedo 1987, Auerbach 1992에서 인용). 교육은 가치중립적인 것이 아니다. 그것은 반드시 일정한 가치체계로 형성된 특정한 맥락 안에서 이루어진다. 그러므로 참여중심 교수법은 목적이 학습자 스스로가 그들의 삶에 영향을 미치는 사회적, 역사적, 문화적인 힘을 이해하며, 자신의 삶을 조절하기 위하여 어떤 행동을 취하고 결정을 내리는 힘을 소유하도록 도와주는 것에 초점을 둔다(Wallerstein 1983).

John Dewey처럼, Freire(1970)는 교사가 학습자들이 학습하는 데 필요한 모든 지식이나 정보를 숙지하여야 하고 가르치는 것은 그러한 지식이나 정보를 학생들에게 예치하는 것으로 보는 **은행저축 방법**(banking method)에 대해 비판했다. 대신에 그는 학습자들의 삶과 지역사회의 문화 규범이나 문제점이 학습내용으로 다루어지는 교육과정을 강조하였고, 이런 주제들이 모든 교과내용과 학습활동에 반영되어야 한다고 보았다. 참여중심 교수법은 문제 제기를 실천 핵심으로 삼는다. 문제 제기는 학습자들의 실제 삶 속에 일어나는 문제들을 반영하고 학습자 스스로 직접 그러한 문제들의 해결책을 세우는 과정 모두를 수반한다.

4 교실 경험[17)]

참여중심 교수법을 사용하는 교실수업을 관찰해 보기로 한다. 학습자들은 중앙 유럽에서 최근에 미국에 건너온 이주민들이다. 그들은 낮 동안에는 시간제로 일하고 밤에는 영어를 학습하는 성인들이다. 비록 출석률은 가족이나 직장 일로 다소 변동이 있으며 오늘밤 수업에는 10명의 학생들이 참석했다.

“Good evening everyone. How are you tonight?”이라고 말하면서

17) 이 수업은 Elsa Auerbach가 1993년 10월 18일 School for International Training(SIT)에서 ‘Participatory Approaches: Problem-Posing and Beyond’라는 제목으로 발표한 내용이다. 또한 우리가 1992년 Auerbach와 1993년 5월 28일 SIT에서 Carolyn과 Bill Perry의 워크숍으로부터 발췌한 것이다.

교사는 수업을 시작한다. 학생들은 교사와 먼저 인사를 나눈 후, 다른 학생들과도 서로 따뜻하고 친밀하게, 또 늦게 도착한 사람들과도 인사를 나눈다. 학생들은 지난 주 수업경험으로부터 이번 수업시간에도 그들의 삶 속에 일어났던 중요한 일들에 대한 주제를 가지고 토의하리라는 것을 알고 있다. 한 학생이 그녀의 아이가 학교에서 문제를 겪고 있는 일을 이야기한다. 그녀는 아이가 학교에 가고 싶어 하지 않으며, 자신은 어떻게 해야 할지 모르겠고 몹시 걱정된다고 말한다. 이것을 목표어로 말하는 과정에서 그녀는 상당한 부분 머뭇거림과 몸짓으로 표현한다. 그것은 학생들의 영어 실력이 아직도 중·하위 단계이기 때문이다. 또 다른 학생은 집주인과의 문제를 이야기한다. 그녀는 난방시설로 불편함을 느끼고 있고, 집주인에게 말했지만 고쳐줄 수 없다는 이야기를 들었다고 한다. 한 가지 좋은 소식은 그녀의 오빠가 미국 입국을 허락받아 가족과 함께 살 수 있게 되었다는 전보를 막 받았다는 것이다.

교사는 학생들과 함께 이야기하면서 그들의 문제점을 적는다. "지난 주 여러분 중 왜 수업에 정기적으로 나오는 것이 힘든지에 관한 주제를 가지고 토의했어요. 대부분 학생들이 낮에는 일하고 밤에는 가족을 돌보아야 한다는 것을 나는 이해하게 되었지요. 그러나 몇몇 여자 분들은 어두워진 후에 밖에 홀로 나가고 싶지 않아서 수업에 몇 번 빠졌다고 말했어요. 나는 오늘 밤 그 상황에 대해 더 깊이 논의하고 싶어요."라고 교사는 말한다.

그림 12.1 교사가 학생들로부터 제기된 문제를 이해하고 해결하기 위해 그림을 사용하는 장면

교사는 학생들에게 한 장의 그림을 보여준다. 아파트 건물이 그려진 그림이다. 그 건물의 창문에 한 여자가 밖을 보며 서 있다. 내려다 보이는 거리에는 여러 명의 젊은 남자들이 둘러 서있다. 그 여자는 한 시간 후에 영어 수업이 시작되며 그녀는 그 수업에 빠지고 싶어 하지 않는다고 교사는 학생들에게 말한다. 그런 후에 교사는 토의를 시작한다.

"What do you see?" 학생들은 "a woman"이라고 대답한다. 그중 한 학생은 "Men"이라고 말한다. 교사는 계속해서 "Who is the woman? What is she doing?"이라고 질문한다. 학생들은 그 여자를 Lina라고 정하고, 그녀는 어두워진 후에 혼자서 밖으로 나가기를 두려워하고 있다고 말한다. 교사는 계속 질문한다. "Who are the men? What are they doing?" "Where are they?" 학생들은 영어로 표현할 수 있는 정도만 대답한다.

교사는 학생들에게 그림에 있는 사람이 어떻게 느낄지 상상해 보라고 한다. “How does the woman feel?” “Is she happy, sad, afraid? Why? How do the men feel? Do they like to stand in the street?” 학생들은 이러한 질문들에 대답한다.

그런 다음, 교사는 그 문제를 학생들의 경험에 비추어 대답을 듣고자 질문한다. “Has this ever happened to you?” “How did you feel? Did you leave the house?”라고 질문한다.

“In your country or culture are people alone much?” 교사는 그 문제를 맥락화하려는 시도로 질문한다. “Do women walk in the streets alone?” 마지막 학습활동으로 교사는 학생들이 그 문제에 관한 어떤 결정이나 해결점에 대해 토의하게 한다. 교사는 일련의 질문을 제기한다. “What can Lina do about this? What do you think will happen if she does? What would you do about this?” 등이다.

Lina의 문제를 해결하는 한 가지 제안으로 이웃 거리에 가로등을 더 설치해야 한다고 결론을 보았기 때문에 교사는 시장에게 가로등을 더 설치해 줄 것을 요구하는 그룹편지 한 통을 쓰겠냐고 학생들에게 묻는다. 학생들은 좋은 생각이라고 하면서 노트를 꺼낸다. 교사는 “What’s important in this letter? How do you want it to start? What do you want me to write? What comes next?”와 같은 질문을 가지고 편지에 대한 내용을 유도한다. 교사는 학생들의 말을 바꾸지 않고 그대로 반영하려고 그들의 대답을 열심히 기록한다. 교사가 그것을 적으면서 큰 소리로 읽고, 학생들도 따라 읽도록 한다. 편지 쓰기를 끝마쳤을 때, 교사는 각 단어들을 가리키면서 어떤 것을 바꾸고 싶은지 학생들에게 묻는다. 정정한 후에, 학생들은 한 줄씩 읽는다. 그들은 매번 읽을 때마다 어려움을 느끼는 학생들과 함께 여러 번 이것을 한다.

그런 후에 학생들은 공책에 편지를 베낀다. 그들은 실제로 편지를 보내고 싶었기 때문에 영어로 적절히 표현했는지 확인하길 원한다. 교사는 숙제로 학생들에게 그 편지를 다시 읽어보고 정정할 것을 요구한다. 그 후에 학생들은 서로의 편지를 읽고, 부치기 전에 그룹편지로 보내기에 필요한 수정을 본다. 학생들이 이전에 학습했던 내용에 대한 것과 앞으로 학습하기를 원하는 것에 관련된 교사의 질문에 대답을 한다.

5 교실 경험에 대하여

참여중심 교수법에 관한 수업 관찰과 원리를 살펴보면 다음과 같다.

수업관찰	원리
1. 교사는 실제로 학생들의 삶 속에서 일어난 일을 알기 위해 함께 대화한다.	교실에서 다루어질 내용은 교실 밖에서 학생들이 경험한 일들과 연관되어야 한다. 교사는 학생들이 이야기하는 내용을 잘 듣고, 다음 수업을 위한 주제로 삼는다.
2. 교사는 이전 수업 시간에 다루었던 여성들의 문제를 다시 제기한다.	교과과정은 미리 정해진 것이 아니라 지속되는 상황적인 문제 제기 과정의 결과이다.
3. 교사는 학생들에게 몇 가지 질문을 하고, 학생들은 그 문제를 가지고 토의한다.	교육은 학생들의 실제 경험과 관련된 것이나 학생들의 실제로 원하는 것과 연관되었을 때 가장 효과적이다. 학생들은 자신의 개인적 문제를 가지고 토의할 때 학습 동기를 부여받는다. 교사는 학생들의 삶 속에서 일어나는 문제들을 제기하는 공동 학습자(co-learner)이다.
4. 교사는 학생들이 그룹 편지를 쓸 것인지에 대해 묻는다. 교사는 주요한 질문을 통해서 학생들로부터 편지에 쓸 내용을 끌어낸다.	서로 머리를 맞대고 함께 지식이나 정보를 교환하게 될 때 그러한 지식은 학생들이 자신의 목소리를 낼 수 있는 힘이 되고, 또 다른 사람과 함께 사회에 어떤 행동을 취할 수 있는 도구가 된다. 그럼으로써 학생들은 자신을 사회적이고 정치적 존재로 인식하게 된다.
5. 교사는 학생들이 말한 편지 내용을 칠판에 적는다. 학생들은 그 편지 내용	언어 학습은 학생들이 함께 공동으로 구성했던 내용을 가지고 진행된다.

을 크게 읽고 학생들 역시 큰소리로 읽는다. 교사는 학생들에게 정정하고자 하는 것이 무엇인지 묻고 피드백을 주기도 한다. 몇 번의 수정을 통해 교사는 학생들로 하여금 여러 번 반복해서 큰소리로 편지를 읽게 한다.	
6. 그런 후에, 학생들은 자신들의 노트에 편지 내용을 적는다. 그들은 과제로 편지를 다시 읽어보고 수정하기도 한다.	언어형태에 대한 강조는 학습활동을 통하여 이루어진다. 언어능력은 독립적으로서가 아니라 행동의 변화를 가져오는 표시로 발달된다.
7. 다음 시간 수업활동으로 학생들은 수정한 편지를 가지고 와서 서로 교환하여 읽는다.	학생들은 자신의 학습 자료를 만들고 그러한 학습 자료는 다른 학생들의 언어학습을 위한 교재가 된다.
8. 학생들은 교실에서 학습한 것과 미래에 학습하기 원하는 것을 토의한다.	참여중심 교수법의 목적은 학생들 스스로가 자신의 학습을 평가할 수 있는 기회를 제공하는 데 있으며, 점차적으로 학습자가 자발적으로 학습을 이끌어 가도록 하는 데 있다. 이것이 학생들로 하여금 권한을 부여받았다고 느끼게 하는 방식이다.

6 교수법 원리에 대한 검토

이 장에서 알 수 있었던 것처럼 참여중심 교수법에서의 언어에 대한 강조는 미리 정해진 것이 아니라 학습내용에 따라 결정되며, 그 내용은 학생들의 삶 속에 비판적인 주제를 다루는 지속적이고 협력적인 탐구로부터 나온다. Auerbach(1992: 14)는 '의미의 명확성을 위해 언어형태를 부수적으로 하는 적절한 피드백이 수반되는 실제적 의사소통이 언어학습을 위한 본질이 된다.'라고 말한다.

1. 참여중심 교수법을 사용하는 목적은 무엇인가?

학생들의 정치적 의식을 고취시키고 언어의 의미에 초점을 두고 가르치는 것이다. 교사는 학생들이 그들의 삶 속에서 제기된 정치적 문제들을 해결하기 위하여 그들이 학습하는 언어를 사용할 권한을 부여받기 원한다.

2. 교사의 역할은 무엇인가? 학생들의 역할은 무엇인가?
교사는 학생들과 함께 대화를 통해서 학생들이 직면한 문제들이 무엇인지 끄집어낸다. 그런 다음에 교사는 이러한 문제들을 수업에 통합할 수 있는 방법들을 찾는다. 그 문제들은 언어학습에서 다루어질 학습 내용이 된다. 교사-학생과 학생-학생이 함께 그들의 일상생활 속에서의 관심을 서로 공유하게 된다.

3. 교수/학습 과정에는 어떤 특성이 있는가?
교사는 학생들이 일상생활 속에서 드러난 여러 상황들을 토의하도록 유도한다. 이 토의를 통해 교사는 전체 학생들과 함께 다룰 수 있는 문제점들을 인식하게 한다. 그런 다음에 교사는 학생들에게 이러한 문제들을 제기하고, 학생들은 그 문제들을 제기하기 위해서 실제로 언어를 어떻게 사용하는지 학습하게 된다. 언어 학습 과정에서 교사는 학생-학생 간의 협력을 중시한다. 언어형태에 대한 학습은 학생들의 삶과 관련된 학습내용 안에서 다루어진다. 학생들은 스스로 자신의 학습을 평가한다.

4. 학생–교사의 상호작용은 어떠한가? 학생–학생의 상호작용은 어떠한가?
교사는 학생들을 지지한다. 교사는 학생들이 그들이 지닌 문제점들을 이해하고 논의하는 데 필요한 언어를 가르치는 동시에 문제를 해결하도록 돕는다. 학생들은 서로 협력하며 문제를 해결해 간다.

5. 학습자의 감정은 어떻게 다루어지는가?

학생들은 자신의 감정이 중요하고 그들의 삶과 연관된 내용을 통해서 언어학습이 이루어진다는 것을 알게 된다. 학생들은 자신의 감정을 적극적으로 표현하는 것이 가능하다. 학생들은 자신의 학습을 스스로 총괄할 수 있는 권한을 갖게 되고 자신의 학습을 스스로 평가한다.

6. 언어를 어떠한 관점에서 바라보는가? 문화를 어떠한 관점에서 바라보는가?

언어는 우리가 살아가는 사회에서 능동적이고 동등한 참여를 위해 필요한 힘의 도구이다. 언어는 중립적인 교과목이 아니다. 문화는 학생들의 일상적인 경험과 밀접한 연관이 있다.

7. 언어의 어떤 영역이 강조되는가? 어떤 언어 기술이 강조되는가?

언어는 의사소통이 잘 이루어지기 위해 부차적으로 언어형태에 초점을 두지만, 전반적으로 의미에 초점을 두고 사용된다. 궁극적으로 언어형태의 정확성은 학습되어야 하며 중요하다. 학생들은 정부 관계자들에게 언어를 사용함으로써 문제 해결을 성공적으로 이끌어 낸다. 말하기·듣기·읽기·쓰기의 네 가지 능력 중 어느 능력도 소홀히 여길 수 없다 할지라도 읽고 쓰는 능력은 매우 중요하게 간주된다.

8. 학습자의 모국어의 역할은 무엇인가?

학생들의 모국어는 중요시된다. 목표어를 학습할 때 모국어가 경시되어선 안 된다.

9. 학습에 대한 평가는 어떻게 이루어지는가?

학생들은 자신의 학습을 총괄하고 평가하는 능력을 길러야 하는데, 그 이유는 학습이 그들의 삶과 밀접한 연관이 있기 때문이다.

10. 교사는 학습자의 오류에 어떻게 반응하는가?

교사는 학생들이 스스로 자가 수정할 수 있도록 돕는다. 또한 교사는 학생들의 오류를 지적하고 그러한 오류를 어떻게 정정하는지에 대한 피드백을 제공한다.

7 참여중심 교수법에 대한 검토

참여중심 교수법은 의사소통적 방법의 강한 입장이며 분석적 교수 요목이 사용된다. 의미에 초점을 둔 언어의 사용이 언어형태에 대한 학습보다 더 우선시된다.

다음의 두 가지 특정한 교수기법은 참여중심 교수법과 밀접한 연관이 있다.

■ 대화하기

참여중심 교수법에서 교사와 학생들은 그들의 일상적인 삶에서 나타나는 문제들에 대해 토의한다. 학생들은 '그들이 살고 있는 세상에 대해 비평적으로 인식하는 능력을 기른다'(Freire 1970: 64).

■ 문제 제기하기

교사는 학생들과 대화를 통해서 인식할 수 있는 문제들을 제기한다. 교사는 학생들의 관행이나 신념을 이해하고, 제기된 문제들을 해결함에 있어서 협력하도록 도와준다. 또한 교사는 문제 제기를 통해서 학생들로 하여금 그들이 살고 있는 사회의 사회적, 역사적, 문화적인 관점을 이해하도록 도와준다. 이 외에도 교사는 학생들이 그러한 상황 속에서 그들 자신의 삶을 통제하기 위하여 행동을 취하고 결정할 수 있는 권한을 갖도록 도와준다.

8 결론

이 장에서 언어학습의 정치적인 관점을 살펴보았다. 우리는 참여중심 교수법이 교실 수업을 통해 이러한 문제들을 진술하는 하나의 방법이라는 것을 알게 되었다. Campbell(2001)의 《*Participatory Practices in Adult Education*》의 서론에서 참여중심 교수법의 목적을 '개인과 사회·경제적 변화를 통해 사회를 형성하는 것과 힘의 관계를 통한 지배력을 종식하는 것'으로 정의한다. 이것이 매우 중요한 목표인 반면에, 교사들은 그 목표를 달성하고자 노력해야 한다. 북미 교사 교육가인 Hawkins와 Norton(2009: 31)은 다음과 같이 언급한다.

> 언어, 문화, 정체성이 통합적으로 연관되어 있기 때문에, 언어 교사들은 '교육을 받을 기회의 불균등'(educational inequality)에 대해 진술할 중요한 위치에 있다. 그 이유는 두 가지인데, 하나는 그들이 가르치는 대부분의 학생들이 지역사회에서 소외되어 있는 계층들인 특정한 학생들이기 때문이다. 다른 하나는 그들이 가르치는 언어가 권한을 부여하거나 소외시킬 수 있는 과목이기 때문이다.

물론, 일부 상황에서 사회적인 문제가 있다고 제기하는 것조차 현 정부를 암암리에 비판하는 것이며 이것은 다소 위협적인 일로 보일 수 있다. 명백한 것은 언어 교육의 정치적 측면을 다룰 것인지에 대해서는 교사에 의해 결정될 사안이다. 언어 교육의 정치적인 측면을 다루는 것에 대해 어떤 신념을 갖던지 간에 교사는 학생들의 삶과 밀접한 연관이 있는(직접 문제가 되지 않는다 할지라도) 현안에 대해서 수업에서 다루고 논의할 가치가 있으며, 그럼으로 인해 언어 교육이 학생들의 언어학습 경험은 물론 학생들 개개인에게 권한을 부여하기 위한 장치가 될 수 있다고 보는가? 만약 그렇다면 이 장에서 제시한 교수기법들 중에서 어떤 기법이 교실상황에 적합한지 교사 스스로 자문해보아야 한다.

9 학습활동

A. 언어교육의 정치적인 관점 및 참여중심 교수법에 대한 이해도 점검

1. '공통어로서의 영어'의 옹호자들은 목표어 모델이 원어민 영어 화자일 필요는 없으나, 비원어민 영어 화자들과 의미를 협상(즉 의사소통)할 수 있는 이중언어 구사자이어야 한다고 제안한다. 여러분은 이 제안에 대해 어떻게 생각하는가?
2. 여러분은 참여중심 교수법이 언어교육의 정치적 측면을 진지하게 생각하는 하나의 방법이라고 보는가?

B. 언어교육의 정치적인 관점 및 참여중심 교수법의 적용

1. 이 장에서 국가의 정체성 관점에서 정치적인 측면에 대해 많이 언급하였다. 그러나 교육을 받을 기회의 불균등은 사회의 다른 현안들과 함께 제기된다. 이 장에서 언급된 한 예시로서는 성차별(gender discrimination) 문제가 있다. 여러분은 다른 어떠한 문제를 가지고 있는가? 그런 문제들을 어떻게 다룰 것인가?
2. 여러분의 일상생활에서 직면한 문제들에 대해 학생들과 함께 이야기 해 보시오. 그러는 동안 여러분이 수업을 위해 끌어 낼 수 있는 주제가 있는지 살펴보시오.

참고 문헌

Auerbach, E. 1992. *Making Meaning, Making Change: A Guide to Participatory Curriculum Development for Adult ESL and Family Literacy.* McHenry, IL: Center for Applied Linguistics and Delta Systems, Inc.

_________. and **N. Wallerstein.** 1987. *ESL for Action: Problem Posing at Work.* Reading, MA: Addison-Wesley.

Batstone, R. 1995. Grammar in discourse: Attitudes and deniability in G. Cook and B. Seidlhofer (eds.). *Principles and Practice in Applied Linguistics,* 197-213. Oxford: Oxford University Press.

Berlin, L. 2005. *Contextualizing College ESL Classroom Practice: A*

Participatory Approach to Effective Instruction. Mahwah, NJ: Lawrence Erlbaum Associates.

Berthoff, A. 1987. Foreword in P. Freire and D. Macedo. 1987.

Bruthiaux, P. 2010. World Englishes and the classroom: An EFL perspective. *TESOL Quarterly* 44/2: 365-9.

Campbell, P. and **B. Burnaby** (eds.). 2001. *Participatory Practices in Adult Education.* Mahwah, NJ: Lawrence Erlbaum Associates.

Canagarajah, A. 1999. *Resisting Linguistic Imperialism in English Teaching.* Oxford: Oxford University Press.

_________. 2006. TESOL at forty: What are the issues? *TESOL Quarterly* 40, 9-34.

Cook, V. (ed.). 2002. *Portraits of the L2 User.* Clevedon: Multilingual Matters.

Council of Europe. 2007. *From Linguistic Diversity to Plurilingual Education: Guide for the Development of Language Education Policies in Europe.* Strasbourg: Council of Europe.

Crystal, D. 2003. *English as a Global Language.* Cambridge: Cambridge University Press.

Cummins, J. and **C. Davison** (eds.). 2007. *International Handbook of English Language Teaching.* New York: Springer International.

Fairclough, N. 2001. *Language and Power: Language in Social Life* (2nd edn.). London: Pearson.

Freire, P. 1970. *Pedagogy of the Oppressed.* New York: Continuum.

_________. and **D. Macedo.** 1987. *Literacy: Reading the Word and the World.* South Hadley, MA: Bergin and Garvey.

Gee, J. 1996. *Social Linguistics and Literacies: Ideology in Discourses.* London: Taylor and Francis.

Graddol, D. 2006. *English Next.* London: The British Council.

Hawkins, M. and **B. Norton.** 2009. Critical language teacher education in A. Burns and J. Richards (eds.). *Second Language Teacher Education,* 310-39. Cambridge: Cambridge University Press.

Holiday, A. 2005. *The Struggle to Teach English as an International Language.* Oxford: Oxford University Press.

Jekins, J. 2006. Current perspectives on teaching World Englishes and English as lingua franca. *TESOL Quarterly* 40/1: 157-81.

_________. 2007. *English as a Lingua Franca: Attitude and Identity.* Oxford: Oxford University Press.

Kachru, B. 1992. *The Other Tongue: English across Cultures* (2nd edn.). Urbana IL: University of Illinois Press.

Kirkpatrick, A. 2007. *World Englishes: Implications for International Communication and English Language Teaching.* Cambridge: Cambridge University Press.

Kue, I-C. 2006. Addressing the issue of teaching English as a lingua franca. *ELT Journal* 60/3: 213-21.

Luke, A. 2004. Two takes on the critical in B. Norton, and K. Toohey (eds.). *Critical Pedagogy and Language Learning,* 21-9. Cambridge: Cambridge University Press.

McKay, S. 2002. *Teaching English as an International Language: Rethinking Goals and Approaches.* Oxford: Oxford University Press.

McLaren, P. and **P. Leonard.** 1993. *Paulo Freire: A Critical Encounter.* New York: Routledge.

Morgan, B. 1998. *The ESL Classroom: Teaching, Critical Practice and Community Development.* Toronto: University of Toronto Press.

Nash, A. 1992. *Talking Shop: A Curriculum Sourcebook for Participatory ESL.* McHenry, IL: Center for Applied Linguistics and Delta Systems, Inc.

Phillipson, R. 2008. *English, Panacea or Pandemic?* Keynote lecture. International conference Language issues in English-medium universities. University of Hong Kong, June.

Roberts, P. 2000. *Education, Literacy and Humanization.* Westport, CT: Bergin and Garvey.

Seidlhofer, B. 2011. *Understanding English as a Lingua Franca.* Oxford: Oxford University Press.

_________, **A. Breiteneder**, and **M-L. Pitzl.** 2006. English as a lingua franca in Europe: Challenges for applied linguistics. *Annual Review of Applied Linguistics* 26, 3-34.

Ur, Penny. 2010. *Teacher, is it OK to say 'she come'?* Paper presented at the Third International Conference of English as a Lingua Franca. Vienna, May 22.

Walker, R. 2010. *Teaching the Pronunciation of English as a Lingua Franca.* Oxford: Oxford University Press.

Wallerstein, N. 1983. *Language and Culture in Conflict: Problem-posing in the ESL Classroom.* Reading, MA: Addison Wesley.

Widdowson, H. G. 1994. The ownership of English, *TESOL Quarterly* 28/2: 377-89.

13
학습책략 훈련, 협력학습, 다중지능 학습

Learning Strategy Training, Cooperative Learning, and Multiple Intelligence

1 서론

이 장에서는 세 가지 혁신적인 교수법으로 학습책략 훈련, 협력학습, 그리고 다중지능 학습을 다룰 것이다. 이 세 가지 방법이 갖는 공통점은 주요 관심이 언어 학습자에 있다는 점에서 이전 장들에서 다루었던 교수법들과는 다르다. 관심의 초점이 다르기 때문에 이전에 다루었던 교수법들에 도전하기보다는 보완한다고 볼 수 있다. 이러한 혁신적인 교수방법이 보편적인 언어 교수법은 아니지만 흥미롭고 지속적인 방법론적 시도를 반영한다고 할 수 있다.

2 학습책략 훈련

제5장에서 다루었던 1970년대의 인지적 접근법(Cognitive Approach)은 언어 학습자들이 언어 학습에 대한 능동적인 책임의식을 갖는다고 지적하고 있다. 이러한 인식과 함께 Rubin(1975)은 '성공적인 언어 학습자'(good language learner)가 학습 성취를 가져올 수 있는 특성들에 대해 조사하였다. 그녀는 일부 학습 책략을 '학습자가 지식을 획득하기에 사용하는 기술이나 장치'라고 정의하였다(p. 43).

Rubin에 의하면, 성공적인 언어 학습자는 의사소통 하고자 하는 강한 의지의 소유자, 정확하게 표현하려고 애쓰는 추측자(guesser), 남에게 바보스럽게 보일 상황에 대해 위험을 무릅쓰고 시도하려는 자이다. 또한 전달하고자 하는 언어형태나 의미에 관심을 기울이고 다른 학습자는 물론 자신의 발화를 연습하고 모니터링하는 자이다.

초기에는 언어 연구가 이런 학습책략을 발견하려는 데 관심을 두었지만, 최근에 이르러서 언어 교육자들이 단지 학습자가 언어 학습과정에 기여하는 것만으로 충분하지 않다고 결론을 내렸다. 학생들의 잠재성을 발휘하고 자율성을 최대화하기 위해 언어 학습자는—특히 성공적인 언어 학습자에 속하지 않는 학습자—학습책략 훈련(learning strategy training)의 필요성을 느꼈다. Wenden(1985)은 언어 교사가 언어 훈련에 쓰는 시간만큼 학습자를 훈련시켜야 한다고 주장한다. 그런 제안은 효율적인 학습이 이루어지기 위해 학습책략을 사용하도록 학생들을 훈련하여야 한다는 생각을 갖게 하였다.

3 교실 경험18)

학습책략 훈련을 사용하는 수업을 조사해 보기로 한다. 일본의 한 중학교의 영어수업을 관찰하였다. 그 교실은 32명의 학생들로 구성되었고 중급 단계의 언어 능력을 갖는 학생들로 구성되었다. 수업하기 전에 교사는 학생들의 학습일기를 읽고 그들과 면담하였다. 학생들의 불평 중 하나는 독해 과제가 너무 길다는 것이었다. 독해 본문에 새로운 어휘도 많아서 사전에서 모든 어휘를 찾는 데 시간이 너무 많이 걸린다고 불평하였다. 이런 이유로 교사는 **사전구상 책략**(advance organization strategy)을 사용하기로 결정했다.

그림 13.1 교사가 '사전구상' 책략을 사용하며 수업하는 장면

18) 이 수업의 내용이 아니라 윤곽은 Anna Chamot(1998)가 Australia의 Brisbane에 있는 Griffith 대학에서 열린 'Twenty-third Annual Congress of the Applied Linguistics Association of Australia' 학회에서 '*Language Learning Strategies Instruction: Promises and Pitfalls*'이란 제목으로 발표한 것에 기초한다. Chamot와 O'Malley는 학습 내용, 학술적 언어 발달, 학습 책략에 관한 수업을 통합하는 '인지적·학술적 언어학습 접근법'(cognitive academic language learning approach)을 발달시켰다.

교사는 프레젠테이션을 사용하며 수업을 시작한다. 그는 학생들에게 사전구상 책략을 통하여 학습할 것이라고 말한다. 교사는 본문내용을 읽기 전의 사전 학습활동(preview)을 통해서나 본문내용의 요점을 알기 위해 훑어 읽기(skima) 활동을 통해서 학습이 이루어지며, 이 책략을 사용하는 것은 학생들의 독해능력과 읽기 속도 능력을 향상시키고자 하는 것이라 설명한다. 교사가 한 모델을 제시한다. 교사는 '말하면서 생각하기'(think-aloud) 교수기법을 사용하는데 그가 모델을 제시할 때 그가 진행하는 과정을 말해준다. 그는 본문이 적혀있는 종이 한 장을 나누어준다.

"먼저 제목을 읽어보세요. 그리고 그 본문이 무슨 내용일까 생각해 봅시다. 그런 다음 소제목과 그림을 봅니다. 주제에 대해 내가 알고 있는 것과 질문하고 싶은 것을 마음속에서 생각해 보세요. 다음에 첫 번째 단락을 읽습니다. 그러나 모든 단어를 읽지는 않습니다. 주요 내용이 무엇인지를 생각하면서 빠르게 읽어 나갑니다. 특히 내용이나 의미를 함축하고 있는 단어의 동사나 명사를 주시하여 봅시다."

교사는 첫 단락에서 핵심이 되는 단어를 소리 내어 말하고 나서, "이 활동을 통해 나는 이 본문 내용이 야생말에 관한 것임을 알게 되었네요. 나는 주제가 무엇인지 잘 알지는 못합니다. 그러나 첫 단락에 스키마 활동을 통하여 본문 내용이 야생말을 잡고 길들이는 것에 관한 것 같은 인상을 받았네요."라고 한다.

"이제 여러분은 지금 내가 한 것처럼 해 보길 바랍니다. 지금 나는 여러분이 연습할 새로운 내용을 나누어 줄 것입니다. 본문이 적힌 종이를 받으면 그것을 엎어놓고 아직 읽지 마십시오. 모두 다 종이를 가졌나요? 좋아요. 자, 본문내용을 보기 전에 내가 방금 소개한 학습 책략을 연습한다는 사실을 기억하세요. 자, 준비 되었나요? 엎어놓은 종이를 다시 펴 보기 바랍니다. 처음부터 끝까지 훑어 읽어 보세요. 재빨리 다시 종이를 엎어 놓으세요. 그 본문 내용이 무엇에 관한 것이라고 생각하나요? 누가 말해 볼까요?"

한 학생이 그것이 고래에 관한 것이라고 말한다. "왜 그렇게 생각하지요?"라고 교사가 묻는다. 그 학생은 '*Rescuing the World's Largest Mammal*'이란 제목으로부터 그렇게 생각했다고 말한다. "What do you know about whales?"라고 교사는 학생들에게 묻는다. 한 학생이 여러 종류의 고래가 있다고 말한다. 다른 학생 하나가 고래는 장거리 여행한다고 한다. 세 번째 학생이 고래는 매우 똑똑하다고 대답한다. 'rescuing'이 의미하는 것이 무엇인지를 묻는다. 아무도 대답하지 않자 교사는 학생들에게 본문을 읽을 때 이 질문을 염두에 두고 다시 한 번 읽어 보라고 한다.

"종이를 다시 펴고 첫 단락을 빠르게 읽어보세요. 모든 단어를 읽으려고 하지 마세요. 단어의 뜻을 모르는 것은 그냥 넘어가세요. 사전을 찾지 마세요." 교사는 학생들에게 첫 단락을 2분 안에 읽게 한다. 그런 후에 교사는 "그 단락의 주요 내용이 무엇인가요? 요점이 무엇인가요?"라고 묻는다. 학생 하나가 본문은 위험에 처한 고래들의 유형을 열거한 것이라고 대답한다. 다른 학생이 손을 들고 "What does 'endangered' mean?"라고 질문한다. 교사는 그 학생에게 무슨 의미인지 추측해 보라고 한다. 또한 교사는 'endangered'라는 의미를 갖는 단어를 표현하는 부분이 어디에 있나요? 고래에 대한 내용 가운데 그것을 나타내는 것이 무엇인가요?"라고 질문한다. 학생들은 멈추고 잠시 생각해 본 다음에 "The whales, they are disappearing?"라고 묻는다.

"맞습니다." 교사는 대답한다. "과학자들은 고래가 환경조건이 나아지지 않으면 사라질 거라는 것에 관심을 두고 있습니다. 그럼 'rescuing'이 무엇을 의미하는지 이제 알겠나요?"라고 교사가 묻자, 학생들은 고개를 끄덕인다. 한 학생이 "saving"이라 말하자, 교사는 "예, 맞습니다. 두 번째 단락에서 주요 내용이 무엇인가요?"라고 묻는다. 몇몇 학생들이 고래에게 좋지 않은 환경들에 대한 것이라고 대답한다. 교사는 좋은 추측이라고 말해주고 나서 계속하여 "여러분의 추측이 정확한지를 봅시다. 지금 두 번째 단락을 훑어 읽어 보세요. 그러나 이번에는 1분 30초안에 읽어 보세요."라고 말한다.

수업은 네 번째 단락까지 이런 방식으로 진행된다. 네 번째 단락을 읽을 때는 오직 30초만이 허용되었다. "좋아요. 학습활동이 제대로 이루어지고 있다고 봅니다. 내일 이것에 대해 더 연습할 것입니다."라고 교사는 말한다.

그런 다음에 학생들은 그들이 어떻게 수업을 경험했는지에 대해 평가하는 시간을 가졌다. 일부 학생들은 모든 단어를 정확히 이해해야 한다고 믿기 때문에 실망감을 느끼는 눈치였다. 그러나 다른 일부 학생들은 본문 읽는 시간이 그 동안 그들이 해왔던 시간보다 훨씬 줄었기 때문에 기분이 좋아 보였다. 몇몇 학생들은 그 책략을 사용한 것에 대해 논의하고 그 책략을 어떻게 다르게 바꾸었는지 토의한다.

교사는 그들이 만든 새로운 학습책략에 관해 서로 이야기를 나눌 것을 권한다. 모든 학생들의 반응은 이러한 새로운 책략을 가지고 더 많은 연습이 필요하다고 말한다.

"그러면 오늘밤 여러분은 연습해 보시기 바랍니다. 과제로 나는 여러분에게 읽고 싶은 내용, 가령 신문이나 잡지 기사 등을 가지고 이 책략을 사용해 보기를 권합니다. 첫 문장을 읽으면서 시작하지 마세요. 머리기사나 제목을 읽고 여러분이 무엇을 알 수 있는지 먼저 생각해 보세요. 자막이 적힌 그림이 있는지 보세요. 그런 다음 본문 내용을 읽어 나가기 시작할 때 먼저 첫 단락을 읽으세요. 읽다가 모르는 단어가 나오면 건너뛰고 계속 읽으세요. 이런 식으로 읽으면서 그 기사의 주요 내용이 무엇인지를 추측해 보세요. 끝마친 후에 여러분 각자 학습일기에 이러한 경험에 대해 써 보기 바랍니다. 오늘은 이것으로 수업을 마칩니다."

4 교실 경험에 대한 검토

이 수업 경험을 이제까지 열거한 방식으로 살펴보겠다. 왼쪽에는 수업 관찰을, 오른쪽에는 수업관찰로부터 끌어낸 원리를 기록한다.

수업관찰	원리
1. 수업하기 전에 교사는 학생들이 무엇을, 어떻게 학습했는지 대해 학생들이 쓴 학습 일기를 읽는다. 또한 교사는 학생들과 개인면담을 한다.	학생들의 이전 지식과 학습 경험은 중요시되어야 한다.
2. 교사는 수업에서 '사전구상' 책략을 사용하기로 결정한다.	학습책략을 터득하는 것은 학문적인 성공을 가져올 것이다.
3. 교사는 말하면서 생각하기를 실제로 보여주면서 학습책략의 사용을 모델로 제시한다.	교사의 임무는 언어를 가르치는 것뿐만 아니라 학생 스스로 학습하도록 가르치는 것이다.
4. 학생들은 새로운 학습책략을 연습한다.	학생들은 학습책략을 배워야 한다. 이것을 배우는 방법은 직접 연습 경험을 통해서이다.
5. 학생들은 그 책략을 사용하고 난 후 학습의 성공 여부를 평가한다. 학생들은 그들의 학습요구에 적절하도록 학습책략을 수정한다. 학생들은 다른 친구들과 그들이 만든 새로운 책략에 대해 이야기한다.	학생들은 독립적이고 자기 규제된 학습자가 될 필요가 있다. 자기 평가는 학습자의 자율성을 유도한다.
6. 교사는 과제로 학생들에게 다른 본문내용을 가지고 그 새로운 책략을 연습해 보게 한다.	학습책략을 훈련하는 좋은 방법은 다른 상황에서 그것을 적용할 수 있어야 한다.

이 장에서 다루는 교수 방법론들이 이전 장들에서 다루었던 교수법들을 보완한다고 서론부분에서 이미 언급했다. 가령, 학습책략 훈련이 어떻게 내용 교수법에 적용시키기에 적합한지 쉽게 알 수 있다. 효율적인 학습을 위해서는 학습책략을 별개로 가르쳐선 안 되고 학습내용

이나 교과과정의 일부가 되어야 한다(Grabe & Stoller 1997). 학습책략 훈련의 또 하나의 이점은 학생들이 목표어 학습에 대한 형식적인 과정을 마친 후에도 스스로 자율적인 학습이 이루어지도록 돕는다는 것이다.

관찰한 수업을 통하여 살펴 본 학습책략은 Chamot와 O'Malley가 **초인지적 학습책략**(metacognitive strategy)이라고 부르는 책략들 중의 하나이다. 초인지적 학습책략은 학습 과업을 계획하고, 모니터링하고, 평가하는 책략이다. 또 다른 초인지적 학습책략들로는 최적의 학습 조건들을 열거하기(What conditions help you learn best?), 장기간 또는 단기간의 학습목표를 세우기(What do you want?), 읽고 듣는 동안에 학생들이 이해했는지를 모니터링하기(What have you understood?) 등을 들 수 있다. Chamot와 O'Malley는 두 가지 다른 범주를 추가한다. 하나는 **인지적 책략**(cognitive strategy)으로 학습을 위해 상호작용과 조작(manipulation)을 수반한다. 그 예로는 배운 내용을 다시 기억하기 위한 것으로 단어나 구를 머릿속에서 다시 생각해 본다던가, 본문내용을 요약해 본다던가, 주요 핵심 단어를 사용한다던가(새로운 단어를 이전에 알던 단어와 연상시키던지 그 단어에 대한 시각적인 인상을 만들어 내던가) 등이 있다 또 하나의 책략은 **사회적·정의적 학습책략**(social/affective strategy)으로 학습자들 간에 서로 상호작용 하거나 성공적인 학습을 위해 감정이나 정서를 조절하는 책략이다. 그 예로는 다른 사람과 목표어로 연습할 상황을 만들기, 어려운 과에 임할 때 긍정적으로 생각하고 스스로에게 묻는 자가-질문(self-talk)을 사용하기, 지식이나 정보를 교환하기, 피드백을 구하기, 괴업 완성을 위해 다른 사람들과 협력하기 등을 포함한다. 이 마지막 책략인 협력 활동은 다음에 다룰 교수방법을 이해하는 데 편리한 다리를 제공한다.

5 협력학습

협력학습(Cooperative Learning)은 본질적으로 그룹을 형성하여 학생들끼리 협력하면서 학습이 이루어지는 것을 의미한다. 그러나 협력학습을 다른 학습과 구별되게 하는 것은 단지 그룹을 형성하여 학습하는 것만이 아니라 학생들과 교사가 함께 학습을 진행해 가는 방법이란 점에서 중요하다. 학습책략 훈련에서 보았듯이, 교사는 학생들에게 협력적 또는 사회적인 기술(collaborative or social skill)을 가르쳐 학생들이 더 효율적으로 함께 학습해 갈 수 있도록 이끈다. 협력은 학습의 방식일 뿐만 아니라 의사소통을 위한 주제이어야 한다(Jacobs 1998). 이 방식이 어떻게 교실에서 이루어지는지 살펴보기로 한다.

6 교실 경험[19)]

이 수업은 미국 버지니아 주의 알렉산드리아 지방에 초등학교 5학년 ESL 학생들을 대상으로 이루어진다. 24명의 학생들이 점심시간 후 각자 자기 자리에 앉자 교사는 학생들에게 협력학습을 통하여 어휘수업이 진행될 것이라고 말한다. 여러 학생들이 "어떻게 그룹을 만드나요?"라고 묻는다.

"이번 주 동안 해왔던 것처럼 6명이 한 그룹이 되어 학습할 것입니다." 교사는 계속해서 말을 한다. "각 그룹은 한 이야기를 넷으로 나누어 각자 한 부분을 맡게 될 것입니다. 각 그룹은 내가 제시하는 이야기의 각 부분을 읽고 새로 나온 어휘를 서로 토의할 것입니다. 단어의 뜻을 이해할 수 없을 때는 사전을 이용해도 되고 나에게 질문해도 됩니다. 그룹 활동이 시작된 10분 후에 여러분은 또 다른 새로운 그룹

19) 이 수업은 Dishon과 O'Leary(1984)가 출간한 책의 제2장에서 발췌하였다.

을 만들 것입니다. 여러분의 세 명은 다른 그룹으로 이동하고, 또 세 명은 그대로 남고 다른 그룹에 있는 세 명의 학생들이 여러분 그룹에 올 것입니다. 새로 형성된 그룹에서 여러분은 각기 맡았던 이야기 부분에 대해 논의할 것이고, 그 그룹 구성원들이 잘 모르는 어휘를 가르쳐 줄 것입니다. 이야기의 각기 다른 부분을 잘 들어야 합니다. 새로운 어휘의 의미를 알게 될 것입니다. 그런 후에 다시 그룹의 구성원들을 똑같은 방법으로 바꿉니다. 그 다음에는 원래 자기 그룹으로 돌아와 처음부터 끝까지 전체 이야기를 만듭니다. 새로운 어휘를 그룹의 모든 학생들이 학습하게 될 것입니다. 이렇게 10분 정도 연습한 후에 방금 학습한 새로운 어휘와 내가 나누어 줄 종이에 적힌 그 단어의 의미를 연결시키는 것입니다. 연습은 그룹끼리 이루어지지만 시험은 혼자 치르게 됩니다. 여러분의 각자의 점수는 합쳐지기 때문에 각 그룹의 결과로 나타날 것입니다."

교사는 그것을 설명하면서 칠판에 점수의 기준을 제시한다.

> 90~100점 = 그룹에 있는 학생들 모두 재시험을 치르지 않아도 된다.
> 89점 이하 = 그룹에 있는 학생들 모두 재시험을 치러야 한다.

"만약 반 전체 점수가 90점 이상이면 내일 5분의 휴식시간이 더 주어집니다."라고 교사가 말하자 학생들은 기대감에 환호하는 소리를 내었다.

한 학생이 "어떤 사회적 기술을 사용하나요?"라고 묻자, 교사는 "어휘를 학습하는 동안 늘 다른 학생들을 격려하는 연습을 할 것입니다."라고 말한 다음에 다시 질문한다. "다른 사람을 격려하는 말에는 어떤 것이 있나요?" 학생들은 여기저기서 "Nice job!" "Way to go!" "Clapping and cheering."라고 말한다.

"네, 맞아요." "다른 사람을 격려할 때는 어떤 모습으로 하나요?"

"미소를 짓지요."

"고개를 끄덕이지요."

"등을 두드려 주지요."

"맞아요. 좋은 생각입니다. 오늘 나는 여러분의 협력학습 활동을 관찰할 것입니다. 다시 말해서 여러분이 이 사회적 기술을 어떻게 연습하는지를 지켜볼 것입니다. 자, 그룹으로 돌아가세요."

그림 13.2 그룹 협력학습을 시행하는 장면

교사는 각 그룹이 교실 어느 위치에 앉을지를 손으로 가리킨다. 한 그룹은 마루에 원을 그리며 앉고, 또 다른 그룹은 두 개의 책상을 붙이고 의자를 놓고 둘러앉고, 또 한 그룹은 교실 뒤쪽에 있는 탁자 위에 걸터앉는다. 교사는 한 이야기를 넷으로 분배하여 다른 부분이 적힌 종이를 각 그룹에 나누어준다. 그리고 그룹을 돌아다니며 2분 내지 3분 정도 지켜본다.

각 그룹에 있는 학생들 모두가 열심히 토의한다. 10분이 지난 후에 교사는 그룹활동을 멈추게 하고 각 그룹에 있는 세 명의 학생들이 다른 그룹으로 이동할 것을 요구한다. 또 10분 지나서 다시 그룹을 같은 방식으로 조정한다. 그런 다음 학생들이 처음 속했던 그룹으로 다시 돌아가서 각 부분의 이야기를 전체로 모으고 새로운 어휘를 서로 가르쳐 주는 시간을 갖는다. 그렇게 그룹학습 활동을 마친 후에 학생들 각자가 어휘 시험을 보게 된다. 시험을 마친 후에 학생들은 점수를 매기고 각자의 그룹으로 돌아가서 다른 학생들과 점수를 비교하기도 하고 자기가 속한 그룹의 학생들 점수를 모두 합산한다. 학생들은 그룹 점수를 각자 시험지 위에 적는다.

교사는 각 그룹의 시험지를 모아 반 전체의 점수를 계산한다. 교사가 전체 학생들에게 5분간의 휴식이 주어질 거라는 말을 하자 학생들은 환호성을 지른다. 그때 교사는 소그룹 활동 동안 학생들이 어떻게 다른 학생들을 격려하는 사회적 기술을 사용했는지에 대해 두 문장을 주고 적절히 빈칸을 채우도록 요구한다. 그리고 그는 학생들이 어휘 시험을 보는 동안 칠판에 적는다.

Our group did best on encouraging others by _______, _______, and ______ (three special behaviors).
Goal setting: The social skill we will practice more often tomorrow is ________.

교사는 그룹에 있는 학생들이 각기 다른 역할을 맡을 거라고 제안한다. 한 명은 과업 진행자(taskmaster)로서 그룹의 과입이 잘 진행되도록 이끌어가고, 또 한 명은 그룹의 대답을 적는 기록자(recorder), 세 번째 학생은 모든 학습활동이 제대로 수행하는지를 점검하는 점검자(checker), 네 번째 학생은 시간을 재는 자(timekeeper), 마지막 한 명은 그룹에게 그들의 그룹 활동을 보고 할 자(reporter)이다. 교사는 10분 동안 토론할 것이라고 말한다.

교사는 각기 그룹을 돌아다니며 아무 말도 하지 않고 관찰한다. 10분 후에 그는 각 그룹의 보고자에게 자신의 그룹의 활동에 대해 보고하게 한다. 교사는 그가 관찰하는 동안 적은 것을 토대로 몇 가지 피드백을 준다.

7 교실 경험에 대하여

다음은 협력학습의 수업관찰과 그 원리를 살펴보기로 한다.

수업관찰	원리
1. 어휘수업은 협력그룹 안에서 이루어질 것이다. 각 학생들은 새로운 어휘를 학습하는 데 서로 도울 것이다.	교사는 학생들이 개인적이거나 경쟁적인 관계로서가 아니라 그룹 내에서 서로 협력적으로 행동하는 '긍정적 상호 의존성(positive interdependence)'을 가지고 학습활동에 임하게 한다.
2. 학생들은 어떻게 그룹을 만드는가 묻는다. 교사는 이번 주 내내 자신이 속했던 그룹에 머물라고 한다.	협력학습에서 학생들은 같은 그룹에 일정시간 동안 함께 활동하게 됨으로써 어떻게 하면 더 성공적인 학습을 성취할 수 있는지를 알게 된다. 교사는 대개 성별, 국적, 학습능력 학습 능력이 각기 다른 학생들이 잘 섞이도록 그룹을 만든다. 이것이 학습자들로 하여금 서로 더 이해하고 도움을 주고받게 하여 학습이 잘 이루어지게 한다.
3. 교사는 학생들이 주어진 과업을 얼마나 잘 수행했는지를 평가할 수 있는 기준을 제시한다. 그룹 점수와 반 전체의 점수 결과가 나온다.	학생들의 노력은 개인적으로 보상을 받기도 하지만 다른 학생들에게도 영향을 미친다.
4. 학생들은 다른 학생들을 돕는 사회적인 기술을 연습한다.	다른 학생의 기여를 인정하거나, 다른 학생이 적극 참여하도록 권하거나, 대화가 조용히 이루어지길 요구하는 것과 같은 사회적 기술은 학생들에게 분명히 가르쳐야 한다.

5. 학생들은 그룹 속에서 열심히 학습활동에 임한다. 그룹 내에서 학생들의 의견교환이 많이 이루어진다.	언어학습은 학생들이 목표어로 상호작용함으로써 더욱 성공적으로 이루어진다.
6. 학생들은 시험을 개인적으로 치른다.	비록 학생들이 그룹 속에서 함께 학습활동을 하지만, 각자의 학습에 대한 평가는 개별적으로 이루어진다.
7. 학생들은 점수를 비교하고 그들의 점수를 합산한다. 학생들은 각자의 시험지에 점수를 적어 놓는다.	각 학생들의 책임감은 공유된다. 각 그룹의 구성원들은 참여하는 것과 학습하는 것에 책임감을 느껴야 한다.
8. 그룹은 어떻게 사회적 기술이 연습되었는지를 토론한다. 각 학생들에게 역할이 주어진다. 교사는 어떻게 학생들이 그룹 내에서 사회적 학습책략을 사용했는지에 관한 반응을 준다.	그룹 내의 지도적인 역할은 분배된다. 교사는 언어뿐만 아니라 협력하는 것을 가르친다. 사회적 기술은 언어사용을 수반하기 때문에 협력학습은 학문적이고 사회적인 목적을 위한 언어학습이기도 하다.

이 교수방법과 이전 장들에서 다루었던 교수법들 사이에 상호보완적임을 다시 한 번 인식해야 한다. 가령, 협력학습은 과업중심 교수법에 있어서 과업 수행을 용이하게 하는 데 도움이 되기 때문이다.

이 장에서 다룰 마지막 혁신적인 교수방법은 다중지능 학습이다. 이 방법을 채택하는 교사는 언어, 학습책략, 그리고 사회적 기술을 훈련시키는 것 이상으로 언어 학습자들의 속성들을 다루어야 한다.

8 다중지능 학습

교사는 학생들이 많은 장점을 가지고 있다고 생각한다. 언어학습에서 학생들이 보여주는 차이점은 각기 다른 학습 및 인지적 스타일을 갖기 때문이라고 본다. 예를 들어, 일부 학생들은 청각적이기보다는 시각적인 성향을 띤다. 즉 새로운 학습 자료를 들을 때보다 읽을 때 더 학습효과가 크다. 물론 일부 학생들에게는 둘 중 어느 방법을 적용하여도 똑같은 학습효과를 가져온다. 그러나 인구의 25% 정도는 학습방식이 학습자의 성공 여부를 결정한다(Levin et al. 1974: Larsen-Freeman & Long 1991에서 인용). Hatch(1974)는 자료수집 학습자(data gather)와 규칙형성 학습자(rule-former)를 구별한다. 자료수집 학습자는 목표어로 유창하게 말하지만 정확성이 부족한 반면에 규칙형성 학습자는 더 정확한 언어형태로 표현할 수 있지만 반면에 말로 표현하는 데는 더듬거린다.

심리학자 Howard Gardner(1983, 1993, 1999, 2006)에 의해 처음 소개된 다중지능 학습(multiple intelligence)은 언어 교육에 상당한 영향을 끼쳐왔다. 학생들의 다중지능 학습을 강조하는 교사는 학생들이 그들만이 갖는 특유의 장점을 가지고 교실에 온다고 주장한다. Gardner는 개개의 학습자들이 평생에 걸쳐 최소 8가지 지능이 발달한다고 주장한다. 8가지 지능은 다음과 같다.[20)]

1 논리-수학적(logical/mathematical) 지능: 숫자를 효율적으로 사용, 추상적인 형태를 구분, 추론하는 능력
2 시각-공간적(visual/spatial) 지능: 색깔·형태·크기·모양에 대한 민감성, 정신적 이미지를 창조하는 능력, 시각적-공간적 세계를 정확하게 지각하는 능력
3 신체-운동적(body/kinesthetic) 지능: 자기 몸으로 의사표현하거나 자신 몸의 움직임을 통제하고 사물을 능숙하게 다루는 능력
4 음악-리듬적(musical/rhythmic) 지능: 리듬·음정·음색에 대한 민감성, 음악적 표현 형식에 대한 감상할 수 있는 능력
5 대인 관계(interpersonal) 지능: 다른 사람의 기분·느낌·동기·욕구를 구별하고 그것에 적절하게 반응하는 능력

20) 우리는 8가지 지능의 7가지 지능을 설명하기 위해 Christison(1996)과 Lazear(1997)의 분류를 사용한다. Gardner는 몇 년 후에 한 가지 지능을 덧붙였다. 또한 우리는 1996년 11월 24일에 New York의 Saratoga Springs 지역에서 개최된 'New York State TESOL Conference'에서 다중지능 학습에 관한 John Balbi의 발표로부터 많은 도움을 받았다.

6 자기 이해(intrapersonal) 지능: 자신의 기분이나 감정을 조절, 자신의 정서를 구별하는 능력, 자신의 강점과 약점에 대한 지식
7 언어적(verbal/linguistic) 지능: 단어와 언어의 소리·구조·의미·기능에 대한 민감성, 언어를 창의적이고 효율적으로 사용하는 능력
8 자연-탐구적(naturalist) 지능: 자연 환경에서 관찰한 것을 활용하여 문제를 해결하거나 만들어 내는 능력

모든 사람이 이러한 8가지 지능을 다 소유할 수 있는 반면에, 개개인 모두가 이 지능을 똑같이 지닐 수는 없다. 일부 교사들은 7가지 지능을 적용하는 학습활동을 만들어 다양한 학생들에게 똑같이 언어학습을 향상시켜야 할뿐만 아니라 학습자가 이미 갖는 7가지 지능의 잠재성을 발휘하도록 도와야 한다고 본다. 그것이 가능하기 위한 한 가지 방법은 교실에서 종종 사용하는 학습활동을 분석해 보고, 지능 형태에 따라 그것을 범주화하는 것이다. 어떤 지능형태가 특정한 학습활동에 의해 형성된다는 것을 고려함으로써 교사는 교실에서 사용하는 학습활동 중에서 어느 것을 취하고 버릴 것인지를 알 수도 있게 된다. Christison(1996, 2005)과 Armstrong(1994)은 8가지 지능의 각 형태에 적합한 학습활동의 예를 제시한다.

1 논리-수학적 지능: 퍼즐과 게임, 논리적이고 순서적인 배열·분류·범주화
2 시각-공간적 지능: 차트와 격자 모양, 비디오, 그림
3 신체-운동적 지능: 현장 학습, 무언극
4 음악-리듬적 지능: 노래, 악기놀이, 재즈 챈트
5 대인 관계 지능: 짝 활동, 프로젝트, 집단 문제 해결
6 자기 이해 지능: 자기 평가, 일기 쓰기, 숙제 선택하기
7 언어적 지능: 글쓰기, 이야기 말하기, 토론
8 자연-탐구적 지능: 자연 세계로부터 사물을 수집, 사물의 이름을 이해하고 학습하기

다중 지능적 관점이 제시하는 두 번째 방법은 다른 여러 지능이 적용되도록 수업을 계획하는 것이다. 다음은 Emanuela. Agostini[21]가 적용한 수업계획으로 8가지 지능을 다 반영한다.

1단계 - 학생들에게 수수께끼를 주고 짝을 이루어 그것을 풀게 하기: 나는 눈을 가지고 있지만 아무것도 볼 수 없다. 나는 귀를 가지고 있지만 아무것도 들을 수 없다. 입을 가지고 있지만 말을 할 수 없다. 만약 내가 어리다면, 나는 어린 상태로 있게 된다. 만약 내가 나이가 들면, 나이 든 상태로 있게 된다.
정답: 그림이나 사진에 있는 사람
(사용된 지능: 대인간, 언어적 지능)

2단계 - 상상하기: 학생들에게 눈을 감고 편안한 마음을 갖게 한다. 학생들에게 그림에 대해 묘사한다. 학생들로 하여금 상상하게 한다. 그림에 대해 묘사하는 동안 음악을 들려준다.
(사용된 지능: 공간-시각적 지능, 음악적 지능)

3단계 - 소그룹을 형성하는 각 학생들에게 동일한 그림에 대한 내용이 담긴 종이를 나누어 주고 조금 전 교사로부터 들었던 그림에 대한 묘사와 비교해 보게 한다. 나누어 준 종이의 그림에 대한 묘사는 불완전한 형태를 갖는다. 그룹의 각 학생들은 다른 것을 가지고 있다. 가령, 빈칸으로 된 단어들이 각기 다르다. 그룹에 있는 학생들은 빈칸으로 되어있는 곳에 단어를 채우면서 그림에 대한 묘사를 완성해 간다.
(사용된 지능: 대인관계 지능, 언어적 지능)

4단계 - 그림에 대한 묘사를 행동으로 보임으로써 극적인 장면을 연기하게 한다.

21) 1997년 12월 6일 로마에서 열린 '1997 TESOL Italy'에서 'Seven Easy Pieces'라는 제목으로 발표한 것에 기초를 둔다.

(사용된 지능: 신체-운동적 지능)

그림 13.3 신체–운동적 지능을 설명하기 위해 초상화 모습을 연출해 내는 장면

5단계 - 학생들에게 그림을 보여준다. 그들이 만들어 낸 극적인 장면이 실제 그림과 다른 5가지를 찾게 하고, 학생들이 상상한 것과 그림이 어떻게 다른지 비교해 보게 한다.
(사용된 지능: 논리-수학적 지능)

6단계 - 학생들에게 그림에서 나무를 인식할 수 있는지 질문한다.
(사용된 지능: 자연-탐구 지능)

7단계 - 성찰(reflection): 그림을 보는 방법에 대해 무엇을 학습했는지를 학생들에게 묻는다. 목표어에 대해 무엇을 학습했는지를 그들에게 묻는다.
(사용된 지능: 자기 이해 지능)

물론 모든 지능이 수업계획에 다 반영될 필요는 없다. 중요한 점은 전형적으로 언어와 논리-수학적 지능을 갖는 학습자는 학교에서 많은 상을 받는다. 어떤 특별한 관심 없이도 언어 교실에서는 시각-언어적 지능과 대인간 지능이 자주 사용될 것이다. 학생들이 갖고 있는 지능의 다양성을 중시하는 교사들은 학습목표가 언어를 가르치는 것임을 간과하지 않으면서 여러 다른 형태의 지능을 교실 안에서 접하도록 하게 하여 학생들의 잠재성을 충분히 발휘하도록 해야 한다는 것이다.

최근에 Gardner(2007)는 변화무쌍한 이 세상에 살면서 성공적인 삶을 살기 위하여 각 개개인들에게 있어서 꼭 있어야 하는 인지적 능력에 초점을 둔 하나의 이론을 개발했다. Gardner는 학생들이 '미래를 위해 꼭 필요한 5가지 마음'(five minds) — 생각하고 행동하는 방식 — 을 제안했다. 5가지 마음 중에서 세 가지는 지적발달에 강조를 둔 것이고 두 가지 마음은 성격발달에 초점을 두었다.

1 훈련된 마음(disciplinary mind): 학생들은 어느 나라의 중요한 역사적 발달과 같은 전통적인 정보내용을 숙지한다.

2 종합하는 마음(synthesizing mind): 다양한 학문영역의 정보를 수집하고, 구성하고, 이해하고, 분류하는 데 초점을 둔다. 가령 스페인, 아랍, 영어권 화자들이 각 언어의 역사를 문학작품에서 어떻게 다루는지를 비교한다.

3 창의적인 마음(creating mind): 새로운 생각들의 창출, 문제점 해결방식, 창의적인 질문을 만들어 낸다. 가령 창의적 글쓰기, 역사적이고 정치적 관점에서의 분석이 이에 속한다. 창의적인 마음을 '고정관념을 벗어난 사고'(thinking outside the box)로 간주할 수 있다.

다음의 두 가지의 마음은 성격적/도덕적 발달에 초점을 둔다.

4 존중하는 마음(respectful mind): 다른 사람의 개성과 차이점을 인식하고 존중한다. 교실 안 또는 밖에서 다른 학생의 문화적인 배

경, 종교, 인종, 정체성을 인정하고 관용한다.

5 윤리적 마음(ethical mind): 학생들로 하여금 책임감과 다른 사람의 복지에 관심을 갖게 한다.

9 결론

이 장에서 혁신적인 방법론을 제시했다. 여러분은 언어교사가 언어에 직접적으로 관련된 능력 외에 협력적으로 학습이 이루어지게 하는 것 같은 교수기술(teaching skill)에 대해서도 고려해야 한다고 보는가? 학생들의 언어학습을 향상시키기 위해 여러분이 도입할 만한 어떤 다른 학습 책략이 있는가? 학생들이 소그룹으로 활동할 때 협력학습으로부터 적용할 만한 연습활동이 있는가? 학생들의 학습 스타일과 다중지능 학습의 원리에 적합하도록 여러분의 교육적 훈련을 다양화할 필요가 있는가?

교사는 학생들이 갖고 있는 그들만의 특유성을 염두에 두는 것이 가르치는 데 도움이 된다. 이것을 염두에 두는 것은 다음 장에서 다룰 방법론적인 선택에 대한 질문을 제시할 때 적절히 답할 수 있을 것이다.

10 학습활동

A. 학습책략 훈련, 협력학습, 다중지능 학습에 대한 이해도 점검

1. 언어 훈련과 학습자 훈련 사이의 차이를 진술하시오.
2. 협력학습은 'Think us, not me.'라고 가르친다고 들었다. 이것이 무엇을 의미한다고 생각하는가?
3. 다음의 7가지 학습 형태가 지능의 어느 범주유형에 속하는지 말해 보시오. 각 학습형태는 하나의 지능에만 적용된다. 강연 듣기, 문장의 강세를 두드리기, 협력을 요하는 과업, 목표 설정, 지도 읽기, 전신 반응법, 학생들의 선호를 조사하기, 결과를 그래프로 나타내기.

B. 학습책략 훈련, 협력학습, 다중지능 학습의 적용

1. 언어학습을 향상시키기 위해 여러분이 사용하는 학습책략에 대해 학생들과 면담하시오. 어떤 학습책략 패턴이 있는가? 여러분의 학생들을 도울 만한 학습책략이 있고 또한 학생들이 그 학습책략을 사용하는 법을 안다면 그것들을 사용하겠는가? 있다면 그것들을 가르치기 위해 수업 계획을 구성하시오. 결과가 어떠한지를 살펴보시오.
2. Goodman(1998: 6)은 '협력학습의 기본적인 입장은 연습활동, 학습자료, 학습목적이 협력학습을 위한 학습활동에 재구성되어야 한다.'고 주장한다. 이것을 염두에 두고 여러분이 최근 학생들에게 적용시켰던 학습활동에 대해 고찰하시오. 협력학습의 원리에 일치할 만한 방식으로 재구성할 수 있는가?
3. 여러분이 종종 사용하는 언어학습 활동들을 열거해 보시오. 그러한 학습 활동이 어떠한 Gardner의 5가지 마음이나 지능을 사용하는지 살펴보시오. 여러분이 열거한 목록에 들어있지 않는 지능이 있다면, 그러한 지능을 포함시킬 활동으로 전환할 수 있는지 생각해 보시오. 대안적으로, 여러분의 목록에 빠진 지능을 적용시킬 학습활동을 덧붙이시오.

참고 문헌

학습책략 훈련

Anderson, N. 2005. L2 learning strategies in E. Hinkel (ed.). *Handbook of Research in Second Language Teaching and Learning,* 757-72. Mahwah,

NJ: Lawrence Erlbaum.

Breen, M. (ed.). 2001. *Learner Contributions to Language Learning.* Essex: Pearson Education.

Brown, H. D. 2002. *Strategies for Success: A Practical Guide to Learning English.* White Plains, NY: Pearson Education.

Chamot, A. and **M. O'Malley.** 1994. *The CALLA Handbook: How to Implement the Cognitive-Academic Language Learning Approach.* White Plains, NY: Addison- Wesley Longman,

________, **S. Barnhardt, P. EL-Dinary,** and **J. Robins.** 1999. *The Learning Strategies Handbook.* White Plains, NY: Addison-Wesley Longman.

Cohen, A. 1998. *Strategies in Learning and Using a Second Language.* New York: Longman.

Dickinson, L. 1987. *Self-instruction in Language Learning.* Cambridge: Cambridge University Press.

Ellis, G. and **B. Sinclair.** 1989. *Learning to Learn English: A Course in Learner Training.* Cambridge: Cambridge University Press.

Ehrman, M. 1996. *Understanding Second Language Learning Difficulties.* Thousand Oaks, CA: Sage Publications.

Grabe, W. and **F. Stoller.** 1997. A six-T's approach to content-based instruction in M. Snow and D. Brinton (eds.). *The Content-based Classroom: Perspectives on Integrating Language and Content,* 78-94. NY: Longman.

Grenfell, M. and **V. Harris.** 1999. *Modern Languages and Learning Strategies: In Theory and Practice.* London: Routledge.

O'Malley, M. and **A. Chamot.** 1990. *Learning Strategies in Second Language Acquisition.* Cambridge: Cambridge University Press.

Oxford, R. 1989. *Language Learning Strategies: What Every Teacher Should Know.* Boston, MA: Heinle/Cengage.

_________. 2001. Language learning styles and strategies in M. Celce-Murcia (ed.). *Teaching English as a Second or Foreign Language* (3rd edn.), 359-66. Boston: Heinle/Cengage.

Rubin, J. 1975. What the 'good language learner' can teach us *TESOL Quarterly* 9:45-51.

Wenden, A. 1985. Learner Strategies. *TESOL Newsletter* 19/1:4-5, 7.

_________. 1991. *Learner Strategies for Learner Autonomy.* London: Prentice-Hall International.

_________. and **J. Rubin.** 1987. *Learner Strategies in Language Learning.*

Englewood Cliffs, NJ: Prentice-Hall.

협력학습

Cohen, E., C. Brody, and **M. Sapon-Shevin** (eds.). 2004. *Teaching Cooperative Learning: The Challenge for Teacher Education.* Albany, NY: State University of New York Press.

Dishon, D. and **P. O'Leary.** 1984. *A Guidebook for Cooperative Learning.* Holmes Beach, FL: Learning Publications.

Gillies, R. 2007. *Cooperative Learning: Integrating Theory and Practice.* Thousand Oaks: Sage.

_________ and **A. Ashman** (eds.). 2003. *Co-operative Learning: The Social and Intellectual Outcomes of Learning in Groups.* London: Routledge.

Goodman, M. 1998. Cooperative learning. The English Connection. *The Newsletter of Korea Teachers of English to Speakers of Other Languages 2*/3: 1, 6-7.

Jacobs, G. 1998. Cooperative learning or just grouping students: The difference makes a difference in W. Renandya and G. Jacobs (eds.). *Learners and Language Learning.* Singapore SEAMEO Regional Language Centre.

Johnson, D., R. Johnson, and **E. Johnson Holubec.** 1988. *Cooperation in the Classroom.* Edina, MN: Interaction Books.

Kagan, S. 1990. *Cooperative Learning: Resources for Teachers.* San Juan Capistrano, CA: Resources for Teachers.

Kessler, C. (ed.). 1992. *Cooperative Language Learning: A Teacher's Resource Book.* Englewood Cliffs, NJ: Prentice Hall Regents.

McCafferty, S., G. Jacobs, and **C. DaSilva Iddings** (eds.). 2006. *Cooperative Learning and Second Language Teaching.* Cambridge: Cambridge University Press.

Slavin, R. 1995. *Cooperative Learning* (2nd edn.). Boston, MA: Allyn & Bacon.

학습 스타일

Hatch, E. 1974. Second Language Learners—Universals? *Working Papers on Bilingualism* 3:1-17.

Larsen-Freeman, D. and **M. Long.** 1991. *An Introduction to Second Language Acquisition Research.* London: Longman.

Levin, J., P. Divine-Hawkins, S. Kerst, and **J. Guttman.** 1974. Individual differences in learning from pictures and words: The development and application of an instrument. *Journal of Educational Psychology* 66/3: 296-303.

다중지능 학습

Armstrong, T. 1993. *Seven Kinds of Smart: Discovering and Using your Natural Intelligences.* New York: Plume/Penguin.

_________. 1994. *Multiple Intelligences in the Classroom.* Alexandra, VA: ASCD.

Berman, M. 2002. *A Multiple Intelligences Road to an ELT Classroom* (2nd edn.). Carmarthen: Crown House Publishing.

Chen, J-Q., S. Moran, and **H. Gardner** (eds.). 2009. *Multiple Intelligences Around the World.* San Francisco: Jossey-Bass.

Christison, M. 1996. Teaching and learning language through multiple intelligences. *TESOL Journal*, Autumn: 10-14.

_________. 2005. Multiple *Intelligences and Languages Learning: A Guidebook of Theory, Activities, Inventories, and Resources.* San Francisco, CA: Alta Bank Center Publishers.

Gardner, H. 1983. *Frames of Mind: The Theory of Multiple Intelligences.* New York: Basic Books.

_________. 1993. *Multiple Intelligences: The Theory in Practice.* New York: Basic Books.

_________. 1999. *Intelligences Reframed. Multiple Intelligences for the 21st Century.* New York: Basic Books.

_________. 2006. *Multiple Intelligences: New Horizons in Theory and Practice.* New York: Basic Books.

_________. 2007. *Five Minds for the Future.* Cambridge, MA: Harvard Business School Press.

Lazear, D. 1997. *Seven Ways of Teaching: The Artistry of Teaching with Multiple Intelligences.* Arlington Heights, IL: Skylight Publishing.

Puchta, H. and **M. Rinvolucri.** 2007. *Multiple Intelligences in EFL: Exercises for Secondary and Adult Students.* Cambridge: Cambridge University Press.

14
테크놀로지를 활용한 언어 교수법

Emerging Uses of Technology in Language Teaching and Learning

1 서론

언어교육에서 테크놀로지를 활용하는 두 가지 방법으로는 수업에 필요한 교육 자료를 제공하는 장치로서의 테크놀로지와 효율적인 학습을 제공하기 위한 수단으로서의 테크놀로지를 들 수 있다. 한편으로, 테크놀로지를 단지 교육 자료를 제공해주는 수단으로 생각한다면 테크놀로지는 언어교육과 오랫동안 밀접한 연관이 있다고 볼 수 있다. 오래 전에 테크놀로지는 교실에서 사용되는 칠판과 백묵이었으나, 그 후에 언어교육에 있어서 영사 슬라이드, 오디오, 비디오 녹음 및 재생 장치 같은 테크놀로지가 교사들에 의해 사용되어 왔으며, 최근 들어 디지털 테크놀로지를 활용하는 추세로 바뀌고 있는 실정이다. 또한 인터넷을 통해 전 세계적으로 수백만 대의 컴퓨터에 접속 가능케 함으로써 각자의 컴퓨터로 의사소통 체계망을 구축하기에 이르렀다. 이러한 결과로서 교사들은 인터넷을 통한 정보 통신망의 한 방법인 **월드 와이드 웹**(World Wide Web)을 활용하여 문서, 오디오, 비디오 자료를 찾아볼 수 있게 되었다. 예를 들어, 검색엔진(search engine)이라 불리는 온라인 연구물 검색 등과 같이 컴퓨터의 웹을 활용하여 이용할 수 있는 자료는 무한히 많음을 알 수 있다.[22)]

이 외에도 컴퓨터는 온라인 사전, 문법규칙과 문장구조 형식 점검, 그리고 **용어 색인**(concordance) — 컴퓨터로 어떤 책 등에 쓰인 각 단어의 총 사례들을 보여주는 어휘 리스트 — 이 가능하다. 다른 한편으로 효율적인 학습을 제공하기 위한 수단으로서 테크놀로지의 활용도는 매우 높다. 테크놀로지는 더 이상 교사들이 수업에서 활용할 수 있는 단순히 사용되는 기계장치 또는 실제 자료를 만들어내는 것으로 그치지 않고, 학습자들로 하여금 학습하고 있는 목표어에 쉽게 접근 가능하게 해 준다. 결과로서 테크놀로지는 장소와 시간을 가리지 않고 학습을 가능하게 해주기도 하지만 교사가 가르치는 내용을 명확히 볼 수 있도록 해 주는 이점도 있다.

얼핏 보기에 이미 앞서 언급한 교육 자료를 제공하는 장치로서의 테크놀로지와 효율적인 학습을 제공하기 위한 수단으로서의 테크놀로지에 대한 정의는 하나의 교수법으로 보기에는 부적합한 것처럼 보인다. 그러나 후자의 정의는 최소한 이 책에서 고려할 만한 혁신적인 교수법의 하나로 간주하기에 부족하지 않다고 볼 수 있다. Kern(2006: 183)은 다음과 같이 주장한다.

> 의사소통 기술의 급격한 발전은 상대방과의 새로운 대화체제 방식, 저자와의 의사소통 방법, 그리고 공동체를 형성하고 참여하는 새로운 방식을 가져오면서 언어 교수법과 언어 사용에 대한 현격

22) 영어 학습을 위한 가장 널리 이용되는 웹사이트 참고를 위해 참고문헌에 적힌 웹사이트를 참조 바람.

한 변화를 가져오고 있다.

전 세계적으로 교실상황이 교사는 교실의 칠판 앞에 서서 가르치고 학생들은 책상에 앉아서 책을 읽는 모습으로 비슷한 양상을 보이지만, 테크놀로지 발달로 인해 학생들은 교실 안 또는 교실 밖에서 개인적으로 또는 협력하여 컴퓨터나 휴대전화와 같은 여러 테크놀로지를 사용하면서 학습에 임하는 모습을 보여준다. 학생들이 직접 저자에게 메시지를 보내거나 웹에 글과 문서를 게시하는 이러한 새로운 대화방식은 문어(written language)와 구어(oral language)의 특성을 바꾸어 놓았고 학생들은 국경을 넘나들면서 온라인 또는 실제적으로 공동체를 형성해 오고 있다.

비록 모든 언어학습이 형식적인 교실상황에서 이루어지지만 컴퓨터를 사용할 수 있는 학생들은 자신의 원하는 방법으로 더 자율적으로 학습하고자 한다. Thorne(2006: 14)는 이러한 테크놀로지의 활용을 통해 '학생들은 제한된 교육기관 내에서만 이루어졌던 언어학습 그 이상으로 확대되어 각 개개인의 정체성 형성과 타인과의 의사소통을 위해 목표어를 훨씬 더 사용할 것'이라고 강조한다.

테크놀로지의 활용은 기대 이상으로 학습자 각 개개인에게 맞춤형의 학습효과를 가져온다. **컴퓨터 보조 언어학습**(Computer-assisted Language Learning)은 학습자의 능력을 분석하여 각자의 수준에 맞는 학습자료 제시, 적절한 피드백 및 필요한 연습활동을 제공한다. 그 외에도 학습자의 능력에 적합한 시험문제로 구성된 시험문제 컴퓨터 능력 적응검사(computer adaptive testing) 프로그램도 있다.[23)]

개별적 학습을 보완하는 것으로는 서로 연결된 컴퓨터를 통해서 수준이 비슷한 학습자들끼리 의사소통할 수 있는 상호작용이 중요하다. 일찍이 제10장에서 언어학습은 상호작용을 통해서 이루어진다고 강조

23) Heift와 Schulz(2003)는 독일어를 가르치는 데 이러한 능력을 가진 컴퓨터 보조 언어학습 프로그램을 응용.

한 것을 다시 한 번 상기해 보자(Vygotsky 1978). 학생들은 상호작용을 통해서 서로의 경험을 바탕으로 그들 자신의 지식을 재구축하게 된다. 테크놀로지를 통한 상호작용이 주로 글을 통해서 이루어진다고 볼 때 이러한 상호작용을 통해서 주고받는 글에 대한 분석 및 성찰이 가능하다는 것을 암시한다. Kramsch와 Thorne(2002: 97)는 학생 Eric이 목표어로 불어를 학습하는 과정에서 불어를 모국어로 하는 화자와 함께 이메일 교신을 통해 어떻게 불어를 습득해 가는지 기술한다.

> 이메일은 일종의 글쓰기라고 볼 수는 없으나 이메일을 주고받으며 대화를 하게 된다. 이해를 돕기 위해 그 이메일을 다시 열어 읽어 보게 된다. 나는 불어를 모국어로 하는 사람으로부터 이메일에 나타난 대화를 통해서 불어를 학습하는 계기를 가졌다. 매우 좋았다. 일부러 비행기를 타고 갈 필요가 없기 때문이다.

따라서 테크놀로지의 활용은 개별적 학습, 상호작용, 성찰을 통한 언어학습, Eric의 코멘트, 그리고 학습자의 동기를 불러일으킨다고 볼 수 있다.

동시에 효율적인 언어학습을 불러일으키는 테크놀로지의 활용은 학습하고자 하는 언어의 본질에 대해 다시 재고하게 한다. 즉, 언어는 고정된 체계가 아니다. 반면에 언어는 항상 변하고 있고 또한 그 언어를 사용하는 사람들에 의해 항상 변화해 왔다(Larsen-Freeman & Cameron 2008). 가령 Eric이 쓴 글에서 나타난 'flying by'라는 표현에서 볼 수 있듯이 테크놀로지는 학습자로 하여금 현재 사용되는 언어를 고찰하게 해주기 때문에 언어가 새롭게 변화한다는 속성을 인식하게 해준다. 사실상, 이러한 언어의 역동적인 면은 Larsen-Freeman (2003)이 '적절한 어법'(grammaring)이라고 부르는 문법규칙에도 적용되어 왔다. 적절한 어법은 단순한 문법규칙에 대한 지식이 아니라 문법구조를 정확하게, 의미 있게, 적절하게, 그리고 창조적으로 사용할 수 있는 능력을 의미한다.

Kern(2006: 200)은 테크놀로지의 활용이 불가피함에도 불구하고, '언어와 문화를 학습하는 데 영향을 주는 것은 테크놀로지 그 자체가 아니라 테크놀로지를 어떻게 활용하는가에 있다. 따라서 이러한 테크놀로지 활용이 교사와 교수방법에서 매우 중요하다는 사실을 항상 잊지 말아야 한다.'고 주장한다.

테크놀로지는 교과과정에 통합되어야 하는 것이지 새로운 방법으로 부가되어선 안 된다. 늘 그랬듯이 테크놀로지를 활용한 교실수업을 관찰하기 전에 그 수업에서 사용될 용어를 간략하게 소개할 것이며, 이 장 후반부에서 그 용어들에 대하여 자세히 더 살펴보고자 한다.

블로그

블로그(blog)는 개개인의 온라인 저널이다. 블로그 저자는 자신이 원할 때마다 특정 주제나 화제에 대해 말 또는 글로써 자신의 생각을 게시하거나 다른 출처로부터 자료를 가져와 올릴 수 있다.

소셜 네트워킹 사이트

페이스북(Facebook)과 같은 소셜 네트워킹 사이트(social networking site)는 웹(web)을 통해서 접근 가능하다. 참여자들은 웹사이트에 자신의 개인 홈페이지를 구축하고 개인정보, 다른 온라인 자료 링크, 사진 등을 올린다. 소셜 네트워킹 사이트에 접속한 다른 참여자들과 함께 친구 맺기를 한다. 친구 맺기를 통해서 알게 된 여러 참여자들과 함께 서로의 정보와 사진을 공유한다.

유튜브

유튜브(You Tube)는 짤막한 비디오를 보고 그 내용을 서로 나누는 웹사이트이다. 대부분의 유튜브 비디오 동영상은 초고속 인터넷 접속이 가능한 사람이면 이용할 수 있다. 주제의 범위는 언어 교실상황, 강연, 일상생활의 단편을 찍은 비디오 동영상 등을 포함한다.

위키

위키(Wiki)는 웹상의 문서를 만들고 편집할 수 있는 하나의 방법이다. 위키는 다른 사람들과 협력하여 글쓰기 작업을 하는 데 매우 유용하며, 초안에서 최종 완결된 글쓰기 진행 작업을 살펴보고 관찰하고 교정할 수 있는 장점이 있다.

전자 텍스트 코퍼스

전자 텍스트 코퍼스(electronic text corpus)는 수백만의 단어는 아니지만 수천만의 단어를 구성하는 구어나 문어로 된 텍스트의 모음이다. 교사나 학생들은 한 문장에서 사용된 특정 단어와 구문의 여러 가지 사용 패턴을 발견할 수 있다. 그러한 특정 단어와 구문은 형태, 의미, 단어나 표현의 사용, 빈도수를 가지고 분석되기도 한다. 또한, 문장 내에서 특정 단어나 구문 앞이나 뒤에 무엇이 오는지 조사하기도 한다.

2 교실경험

지금부터 교실 경험을 살펴보기로 한다. 수업은 태국의 한 사설 영어 학습기관에서 이루어졌다. 그 수업은 영어를 배우는 중상위 단계의 16명의 학생들로 구성되어 있고 나이는 16세부터 30세까지이다. 수업은 일주일에 2회 이루어지고 1회에 90분 수업으로 진행된다. 학생들이 낮에 직장을 다니므로 수업은 야간 시간에 이루어진다. 그 학습기관은 컴퓨터, 액정 영사기(LCD projector), 오버헤드 프로젝터(overhead projector), TV/VCR/DVD 등의 장치를 갖춘 교실을 가지고 있다. 또한 그 기관에는 두 개의 컴퓨터 연습실이 있고, 각 연습실에는 초고속 인터넷 접속이 가능한 20대의 컴퓨터와 프린터가 배치되어 있다. 그 외에도, 전체 건물이 무선 인터넷 접속이 가능하다. 수업은 일주일에 한 번은 컴퓨터실에서 이루어지는데, 각 컴퓨터들이 벽을 마주한 채로 그 방 안의 가장자리에 둘러져 배열되어 있다. 이러한 배열은 교사가 토론할 경우에는 학생들이 의자를 돌려서 얼굴을 교사에게 향하게 했다가 마친 다음 다시 몸의 자세를 돌려 컴퓨터 작업을 쉽게 하기 위한 것이었다.

이 수업에 참여하기 전에 학생들에게 세 가지 온라인 과제가 주어졌다. 하나는 학생들 각자가 블로그를 만들어 영어 학습 경험을 정기적으로 기록하는 것이었다. 일부 학생들은 이 블로그에 새로운 어휘를 적거나 학습에 도움이 된다고 생각하는 영어 학습 웹사이트에 대한 간략한 평을 적기도 한다. 또 일부 학생들은 특정 주제에 관해서 자신의 생각을 표현하기도 하는데, 그들은 주로 교실수업에서 경험한 것이나 자신이 영어 학습하는 과정에서 느낀 것들을 기술하였다. 또한 그들은 블로그를 통해서 영어를 가능한 한 많이 사용(구사)할 수 있는 방법을 찾는 데 있어서 서로의 생각들을 공유하고, 여행객이나 관광객들에게 영어를 사용했던 경험들을 나누기도 하였다. 각 학생들은 최소한 세 명의 같은 반 학생들의 블로그를 매주 한 번씩 방문하여 코멘트를 주는 과제가 주어지기도 했다.

두 번째 과제는 학생들이 소셜 네트워킹 사이트에 프로필을 만드는 것이다. 대부분의 학생들이 페이스북 계정을 가지고 있어서 교사는 그것을 이용하게 하였다. 학생들은 일주일에 최소 세 번 페이스북에 접속해서 함께 수업 받는 다른 학생들이 게시한 글을 읽거나 자신의 근황을 업데이트해야 했다. 또한 학생들은 계속 업데이트 되는 다른 학생들의 근황에 대해 반응을 보여줄 수 있다. 이 외에도, 소셜 네트워킹 사이트의 특성의 하나는 학생들이 친구 맺기를 통해서 함께 수업을 듣지 않는 학생들과의 정보나 근황을 교환할 수 있다.

세 번째 온라인 과제는 학생들이 같은 반 학생들과 함께 만든 위키를 통해 연구조사를 하는 것이다. 일찍이 언급하였듯이 학생들은 관심이 있는 주제를 선택해서 함께 공동연구를 시작하였다. 그들이 선택한 주제는 전통적인 태국 춤에 관한 것이었다. 계속적인 진행과정에서 학생들은 전통적인 태국 춤에 대해 위키 문서를 만들어 관련된 정보를 추가하거나 관련된 웹사이트들을 링크로 연결하였고 서로의 작업에 대해 코멘트를 주었다.

일부 학생들은 이메일 펜팔친구(E-pen pals)와 교신도 하고 실시간으로 채팅도 하였다. 교사는 캔버라(Canberra)의 오스트레일리아 국립대학교에 다닐 때 만났던 오스트레일리아 사람들과 학생들이 교류할 수 있도록 도와주었다.

수업이 시작할 때 학생들은 자신들이 해 온 과제에 대해 영어 또는 태국어로 활기 넘치는 대화를 나누고 있었다. 교사는 학생들에게 두 개의 언어로 인사를 한다. 각 학생들은 자신의 컴퓨터 책상에 앉아 있었고 교사는 그들에게 언어 학습 블로그를 접속해서 그 블로그에 나타난 새로운 내용을 읽게 한다. 교사는 돌아다니면서 학생들의 어깨 너머로 컴퓨터 화면에 적힌 내용들을 보면서 학생들이 과제를 제대로 해 왔는지 점검한다. 그런 후에 교사는 다시 학생들에게 의자를 돌려서 서로의 얼굴을 마주 보도록 토론식의 원형으로 둘러앉게 한다. 교사는 "여러분의 블로그에 몇 명이 코멘트를 주었나요?"라고 묻는다.[24] 모든 학생들이 손을 든다. 교사는 다시 "다른 학생들이 준 코멘트에 놀랐나요?" "수업에 참여하지 않은 사람들로부터 코멘트를 받은 적이 있나요?" "그런 코멘트를 받은 학생이 있다면, 전체 학생들 앞에서 나누기를 원하는 학생이 있나요?" Tuk는 "인도네시아의 자카르타에 살고 있는 영어를 배우는 Dedi라는 남학생으로부터 코멘트를 받았는데, 내가 주로 사용해왔던 'segue'라는 단어를 일상생활에서 말로 구사하는지 알고 싶다고 물었습니다. Dedi는 인도네시아에서 그 단어는 글로 표현된 것을 본 적은 있지만 구두로는 들어본 적이 없다고 했습니다." 교사는 전체 학생들의 생각을 물어본다. "Tuk는 Dedi의

24) 수업에 참여하지 않은 사람들로부터의 코멘트는 만약 블로그가 처음에 그런 방법으로 만들어졌다면 가능하다. 공개 또는 비공개 블로그를 만들어야 하는 것은 교사의 선택에 의한 것이다.

코멘트에 대해 어떻게 생각하나요? 여러분은 사람들이 'segue'라는 단어를 사용하는 것을 들어본 적이 있나요?" 많은 학생들이 그 단어를 들어본 적은 없으나 글로 된 문서에서는 본 적이 있다고 말했다. 교사는 학생들에게 나중에 컴퓨터 코퍼스를 사용하여 'segue'라는 단어를 찾아보자고 말했다.

Lek라는 또 다른 여학생이 "코스타리카(Costa Rica)에 살고 있는 Alejandro라는 한 학생으로부터 코멘트를 받았는데 그 내용을 잘 이해하지 못했어요."라고 말했다. 교사는 "Alejandro가 Lek에게 말하려는 것이 무엇인지 우리가 어떻게 도울 수 있을까요?"라고 질문하였다. 전체 학생들은 Alejandro의 질문에 대한 답을 찾기 위해서 몇 분 동안 영어와 태국어로 논의한다. Lek는 Alejandro와 의사소통하기 위해 교사와 다른 학생들의 의견을 사용할 수 있을 것이라고 생각한다.

그런 다음 교사는 학생들에게 두 명씩 한 조를 이루어 하나의 컴퓨터에 함께 앉게 한 후 각자의 페이스북을 열고 게시된 내용들을 함께 읽게 하였다. 게시된 내용이 재미있다는 듯이 웃음소리가 여기저기서 터져 나왔다. Sunni라는 남학생이 그의 페이스북 게시판에 "나는 커피를 좋아한다."라고 썼더니 다른 친구들이 "만약 네가 커피를 좋아하면 커피와 결혼해라." 또는 "밤에 잠을 잘 잘 수 없지 않을까?"라는 글을 올렸다. Sunni는 함께 수업을 듣는 Waew라는 여학생으로부터 근처 카페에서 커피를 마시자는 초대를 받기도 하였다. 그는 곧장 의자를 돌려 그녀에게로 달려가서 "물론이지. 함께 커피 마시자. 수업 마치고 어때?"라고 말했다.

10분쯤 지나서, 교사는 학생들에게 다시 의자를 돌려 토론식의 원형으로 둘러앉게 한다. 교사는 학생들에게 "여러분의 페이스북에서 영어의 숙어나 특정한 구문을 접하거나 사용한 적이 있나요?" "이러한 숙어의 의미는 무엇인가요? 페이스북에서 새로운 언어를 사용하려고 시도했나요?"라고 질문하였다.

Lam은 페이스북에서 'get a grip(정신을 바짝 차리다)'이란 숙어를 사용했다고 말한다. 학생들은 'get a grip'에 대한 의미를 서로 비교해 본다. 그런 다음 교사는 학생들에게 컴퓨터 온라인을 통해 '영국 국립 코퍼스'(British National Corpus)를 참조하라고 한다. 영국 국립 코퍼스는 대략 1억 개 정도의 문어와 구어의 모음집이다. 'get a grip'이라고 친다면 한 문장에 그 표현들이 들어있는 50개나 정리한 용어 색인을 찾아볼 수 있다.

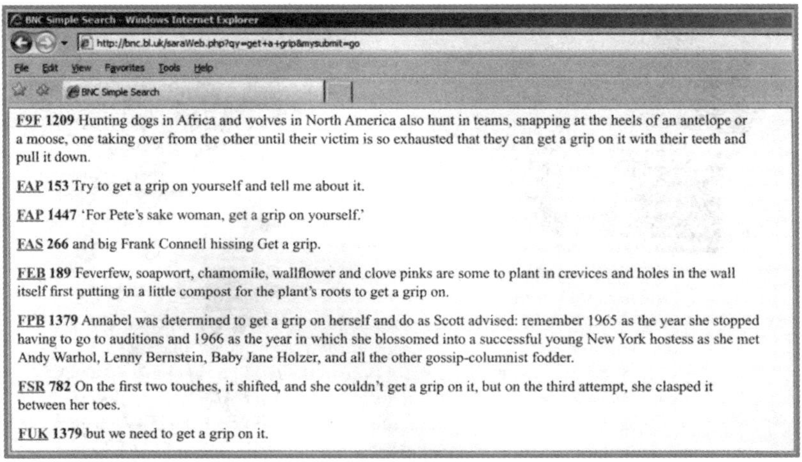

그림 14.1 불완전한 용어색인: 영국 국립 코퍼스로부터 숙어 'get a grip'이 들어있는 문장들

그런 다음, 교사는 학생들에게 숙어 'get a grip'이 어떻게 사용되는지 질문한다. 학생들은 곧장 'get a grip'이란 숙어는 거의 매번 전치사 'on'이 뒤에 온다고 대답한다. 학생들은 더 예문을 살펴보면서 때때로 전치사 'of'가 뒤에 오기도 하고, 간혹 명령문 'Get a grip!'으로도 사용되는 것을 알게 되었다고 한다. 또한 그들은 전치사 'on'이 뒤에 오면 완전 다른 의미로 사용되는지를 서로 토론하기도 한다. 교사의 가르침에 따라 학생들은 'get a grip'이 문자 그대로 '자신을 억제하다'라는 뜻과 좀 더 비유적으로 '정신을 가다듬다'라는 의미로 사용될 수 있음을 알게 되었다. 그런 다음 교사는 학생들에게 온라인 사전

을 통해서 'get a grip on'이 '-을 파악하다'라는 의미로 사용되는지와 동사 'get' 대신에 'have'를 사용할 수 있는지도 찾아보게 한다. 또한 학생들에게 그 숙어가 들어가는 문장들을 만들어 보게 하고, 그 문장들을 큰 소리로 읽어 보게 한다.

또한 학생들은 Tuk가 언급한 단어 'segue'를 똑같은 방법으로 코퍼스 검색을 한다. 학생들은 그 단어가 1억 개나 되는 영국 국립 코퍼스에서 두 번 정도 사용될 뿐 자주 사용되지 않는 단어라는 것을 발견한다. 더욱이 사용된 두 개의 단어 중 하나는 회사이름으로 사용되었고, 두 경우 모두 글로 쓰인 텍스트에서만 사용된 것을 알게 된다. 학생들은 그 인도네시아 학생의 코멘트가 맞다고 하면서 그 단어는 구어로는 거의 사용되지 않는다고 결론지었다. Tuk는 그 학생에게 그 사실을 알려주어야겠다고 말한다.

교사는 학생들에게 두 명씩 조를 이루어 다시 컴퓨터 책상에 앉게 한 다음, 어느 록밴드가 최근 히트송을 부르는 유튜브를 검색해 보게 한다. 교사는 학생들에게 "그 동영상을 보고 나서 공연에 대하여 짝을 이룬 조원과 함께 의견 나누어 보세요." "공연이 어땠나요?" "공연을 재미있게 보았나요?" "재미있게 보았다면 왜 그렇게 생각하나요?" 등의 질문을 한다. 그런 다음 학생들은 다이어트와 관련된 건강을 다루는 유튜브 동영상에 대해서도 똑같은 방식으로 조별 활동을 한다. 대부분의 학생들이 동영상을 보고 난 후 페이스북에 올려진 내용들에 대해 수정 보완한다. 학생들 중에 한 명이 교사에게 "There's a lot of reasons to like this performance."와 "There are a lot of reasons to like this performance." 중에 어느 표현이 정확한지 질문한다. 교사는 문법규칙에 따라 두 번째 문장이 정확하지만, 최근에 영어를 모국어로 사용하는 화자들이 간혹 첫 번째 문장을 구사하기도 한다고 답한다.

이 수업에서 마지막 단계는 학생들이 위키 프로젝트에 대해 빠른 검토를 하는 것이다. 이 단계를 위해 학생들은 소그룹을 형성하고 각 그룹은 컴퓨터를 이용한다. 소그룹 활동은 태국 춤을 조사하며 연구

결과를 작성하는 것이다. 교사는 학생들에게 새로운 자료를 추가하느라 그 날 수업시간에 다 마칠 수 없다면 다음 시간에 이어서 할 것이라고 말한다. 일단 각 그룹의 조원들이 그들이 꼭 해야 할 것을 결정하고 위키에서 더 수정할 수 있는지를 논의하며 서로 협력한다.

다음 수업시간을 주어진 세 가지 과제는 다음과 같다.

1. 학생들은 그들 자신의 근황을 블로그에 업데이트한다.
2. 그들 자신의 페이스북을 방문하고 근황을 업데이트하거나 다른 학생들이 페이스북에 올린 글을 읽고 코멘트 한다.
3. 위키 프로젝트에서 다룰 주제를 생각하고 조사한다. 학생들은 새로운 자료를 덧붙여서 초안을 완성한 후, 그 내용을 다음 수업시간 전까지 교사에게 이메일로 보낸다. 교사는 그들의 초안을 수정하여 다시 이메일을 통해 돌려주되 각 학생들이 만든 초안을 전 포트폴리오 형식으로 저장 보관한다.

3 교실 경험에 대한 검토

다음은 수업에서 관찰한 내용들을 점검하고 그 수업의 근거를 이루는 원리들을 함께 살펴보기로 한다.

수업관찰	원리
1. 수업을 시작하기 전에 주어진 과제들에 대해 학생들은 서로 활발하게 논의한다.	학생들의 학습동기를 유발하기 위해 온라인 활동이 주어진다.
2. 교사는 학생들에게 서로 얼굴을 마주 보도록 원형으로 둘러앉게 한다.	언어학습은 사회적 상호작용을 통해서 이루어진다.
3. 학생들은 자신의 블로그에 게시된 코멘트를 다른 학생들과 공유한다.	학생들은 자신들의 생각이나 의견을 공유하는 것에 대해 자율적이다.

4. 학생들이 사용하는 언어는 다른 나라에 사는 언어 학습자들의 블로그에 게시한 코멘트에 의해 결정된다.	학생들은 실제 언어 사용을 통해 학습한다. 그들은 온라인이나 커뮤니티를 통해서 다른 사람들과 상호작용을 하며 학습하게 된다.
5. 교사는 학생들과 함께 주어진 활동을 수행한다. 학생들은 다소 이해하지 못하는 내용에 대해 서로 의견을 주고받거나 그 주어진 코멘트에 어떻게 반응할지 결정한다.	의미의 협상은 중요하다.
6. 학생들은 블로그에 게시된 코멘트에 대해 논의하기 위해서 모국어를 사용하기도 한다.	학생들의 모국어 사용은 이해를 돕는 데 유익하다.
7. 교사는 특정된 언어형태에 초점을 두고 가르치기보다는 오히려 학생들의 온라인 활동을 통하여 제시된 내용에 초점은 둔다.	언어형식에 초점을 덜 두고, 오히려 학생들이 사용할 수 있는 학습 자료를 가지고 의사소통하는 데 더 관심을 둔다.
8. 학생들은 각자 자신의 프로필을 넣은 페이스북을 만든다.	학생들은 편안한 방법으로 온라인상에서 그들의 정체성을 구축한다.
9. 학생들은 두 명씩 조를 만들어 서로의 페이스북에 게시된 글들을 읽는다.	언어는 직접 사용함으로써 습득된다.
10. Sunni는 "커피를 마시자."라고 말한다. 이 표현은 문법적으로 정확하지만, 영어를 모국어로 구사하는 화자라면 이런 표현을 사용하지 않는다. 그러나 교사는 그 표현을 수정하지 않는다.	모국어 화자의 언어표현 방식만이 그 목적이 아니다.
11. 학생들은 용어 색인이나 온라인 사전을 통해서 구문이나 숙어를 찾아본다.	학생들은 테크놀로지를 활용하며 학습한다. 언어에 대한 성찰과 언어에 대한 인식을 개발하는 것이 중요하다.
12. 학생들은 특정한 단어나 숙어 앞 또는 뒤에 오는 단어를 주의깊게 관찰한다.	언어는 연어(collocation) — 어떤 언어 내에서 특정한 뜻을 나타낼 때 흔히 함께 쓰이는 단어들의 결합 — 또는 일정한 패턴으로 구성된다.
13. 학생들은 단어 'segue'가 거의 잘 사용되지 않는 어휘라는 것을 알게 된다.	한 단어의 사용 빈도수를 아는 것은 언어학습에 매우 중요하다.
14. 학생들은 유튜브 비디오를 보고 그	학생들은 새로운 테크놀로지를 통해서

내용을 간략히 적는다.	읽고 쓰는 법을 배운다.
15. 학생들은 서로 적은 내용을 수정 보완한다.	학생들은 서로 도우며 학습할 수 있다.
16. 두 문장 중에서 어떤 문장이 정확한지 묻는 학생의 질문에 대해 교사는 문법규칙에 따라 정확한 문장을 알려준다. 그러나 문법적으로 정확하지 않은 다른 문장도 간혹 영어를 모국어로 구사하는 화자들에 의해 사용된다고 말해준다.	언어는 계속하여 변한다. 즉 언어는 역동적이고 발전하는 개체이다.
17. 학생들은 어떤 내용을 적을지, 어떤 주제를 조사할지를 선택한다.	학생들은 교실 안 또는 교실 밖에서 무엇을 할지 자유롭게 선택한다.
18. 학생들은 작성한 초안을 위키에 업데이트하고 교사에게 이메일로 보낸다. 교사는 각 학생들이 보낸 초안을 전자 포트폴리오에 저장 보관한다. 교사는 그 초안을 읽고 학생들에게 피드백을 준다.	교사는 학생들을 온라인 활동 업적물을 보관하고 지도한다.

4 교수법 원리에 대한 검토

1. 교사의 목적은 무엇인가?

교사는 학생들에게 실제 학습자료를 제공한다. 습득하고자 하는 목표어는 다른 사람들과의 상호작용과 지식정보를 공유하는 데 사용된다. 언어학습을 위해 테크놀로지를 활용하는 것은 학생들로 하여금 더 자발적인 학습자가 되도록 해 주기 때문에 중요하다.

2. 교사의 역할은 무엇인가? 학생들의 역할은 무엇인가?

교사는 학생들이 테크놀로지를 통해서 이루고자 하는 활동에 대한 계획을 짠다. 그런 다음 교사는 학생들의 활동을 모니터링하고 학습이 잘 이루어지도록 지도한다. 학생들은 목표어를 사용하는 학습활동에 능동적으로 참여하고, 다른 학생들과의 상호작용에 두려워해선 안 되며, 목표어를 통해서 지식이나 정보를 얻는 데 적극적이어야 한다.

3. 교수/학습 과정에는 어떤 특성이 있는가?

테크놀로지를 활용하여 목표어를 학습하는 것은 학습자들로 하여금 실제 언어 사용을 가능케 한다. 학생들이 사용하는 실제 언어에 초점을 둔 학습이어야 한다. 언어학습이 비선형적인 과정이기 때문에 미리 정해진 순서대로 언어학습이 이루어질 필요는 없다. 언어는 역동적이고 계속적으로 발전한다. 언어는 변화하는 상황이나 인간관계의 영향을 받는다. 학생들이 습득하고자 하는 목표어에 대하여 인식을 하는 것이 중요하다. 온라인 학습활동은 읽고 쓰는 능력을 향상시킨다. 그러므로 교실수업에서 목표어로 말하기와 듣기능력에 관한 학습활동에 초점을 두어야 한다. 언어를 사용함으로써 학습이 이루어진다(창발론[emergentism] Ellis & Larsen- Freeman 2006).

4. 학생–교사의 상호작용은 어떠한가? 학생–학생의 상호작용은 어떠한가?

교사는 학생들이 학습활동에 더 자발적으로 참여하도록 유도하고 주어진 과업을 잘 성취하도록 도와준다. 학생-학생 간의 상호작용은 웹사이트나 블로그를 통해서 함께 정보를 나누기, 서로가 작성한 쓴 글을 편집하기, 그리고 '온라인 채팅'이라고 불리는 대화에 참여하기 등과 같은 여러 형태로 이루어진다.

5. 학습자의 감정은 어떻게 다루어지는가?

학생들은 온라인 활동을 통해서 학습동기를 부여받는다. 그들은 사회적 네트워크나 온라인 동호회에서 자신의 프로필을 어떻게 공개할지를 선택한다. 또한 학생들은 그들이 학습하고자 하는 내용과 관심을 두는 주제에 대해 자발적으로 참여하기를 좋아한다.

6. 언어를 어떠한 관점에서 바라보는가? 문화를 어떠한 관점에서 바라보는가?

언어는 사회적 상호작용, 인간관계 형성, 지식 창조를 위한 도구이어야 한다. 또한 언어는 의사소통을 위한 것이어야 한다. 모국어 화자가 사용하는 언어적 어법이 학습자들이 배워야 할 모델도 목적도 아니다. 언어는 일정한 문장구조 형식을 가지고 있다. 일부 언어구조는 비교적 안정적이지만 다른 언어구조는 언어사용을 통해서 바뀌기도 한다. 학생들은 다른 언어를 구사하는 사람들과 전자펜팔과 같은 온라인 상호작용을 통해서 그들의 일상적인 삶과 문화를 알게 된다. 학생들은 세계 여러 지역에 사는 사람들과 전자메일을 통해서 쉽게 서로를 알게 된다.

7. 언어의 어떤 영역이 강조되는가? 어떤 언어 기술이 강조되는가?

개인적인 진술하기, 다른 사람의 견해나 사실들을 공유하기, 발표하기, 그리고 어느 주제에 대해 자신의 생각을 성찰하기 등이 강조된다. 비록 사용되는 테크놀로지의 형태에 따라 말하기와 듣기 능력을 발달시킬지라도 컴퓨터의 사용은 자연적으로 읽고 쓰는 기술을 향상시킨다. 쓰기능력과 관련된 과업활동으로 인해 수업에서는 면대면 상호작용이 활성화된다.

8. 학습자의 모국어의 역할은 무엇인가?

학생들의 모국어가 의사소통을 위해 사용되며, 필요하다면 목표어 학습을 위해서 사용될 수 있다.

9. 학습에 대한 평가는 어떻게 이루어지는가?

학습에 대한 평가는 교사가 저장하고 보관한 학생들의 전자 포트폴리오 또는 실제 프로폴리오를 통해서 이루어진다.

10. 교사는 학습자의 오류에 어떻게 반응하는가?

테크놀로지 활용으로 인한 능동적인 학습상황에서 학생들 자신의 쓰기과업은 지속적인 과정이 된다. 그러므로 교사는 학생들의 오류에 지나친 관심을 기울이지 않는다. 언어사용은 창의적이므로 교사는 학생들의 오류에 대해 민감하게 반응하지 않는다. 어떠한 언어도 새로운 어휘나 표현은 계속적으로 생겨나고 있다. 학생들은 다른 학생들과의 상호작용에 대한 기록을 보관하고 학습향상을 위해 필요하다고 여기거나 교사가 지도해준다면 그 기록을 다시 검토한다.

5 테크놀로지를 활용한 언어 교수법에 대한 검토

언어학습을 위해 사용된 테크놀로지

교사들이 사용하는 몇 가지 테크놀로지 교실기법에 대해 간략하게 살펴보기로 한다. 그러한 기법들 중에는 앞서 다룬 교실경험에서 보여주진 않았지만 교사들이 숙지해야 할 기법들이 있다. 한 수업에 모든 기법들을 다 다루는 것은 불가능하지만 그 분야가 계속 발달됨에 따라 기법들은 다양해지고 있다.

■ 블로그

언어학습을 위해 널리 사용되는 것으로 온라인 저널이나 일기로 사용될 수 있는 블로그를 들 수 있다. 블로그(blog)는 웹(web)과 로그(log)의 합성어로서 저자의 선호에 따라 비공개 또는 비밀번호를 공유하는 공개로 사용될 수 있다. 대부분의 블로그는 방문자들이 댓글이나 내용에 대한 코멘트를 작성하는 것을 허용한다. 블로그가 여행, 일상생활, 시사적인 문제를 게시하기 때문에 블로그를 통해 읽고, 토론하고, 조사를 통해 실제 자료를 접할 수 있다. 또한 블로그는 여러 언어로 작성되기 때문에 검색엔진이나 인터넷의 자료를 읽을 수 있게 해 주는 프로그램을 통해서 누구나 검색 가능하다. 일부 블로그들은 특히 언어학습

과정이나 경험 또는 교사의 수업경험을 기록할 수 있다. '언어학습 블로그'를 검색하면 다양하고 재미있는 웹사이트를 발견할 수 있다. 학생들은 정기적인 과제나 지속적인 성찰 활동을 위해 블로그를 만들고 작성하도록 요구된다. 이런 방식으로 학생들은 항상 교사를 위해서만 블로그를 작성하는 것이다. 블로그가 연대적인 순서로 기록되기 때문에 학생들과 교사는 학습의 진행되는 과정을 기록하고 보관할 수 있다.

■ 컴퓨터 보조 언어학습 소프트웨어

언어학습자들이 사용 가능한 다양한 컴퓨터 보조 언어학습(CALL) 소프트웨어와 웹사이트가 있다. 이러한 소프트웨어와 웹사이트 중 일부는 공개적으로 되어 있어서 많은 학습자들이 자신의 컴퓨터에 쉽게 다운받아 사용할 수 있는 반면에, 다른 것들은 비용을 지불해야 사용 가능하다. 일부 CALL 프로그램은 어휘나 문법연습 활동에 국한되어 있기도 하고, 다른 프로그램은 독해학습이나 정확한 발음을 위한 지침이나 연습활동에 초점을 둔다. 교사나 학생들이 이용할 수 있는 다양하고 유익한 CALL 프로그램이 많이 있다.

■ 디지털 포트폴리오

교사가 학생들의 포트폴리오나 전자기록을 저장해서 보관하고 있음을 일찍이 언급한 수업경험에서 볼 수 있었다. 이와 같은 방법으로 교사가 한 학기 동안 학생들의 과업을 모아둔 파일을 가지고 있다. 유럽언어 포트폴리오(European language portfolio)는 학생들의 언어학습 경험과 유창성을 포트폴리오로 만들기 위한 참고할 수 있는 대표적인 포트폴리오 평가도구이다.

■ 원격교육

테크놀로지를 활용한 교수방법의 하나는 인터넷을 통해서 직접적으로 학습이 이루어지도록 하는 것이다. 웹기반 언어학습의 장점은 배우고자 하는 다른 언어로의 학습이 접근 용이하다는 것이다. 가령, 최근에 미국 로스앤젤레스에 있는 캘리포니아 대학(UCLA)은 아랍의 아제리어(Azeri)와 이라크 언어 웹기반 언어학습 프로그램을 실시했다. UCLA대학의 다른 캠퍼스에 이 언어교육 프로그램을 보내고, 캘리포니아 대학의 버클리캠퍼스로부터 덴마크어, 필리핀어, 크메르어(Khmer), 줄루어(Zulu)의 프로그램을 실시한다. 이러한 교환 프로그램은 좀체 언어를 배우지 않아 심지어 사라질 위기에 처한 언어들을 계속 유지하게 함으로써 부분적으로나마 문제를 해결하고자 한다. 대부분의 연구결과들을 통해 면대면 수업과 원격수업을 결합한 혼합형 수업이 완전 원격수업보다 훨씬 효과적이라는 사실을 알 수 있다. 원격수업을 통한 언어학습은 전혀 언어를 학습할 기회를 갖지 않는 것보다 낫다는 것은 명백하다.

■ 전자 채팅

전자 채팅(electronic chatting)은 동시적으로 이루어지는 활동이다. 최소한 두 사람이 채팅을 하기 위해서는 동시적으로 온라인 접속되어야 한다. 상당히 많은 대화들이 글로 오고가지만, 음성이나 비디오 의사소통 매체도 빠른 속도로 이루어지고 있다. 스카이프(Skype)는 아마도 전 세계적으로 가장 잘 알려진 비디오 채팅의 하나로서 서로 멀리 떨어진 지역에 있는 사람들과도 실제로 음성대화가 가능하다. 물론 각 나라 안에서도 사용가능한데, 가령 학생들은 목표어를 사용하면서 그 지역의 유명인들과 인터뷰하는 과제도 주어질 것이다.

■ 전자메일 펜팔

이메일 사용이 가능하다면 전자 펜팔로 의사소통하는 것은 쉽다. 펜팔과의 교류는 자매학교 간의 교류, 원거리에 살고 있는 친척들과의 연락, 언어교사와의 개인적 네트워크에서 비롯되었다고 볼 수 있다. 이러한 전자메일 펜팔(E-pen pals)과의 교류에 대한 개념이 학생들로 하여금 자기 자신과 삶, 그리고 문화를 목표어로 공유하고자 하는 생각을 불러일으킨다. 전자메일 펜팔 교류와 유사한 방법들이 생겨나고 있다. 때때로 교사는 학생들에게 "당신이 살고 있는 지역을 어떤가요?" "당신의 지역사회 특징이 무엇인가요?" "오늘 당신의 학교생활은 어떠했나요?" "당신의 가족에 대하여 펜팔에게 이야기 해 보세요." 와 같은 질문을 가지고 전자펜팔과 함께 의견을 나누도록 지도하기도 한다. 또한 일상적인 내용이 아닌 시사적인 주제를 다루게 할 수도 있다.

■ 전자 프레젠테이션

마이크로소프트 파워포인트(Microsoft PowerPoint)는 발표자들이 발표에 쓸 슬라이드를 만들기 위해 다양한 형식의 템플릿(template)을 사용하도록 해주는 도구이다. 그것들은 멀티미디어, 텍스트 작성, 이미지, 음향, 만화영화, 그리고 비디오 등을 포함한다. 슬라이드는 LCD 프로젝터에 접속 가능한 컴퓨터를 통해서 가능하다. 파워포인트는 교사들과 학생들이 수업시간에 발표용으로 많이 사용되고 있다.

■ 전자 텍스트 코퍼스

전자 텍스트 코퍼스(electronic text corpora)는 언어 텍스트 모음으로 대부분 인쇄된 것이지만 간혹 구술된 내용을 글로 옮긴 구문 텍스트도 있다. 텍스트는 디지털로 만들 수 있으므로 컴퓨터 검색이 가능하다. 단어나 구문을 웹사이트에 넣음으로써 제한된 문맥에 사용되는 목표어 단어를 모아 놓은 리스트로서 용어 색인은 만들어진다. 언어형태의 빈도수와 분포를 아는 것은 언어 학습자에게 매우 유익할 수 있다. 일부 코퍼스 자료는 무료로 사용 가능하지만, 다른 자료는 사용을 위해 비용을 지불해야 한다. 전문적이거나 특별한 목적을 위해서도 이용 가능하다.

언어 연구방법의 하나인 코퍼스 분석은 장르(genre), 명부(register) 그리고 다양한 언어구조에서 실제적으로 사용되는 단어나 연어(collocation)에 관한 데이터를 제공한다. 교육학적으로 코퍼스 분석은 학습자들이 코퍼스 자료에 기초한 언어구조를 분석하는 언어 연구방법인 자료 주도 학습(data-driven learning)을 위해 사용될 수 있다. 일부 코퍼스 언어학자들(Sinclair 2004; McCarthy 1998; Biber et al. 1998)은 그들이 모은 코퍼스 자료를 가지고 주로 언어 교수 자료로 사용하는 반면에 다른 방법론자들은 수업을 위해 기존 코퍼스 자료를 이용하기보다는 오히려 연구조사를 통하여 자료를 더 제공하는 경향이 있다.

■ 휴대전화 응용 앱: 문자 메시지와 트위터

전 세계적으로 빠른 속도로 휴대전화 사용이 많아지면서 학습자들은 언어를 학습할 수 있는 새로운 방법을 찾게 되었다. 휴대전화 문자 메시지와 트위터(Twitter) 사용자들은 그들만의 언어형태를 개발하여 사용한다. 트위터는 사용자들이 정보를 공유하기 원하는 주제나 활동에 대하여 그러한 주제나 활동에 관심을 갖고 있는 사람들에게 140글자 이내의 간략한 메시지를 보내는 문자 시스템이다. 트위터에 사용되는 언어는 전형적으로 비형식적이므로 문자내용이 구어에 가깝게 들린다. 가령 'R U OK?(Are you OK?)'는 흔히 사용되는 표현이다.

■ 팟캐스트

팟캐스트(Podcast)는 인터넷을 통해서 개인 컴퓨터에 다운받을 수 있는 오디오와 비디오 녹음이다. 우리는 유튜브로 녹음된 것을 보고 다른 사람들과 공유할 수 있다. 대부분의 유튜브 녹음은 광속 인터넷 접속이 가능하면 누구든지 이용할 수 있다. 주제는 언어 수업, 강연, 그리고 일상생활의 단막극을 찍은 비디오를 포함해서 광범위하다.

■ 소셜 네트워킹

소셜 네트워킹 사이트는 Facebook, My Space, LinkedIn를 비롯하여 수십 개가 존재한다. 그 사이트의 목적은 참여자들이 서로의 생각, 활동, 사진, 비디오, 웹사이트 링크를 소셜 네트워킹 사이트를 통해서 연결되는 사람들과 공유하기 위한 것이다. 웹사이트에서 제공된 네트워크를 통해서 동시에 참여하는 많은 사람들과도 중요한 정보와 활동 그리고 자신들의 견해를 공유할 수 있다. 모든 학생들이 이와 유사한 활동에 참여함으로써 흥미로운 수업이 될 것이다. 그 활동에 참여하기 위해 유창하게 목표어를 구사할 필요는 없다. 그러나 사생활 침해를 가져오지 않도록 주의를 기울여야 한다. 일단 학생들이 온라인에 글을 올리면, 친구로 맺어진 모든 사람들이 볼 수 있다는 것을 유념해야 하므로 인터넷 안전에 관한 교육이 이루어져야 한다.

그림 14.2 페이스북 사이트의 예시

■ 위키

접두어 'wiki'는 하와이 사람들이 많이 사용하는 'quick'이라는 뜻을 갖는 단어 'wiki wiki'에서 유래된 것으로, 웹문서를 빠르게 만들고 편집할 수 있는 방법이다. 위키(Wiki)는 다른 학생들과 협력하여 문서를 작업하는 데 매우 유용하다. 또한 위키는 학생들이 만들고 있는 문서의 다른 내용을 누가 작성했는지를 추적할 수 있다. 이런 방식으로 교사는 학생들의 작문이 초안에서 최종안이 나오기까지의 일련의 과정을 살펴볼 수 있다. 위키와 유사한 개념으로 wabi-sabi가 있는데, 이것은 계속 수정이 가능하므로 결코 완성된 형식으로 마치지 않는다.

위키피디아(Wikipedia)는 다른 사람들과 공유할 수 있는 온라인 백과사전이다. 위키피디아의 장점은 누구든지 어느 주제에 관한 정보를 계속해서 업데이트 할 수 있다는 것이다. 그러나 위키피디아에 게시된 모든 내용이 정확한 것은 아니다. 어느 주제에 대한 정보와 지식이 계속해서 바뀔 수 있는 것이 장점이다.

예를 들어, 어느 참여자가 지구 온난화 현상에 대한 주제에 대해 자신이 알고 있는 지식을 작성하면, 며칠 후 다른 참여자들이 그 작성한 내용에 추가로 정보를 덧붙인다. 몇 주 또는 몇 달 지나면 지구 온난화에 관한 다양한 지식과 풍부한 정보가 게시된 것을 볼 수 있다. 그 경우 참여자들은 화석연료, 변화하는 기후 곡선, 교토(Kyoto) 협약과 같은 다른 위키피디아 주제의 링크를 걸어 놓기도 한다. 더 많은 참고문헌이 매주 추가되고, 지구 온난화에 관한 위키피디아에 작성된 정보는 참여하기 원하는 모든 사람들의 공동 노력을 통해서 점차 풍성해진다.

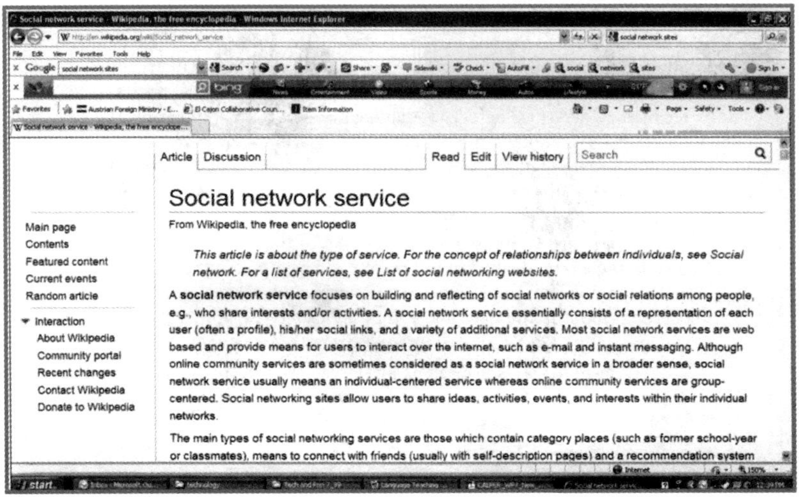

그림 14.3 위키피디아의 예시

6 결론

테크놀로지는 계속적으로 발전되고 끊임없이 새로운 형태로 개발된다. 그러므로 이 장에서 언급하고자 하는 어떠한 테크놀로지도 몇 달 지나면 새롭게 바뀔 것이다. 이런 이유로 효과적인 언어학습을 위해 테크놀로지의 활용을 논의하는 것은 매우 중요하다.

비록 테크놀로지가 이 책에서 제시하는 가장 혁신적인 교수법일지라도, 모든 학습자들이 테크놀로지를 사용해야 한다는 것을 의미하는 것은 아니며 다른 더 혁신적인 방법을 보류하고 있다고 생각하지 않는다. 한편으로는 비록 교실에 한 대의 컴퓨터만 있어도 매우 유익하다고 여길지라도 모든 학생들이 이 장에서 언급된 테크놀로지 기법을 사용하지는 않는다. 또 다른 한편으로는 테크놀로지의 사용이 어떤 다른 교수법보다 더 중립적이지는 않다. Reeder, Macfadyen, Roche와 Chase(2004)는 의사소통이나 효율적인 교수법을 위해 전자 도구의 사용이 서양의 교육적 철학에 바탕을 두며, 전 세계적으로 모든 학습자들에게 반드시 효과적인지는 아직 의문이라고 주장한다. 그럼에도 불구하고 교수법으로 테크놀로지의 사용이 중요하다는 점은 의심할 바 없다. 만약 교사들이 테크놀로지를 사용하기로 결정한다면 교수 기법으로서 테크놀로지를 잘 활용하기 위한 지식을 갖추어야 한다고 생각한다. 우리는 van Lier(2003: 2)의 다음과 같은 견해를 지지한다.

> 만약 테크놀로지가 언어학습에서 중요하게 사용된다면 그저 교실 수업의 대안으로나 교사 대체로 사용되어선 안 되며, 오히려 교실 수업을 의미 있게 흥미를 유발하는 도구로서 사용되어야 한다.

이러한 점을 인식하면서, 여러분의 교실수업에 테크놀로지를 접목하여 사용하기를 원하는가? 여러분의 수업에 이 장에서 제시된 테크놀로지 중에서 어느 방법을 활용하고 싶은가? 학생들이 교실 밖에서 테크놀로지를 사용한 학습을 수업시간에 잘 통합하여 효과적인 학습이 이루어지도록 할 것인가?

7 학습활동

A. 테크놀로지를 활용한 언어교수법에 대한 이해도 점검

1. 수업자료를 얻기 위해 테크놀로지를 사용하는 것과 효과적인 언어학습을 위해 테크놀로지를 활용하는 것 사이에 차이점이 있는가? 각각의 예를 들어보기로 하자.
2. 테크놀로지가 실제적이거나 면대면 사회적 관계를 형성하는 데 어떻게 사용될 수 있는지 살펴보기로 하자.

B. 테크놀로지를 활용한 언어교수법의 적용

1. 만약 여러분이 수업경험에서 기술된 것과 똑같은 방법으로 교실수업을 진행할 수 없다면, 여러분은 인터넷 카페 같은 곳과 같이 컴퓨터를 자유롭게 이용할 수 있는 공간에서 학생들이 보내는 시간과 면대면 토론을 어떻게 결합할 수 있는가?
2. 테크놀로지가 주도된 교실수업에서 갑자기 발생하는 언어의 특성에 대한 여러분의 생각은 무엇인가? 여러분은 그 언어의 모든 어법이나 용법을 수용할 것인가?

참고 문헌

Biber, D., S. Conrad, and **R. Reppen.** 1998. *Corpus Linguistics: Investigating Language Structure and Use.* Cambridge: Cambridge University Press.

Chapelle, C. 2003. *English Language Learning and Technology.* Amsterdam: John Benjamins.

Egbert, J. 2008. *Supporting Learning with Technology: Essentials of Classroom Practice.* Upper Saddle River, NJ: Merrill/Prentice-Hall.

Ellis, N. and **D. Larsen-Freeman.** 2006. Language emergence: Implications for applied linguistics. *Applied Linguistics* 27/4: 558-89.

Heift, T. and **M. Schulze.** 2003. Student modeling and ab initio language learning. *System* 31: 519-35.

Kern, R. 2006. Perspectives on technology in learning and teaching languages *TESOL Quarterly* 40/1: 183-210.

Kramsch, C. and **S. Thorne.** 2002. Foreign language learning as global communicative practice in D. Block and D. Cameron (eds.). *Globalization and Language Teaching,* 83-100. London: Routledge.

Larsen-Freeman, D. 2003. *Teaching Language: From Grammar to Grammaring.* Boston: Heinle/Cengage.

________. and **L. Cameron.** 2008. *Complex Systems and Applied Linguistics.* Oxford: Oxford University Press.

Lewis, G. 2009. *Bringing Technology into the Classroom.* Oxford: Oxford University Press.

McCarthy, M. 1998. *Spoken Language and Applied Linguistics.* Cambridge:

Cambridge University Press.

Morrison, G. and **D. Lowther.** 2005. *Integrating Computer Technology into the Classroom.* Upper Salle River, NJ: Pearson Education.

Oxford, R. and **J. Oxford** (eds.). 2009. *Second Language Teaching and Learning in the Net Generation.* Honolulu HI: National Foreign Language Resource Center.

Pritchard. A. 2007. *Effective Teaching with Internet Technologies.* London: Paul Chapman Publishing.

Reeder, K., L. Macfadyen, J. Roche, and **M. Chase.** 2004. Negotiating cultures in cyberspace: Participation Patterns and problematics. *Language Learning and Technology* 8/2: 88-105.

Sinclair, J. (ed.). 2004. *How to Use Corpora in Language Teaching.* Philadelphia: John Benjamins.

Thorne, S. 2006. *New Technologies and Additional Language Learning. CALPER Working Papers Series,* No. 7. Pennsylvania State University: Center for Advanced Language Proficiency, Education and Research.

van Lier, L. 2003. A tale of two computer classrooms: The ecology of project-based language learning in J. Leather and J. van Dam (eds.). *The Ecology of Language Acquisition,* 49-64. Dordrecht: Kluwer Academic.

________. 1998. All hooked up: An ecological look at computers in the classroom in J. Fisiak (ed.). *Studia Anglica Posnaniensia* XXXIII, 281-301. Berlin: Mouton De Gruyter.

Vygotsky, L. 1978. *Mind and Society: The Development of Higher Mental Processes.* Cambridge, MA: Harvard University Press.

Warshauer, M. 2003. *Technology and Social Inclusion: Rethinking the Digital Divide.* Cambridge, MA: MIT Press.

Warschauer, M., H. Shetzer, and **C. Meloni.** 2000. *Internet for English Teaching.* Alexandria, VA: TESOL Publications.

기타 자료

온라인 학술지 〈*Calico Journal*〉과 〈*Language Learning Technology*〉를 참조하기 바란다. 또한 다음의 웹사이트들은 테크놀로지를 활용하는 언어학습에 대한 최신 정보를 업데이트하는 데 매우 유익하다.

웹사이트

http://www.eslcafe.com/

http://www.facebook.com

http://www.youtube.com

http://www.natcorp.ox.ac.uk

http://www.wikipedia.com

http://www.skype.com

http://www.calico.org

http://llt.msu.edu

15
결론

1 서론

이제까지 교수법을 개별적으로 살펴보았기 때문에 총체적으로 정리해 보고자 한다. 표 15.1에서 각각의 교수법이 언어/문화의 어떤 면에 초점을 두고, 언어학습을 향상시키기 위한 방법이 무엇이며, 각 교수법에 적용되는 교수활동이 무엇인지를 살펴보기로 한다. 또한 그 도표는 각 교수법의 주요 특성을 잘 기술해 놓았다. 즉 그 도표에는 각 교수법에 대한 언어/문화, 언어학습, 언어교수의 전반적인 관점이 잘 요약되어 있는 반면에, 이런 방식으로 모든 정보를 나타내기에는 세 가지 제한점이 있다. 첫째는 이 방식은 방법론적인 변화의 역동성을 보여주기가 어렵다는 점이다. 둘째로 방법들 간의 유사성이 애매모호하다. 셋째 각 교수법들의 특성을 전반적으로 다룸으로써 몇 가지 차이점을 명확히 제시하지 못하고 있다. 다음에서 이 세 가지 제한점을 차례로 다루고자 한다.

2 방법론적인 변화의 역동성

이 책 처음에 언급했던 것처럼, 이 책에서 제시한 모든 교수법들이 오늘날 널리 사용되고 있다는 것이 사실인 반면에, 그 교수법들이 전 세계적으로 똑같이 사용되고 있지는 않다. 어느 나라에서는 문법-번역식 교수법이 오래전부터 지속적으로 사용되어 왔다. 마찬가지로, 직접 교수법이 Berlitz와 같은 사설 언어 교육기관에서 계속 사용되어 왔다.

또 다른 나라에서는 몇몇 교수법이 일정기간 동안만 사용되기도 하였다. 가령 미국에서 1950년대와 1960년대에 걸쳐 일부 교수법이 사용되기도 하였지만, 청화식 교수법이 지배적으로 사용되었다. 그러나 Chomsky가 언어는 습관형성을 통해 학습된다는 견해에 반기를 들고 나옴으로써, 청화식 교수법은 점차로 쇠퇴하기 시작했다. 이어 1970년대와 1980년대 초기에 방법론적 다양성이 집중적으로 논의되면서, 무언 교수법(1972), 집단 언어 교수법(1976), 전신 반응법(1977), 암시 교수법(1978), 그리고 자연교수법 등과 같은 혁신적인 교수방법들이 대두되기 시작했다(Larsen-Freeman 1987).

1980년대에 이르러 의사소통 능력을 향상시켜야 한다는 생각이 지배적이었다. 의사소통적 접근법이 전반적으로 채택되지는 않았지만(Ellis 1996, Li 1998), 의사소통적 접근법이 구체적으로 수행되는 방식은 학습상황에 따라 다양하게 사용되더라도 전 세계적으로 대부분의 교사들이 의사소통적 접근법을 사용하는 것으로 알려졌다. 바로 그때 의사소통적 접근법이 언어 교수법의 변화에 박차를 가하는 언어의 진화적 개념이 되었다.

반면, 1980년대 말기와 1990년대 언어 교수법의 변화는 학습 과정(process)에 깊은 관심을 가지게 되었다. 새로운 교수방법들은 언어학습에서 학생들 간의 상호작용 — 과업을 완성해 가고, 교과내용을 학습하거나 실제 생활에 관련된 문제를 해결해 가는 과정 — 에 초점을 두었다. 이러한 방법들은 반드시 언어형태를 강조하는 경우를 제외하고는 언어형태 자체에 초점을 두지 않고 학습자의 흥미를 유발케 하는 학습이 가장 효과적이라고 보는 입장이다. 이러한 관점은 제2언어 습득 연구를 통해서 알 수 있다. 따라서 1980년대 말과 1990년대에 방법론적 혁신은 언어학습 그 자체에 특별한 초점을 두어 학생들에게 학습책략을 가르치고, 협력학습이 이루어지게 하며, 여러 지능을 사용하는 방법으로 수업을 구성하는 것 등을 포함한다.

2000년대에 이르러, 언어 교수법은 두 가지 외적인 영향에 대응하며 변화해 왔다. 하나는 지속적인 테크놀로지의 발전(technological development)에 기인한다. 언어학습은 주로 교실상황에서 이루어지고 있는 실정이다. 그러나 최첨단 테크놀로지 사용으로 인하여 학습자의 자발적인 학습이 가능하게 되었다는 것을 인식해야 한다. 예를 들어, 오스트리아에서 실시된 새로운 연구의 결과들은 지난 10년간 15세 이상의 오스트리아 학습자들 중 15 퍼센트 정도가 고등학교나 대학교의 정규수업이 아닌 상황에서 하나 또는 그 이상의 언어를 학습하였다고 보여준다. 이와 같이 자발적인 학습은 서로 친구맺기를 통해 친구관계를 넓히는 것을 목적으로 개설된 커뮤니티형 웹사이트를 통해서 팝송을 듣고 자막 없이 영화나 TV쇼를 보며 이루어지고 있다. 범세계 통신망(World Wide Web)을 통하여 다른 언어에 대한 접근이 증가하면서도 테크놀로지의 잠재성이 거의 현실화되지 않은 것은 명백하다. 가까운 미래에 코퍼스 교수자료, 온라인 교과과정, 또는 온라인 수업과 오프라인 수업(face-to-face instruction)의 혼합형 교과과정으로 진행될 것이다.

또 다른 외적인 영향은 국제화(globalization) 또는 세계화이다. 국제화는 새로운 현상이 아니다. 반면에 점차적인 초국적 인구 이동(transnational population) 현상으로 인해 회사나 산업 종사자들은 여러 국가의 언어를 유창하게 구사하고 싶은 요구가 생겨났다. 게다가 언어의 유창성을 경제적 발전을 위한 수단으로 보는 것은 역시 언어 구사력이 필수 불가결한 도구라는 인식으로 이끌어 왔다. 이것이 조기 언어교육을 불러일으켰고, 하나의 교수방법을 통해서 두 가지를 성취할 수 있는 내용중심 교수법과 같은 효율적인 언어교수법의 필요성을 조장했다. 더욱이 이러한 언어의 실용적인 관점이 문화적인 가치는 종종 상관없는 것으로 여길 정도로 언어학습은 문화와 별개로 다루어져야 함을 의미했다.[25)]

국제화를 가져올 수 있는 가능성의 한 예로는 교육학에 대한 비평적 접근법이 있다. 비평적 접근법은 언어가 정치적 중립을 띠어서도 안 되고, 모국어 화자의 전유물이 되어서도 안 된다는 것이다. 한 개인의 정체성은 어느 특정 언어를 구사하는 것과 밀접한 연관이 있다고 본다(Norton 2011). 그러므로 일부 교육가들은 모국어 화자의 언어 규범을 수용하는 것이 부적합하고 불필요하기까지 한다고 말한다. Ortega(2010)가 지적한 것처럼, 제2언어 습득에서 목표어 학습이 모국어 학습의 기준에 따라 적용되어야 한다는 생각에서 제2언어 학습의 목표는 불필요하고 때론 성취 불가능한 것으로 여겨왔다. 대신에 단일 언어구사자는 이중언어 구사자(bilingual)와 비교되어선 안 되고 오히려 목표어를 유창하게 구사하는 사람들과 비교되어야 한다(Garcia & Kleifgen 2010).

외적인 영향의 범주에는 국가의 언어정책과 국제적 언어정책을 포함시킬 수 있다. 가령, 미국에서 언어 교수법은 정치적이거나 국가 안보의 목적을 위해 대단히 중시되었다(Larsen-Freeman & Freeman 2008). 이것은 구 소비에트 연방국가들이 러시아어 프로그램을 종결한 것을 통해서도 알 수 있다.

기술발달로 인해 교사의 역할이 재정립되고 있으며 교사의 책임도 가중되고 있다. 예를 들어, 언어 교수법들 중에서 정치적 성향을 띠는 참여중심 교수법을 실행하는 교사들은 힘이 없는 학생들을 위하는 것은 물론 이주민에 대한 처우, 환경문제, 세계화를 위한 도덕적 문제,

25) Kramsch(2011)와 같은 학자들이 이것은 불가능하다고 본다.

AIDS 교육 같은 사회적 문제, 그리고 세계 평화 교육을 위한 전 세계적 관심을 요하는 국제적 문제에 대한 인식을 가지고 자신의 역할을 재정립해 간다(Gomes de Matos 2006). 그들은 교실 밖의 상황이나 학생들의 실제 삶에 관련된 문제를 도외시한 채 교실에서 언어만을 가르치는 것에 만족하지 않는다(Clarke 2003).

교육적인 현안들에 대해 현지 교육가들이 책임지고 결정할 일이라는 인식에도 불구하고, 외부에서는 이러한 견해에 반대하는 사람들이 있다. Clarke(2007)가 주장하듯이 교사들이 교육적인 현안들에 대해 최종적인 결정권을 가지고 있으나 주어진 오늘날 정치적 현실은 그렇지 않다. 교사의 권한에 제한을 두고 교육에 미치는 외부적인 영향은 언어 시험에 대한 의존도 증가, 교사의 철저하고 효과적인 수업에 대한 관찰, 그리고 현직교사의 전문성 개발의 필요성 요구에서 찾아 볼 수 있다. 또한 교사의 자질에 관한 확고한 기준을 만들자는 목소리가 커지고 있다. Richards (2008: 172)는 다음과 같이 주장한다.

> 표준화 운동은 세계 여러 지역에서 실시해 왔고 언어교육에서 학습 결과를 향상시킬 목적과 프로그램·교과과정·평가도구 개발을 위한 지침서를 제공하기 위해 교육적 성취에 대한 명백한 기준을 채택하기를 장려한다.

물론 시험 도구, 교사교육, 표준화 운동은 본질적으로 그리고 그 자체적으로 문제가 되지 않는다. 모든 사람들이 가능한 한 가장 높은 기준을 갖기 위해 교육받기를 원한다. 그러나 그것이 어떻게 성취되어 가는가 하는 문제는 여전히 논쟁거리이다. 우리는 이 장 뒷부분에서 이 부분을 다시 다룰 것이고 지금으로서는 이 책에서 언급하였던 여러 교수법들의 유사성과 차이점을 간략히 요약하여 제시할 것이다.

표 15.1 여러 교수법이나 접근방법의 비교

교수법/접근방법	언어/문화	언어 학습	언어 교수
문법–번역식 교수법	문자언어 문화: 문학과 예술	정신훈련 연습	목표어로 된 교재를 모국어로 번역
직접 교수법	일상적 구어 문화: 목표어 화자의 역사, 지리, 일상적인 삶	의미와 목표어를 직접적으로 연관	모국어 번역을 갖지 않는 상황에서 구어 사용
청화식 교수법	문장 구조와 음 구조	모국어 습관을 극복, 새로운 목표어 습관 형성	구두/청각 훈련과 문형 연습
인지부호 접근방법	문법 규칙	문법 규칙을 발견하고 습득하기 위한 가설 형성 및 검증	귀납적/연역적 문법 연습
무언 교수법	특이한 정신/멜로디	어떻게 목표어가 사용되는지를 인식함으로써 정확성에 대한 내적 기준 발달	학습에 교수를 종속시키기 위해 침묵을 유지. 학생들의 관심에 초점, 의미있는 연습
비암시 교수법	총체적이고 의미 있는 교재, 어휘 강조	학습에 대한 심리적 장벽 제거	제한점을 제거: 음악 반주, 재미있는 연습, 예술을 통하여 긴 대화문을 가르침
집단 언어 교수법	집단이 직접 만듦	학습 발달 단계를 따르면서, 학습자를 총체인간으로 인정하고 방어적이지 않은 분위기에서 학습	안전감, 집중, 공격성, 반추, 기억, 구별의 요소를 포함
이해 중심 접근법: 자연 교수법, 학습 가능법, 전신반응 교수법	의미를 전달하기 위한 장치, 어휘 강조	듣기, 의미를 목표어에 직접 연관	학생들이 말할 준비가 될 때까지 말하기를 연기함, 행동과 시각자료를 통하여 의미를 명확히 함
의사소통적 언어 교수법	의사소통 능력 기능적 교수요목	목표어로 다른 사람과 상호작용, 의미 협상	정보 차이, 역할극, 게임

내용중심 교수법	언어는 수행하고 학습하는 매체	의미에 초점을 둔 학습활동을 통해 언어학습	언어와 교과내용을 동시에 가르치므로 두 가지 모두를 위한 학습목표와 학습활동
과업중심 교수법	언어는 세상에서 필요한 과업을 수행하기 위해 의미적이고 유용하게 사용	행동을 취함으로써 언어 학습	분명한 결과를 가지고 과업에 종사
참여중심 교수법	정치적, 모국어 화자의 특성에 의한 것이 아님	힘과 연관된 실제 삶에 관련된 문제해결을 통해 학습	학생들과 함께 대화하고 문제를 제기하고 문제를 해결하기
학습책략 훈련, 협력 학습, 다중지능 학습		어떻게 학습하는가를 학습	학습책략, 협력을 가르침, 다른 지능을 이용하는 다양한 학습활동 사용
언어교수 및 언어학습에 테크놀로지 활용	역동적이나 지속적인 변화	언어는 언어사용을 통하여 나타나고 경험에 의해 재형성됨	학생들이 더 자발적으로 수행하는 학습 경험을 제공

3 언어 교수법의 유사성

위에서 제시된 도표를 통하여 교수법들 간의 본질적인 특성의 두드러진 차이점을 볼 수 있다. 그러나 이 표는 이 교수법들의 특성이 때로는 중복되고 있다는 사실을 명백히 드러내지 못하고 있다. 단어 '의사소통(communication)'이 수반하는 것에 관한 계속된 논의에도 불구하고, 이러한 교수법들의 유사한 목적은 의사소통 능력 향상을 위한 것이라는 점이다.

내용중심 교수법, 과업중심 교수법, 참여중심 교수법은 다른 공통점을 가지고 있다. 의사소통 능력을 성취할 수 있는 가장 효과적인 방법이 언어형태를 개별적으로 학습하는 것이 아니라 그 언어 자체를 사용하는 것이라고 강조하면서 그 세 교수법들은 분석적 교수요목을 선호한다. 다시 말해서 학생들은 의사소통을 통해서 의사소통하는 능력을 기를 수 있다.

최근에 명백해진 또 하나의 유사점은 이 책에서 언급된 모든 언어 교수법들이 교실상황에서 이루어진다는 것이다. 테크놀로지의 점진적인 개발로 인해 다가올 미래에는 그것이 가능하지 않을지도 모른다. 학생들은 교실수업에 부족한 것을 이미 음향 실험실이나 컴퓨터 실험실을 이용하면서 보충하고 있다. 원거리 학습은 점차로 교실수업, 정해진 수업계획, 얼굴을 마주보고 하는 그룹 간의 학습활동을 쓸모없게 만들지도 모른다.

마지막으로 대부분 교수법들은 문화를 직접 가르치거나 문화에 대한 명백한 설명 없이 암시적으로 다루는 것처럼 보인다. 비암시 교수법은 예술을 사용하기도 하지만, 예술 자체가 학습목적이 아니라 목표어 습득을 위한 한 교수기법으로 이용되고 있다. 말하기·듣기·읽기·쓰기 외에 다섯 번째 능력으로 문화를 가르쳐야 한다. 이 장에서 일찍이 언급하였듯이, 영어를 국제 언어로 가르치는 경우에 있어서도 문화적 가치는 언어나 언어 교수법을 통하여 가르쳐야 한다(Kramsch 1993)는 사실을 분명히 인식하고 있음에도 불구하고 의도적으로 문화를 가르치지 않는 경우도 있다.

4 교수 방법들 간의 상보적 및 상충적인 차이점

위에서 제시한 도표에서는 분명히 나타나지 않지만, 교수법들 사이의 명확한 차이점이 있다. 그 차이는 크게 두 가지이다. 하나는 상보적(complementary)인 차이점으로, 각 교수법이 교사, 학습자, 학습 등에서 각기 다른 관점을 취하는 반면에, 함께 모이면 서로 반드시 상충되기보다는 오히려 더 완전한 입장을 구성하게 한다. 가령, 언어 학습자는 모방자일 뿐만 아니라 인지적·정의적·사회적·정치적인 존재이다.

또한 언어교사 역시 교사이자 학습 모형 및 연습활동 제공자, 언어학자, 상담자, 조력자, 기술자, 협력자, 학습자 훈련사, 더 최근에 와서는 옹호자 역할을 갖는다(Larsen-Freeman 1998a).

두 번째는 상충적(contradictory)인 차이점이다. 예를 들어, 직접 교수법과 이해중심 접근법(제8장)에서는 학습자의 모국어를 사용할 수 없는 반면에 문법-번역식 교수법과 집단 언어 교수법의 경우에는 모국어 사용이 가능하다. 최근에는 학생들의 모국어가 언어학습에 장애가 되는 것이 아니라 오히려 학습의 효과를 가져온다고 강조하면서 학생들의 모국어 사용을 제한하는 것에 대해 반대적인 입장을 표한다(Widdowson 2003; Cook 2010).

학습자들이 받아들이는 입력의 양에서도 교수법들 사이에 차이가 있는데, 청화식 교수법에서는 매우 통제된 입력(controlled input)이 제공되는 반면에 자연교수법에서는 부분적 통제가 이루어지고, 심지어 내용중심 교수법, 과업중심 교수법, 참여중심 교수법에서는 거의 통제하지 않음을 볼 수 있다. 학습자가 범하는 오류를 다루는 관점도 다르다. 청화식 교수법에서처럼 학습 초기부터 학습자의 오류를 막으려는 시도가 있는가 하면, 오류는 어느 시기에 스스로 해결된다고 보는 입장을 취하기도 하고, 더 나아가서는 전신반응 교수법처럼 학습자의 오류를 완전히 상관하지 않는 정도까지 다양하다.

여기서 다루지 않은 차이점도 많이 있다. 그러나 이러한 상충적인 차이는 다음에서 논의하고자 하는 "교사가 어떻게 선택할 것인가?" 하는 질문의 근원이 된다.

5 언어 교수법의 선택

"어느 교수법이 효과적인지에 대해 교사가 어떻게 결정할 것인가?" 하는 매우 합리적인 질문에 대해 생각해 보자. 결국, 이 책에서 제시된 언어 교수법들의 특성이 부분적으로 공통점을 띠기도 하지만 그 방법들 간의 기본적인 차이점이 있음도 보았다. 그렇지만 어떤 교수법이 가장 효과적인지에 대해서 두 가지로 대답할 것이다. 첫째는 이 책의 서론에서 언급했던 것을 다시 상기하기 바란다. 가장 효과적인 단 하나의 교수법이란 없다고 본다. 이 질문에 대한 두 번째 대답은 교사나 학생들 각자가 사용하고 싶은 특정한 교수법이 있을 수 있으나 최종적으로 권한이 주어지지 않는다는 것이다. 또한 교사는 어느 교수법을 사용할지에 대한 결정 외에도 언어교육에 있어서 여러 결정을 하게 될 것이다. Stevick(1993: 434)은 어느 경우에 있어서도 결정권의 문제는 신중히 생각해야 한다고 강조한다.

> 만약, 직관적이거나 이데올로기적인 선택에 의해서가 아니라 주어진 지식을 가지고 선택을 하려 한다면 먼저 우리 자신의 가치를 인식하는 데 적지 않은 노력을 기울여야 하고, 그러한 가치를 더 큰 목적에 적절히 부여하면서 교수법들을 수정하고 채택하여 적용시키고자 해야 할 것이다(Edge 1996 참조).

Stevick의 인용에서 살펴볼 수 있는 첫 번째 단계인 가치관 인식은 이 책에 전반에 걸쳐 제시하는 것이라 볼 수 있다. 이 책의 목표는 교사들이 교수 및 학습 과정에 대한 자신의 생각, 자신의 교실경험과 전문적인 교사교육을 통한 신념, 그리고 여러 연구들을 통해서 익히 알고 있는 지식을 명확하게 해줄 방법으로서 이 책에서 제시해 왔던 모든 교수법들이 제시하는 원칙이나 기법을 사용할 것이다. 물론 교수법들에 대한 연구가 교사 자신의 생각을 확고하게 해줄 유일한 방법은 아니다. 그러나 만약 교사가 교수법 사용에 대한 확고한 신념이 부족하다면 자신의 지각에 의한 판단을 내리는 것이 아니라 상황에 따라 주어진 결정을 따르게 될 것이다. 어떤 면에서는 이러한 확고한 신념은 교사의 이론이 될 수 있고 결과적으로 방법론적 선택에 도움을 제공할 수도 있다. 교사는 이 이론적 지식을 다른 교사들과 공유하려고 할 것이다. 제1장에서 제시했던 바와 같이 우리는 '교사들이 자신의 교육적 신념을 다른 교사들과 계속적으로 나누게 되는 것은 활성화된 수업을 실행하는 데 중요하다고 생각한다.' 게다가 Prabhu(1992: 239)는 다음과 같이 주장한다.

> 만약 교사가 지적인 열광을 가지고 교실 수업에 종사하게 되면 학생들도 교사가 보여주는 그 흥미에 참여하게 되고, 학생들은 교실 수업을 학습의 장, 즉 학습 성과를 가져오는 경험으로 인식하게 된다.

이것은 Tim McNamara(2008: 302)의 견해와 일치했다. 그는 석사학위 과정 중에 다른 연구가들의 이론들을 통해서 일어난 일에 대해 묘사한다.

> 나는 내가 가르치는 수업시간에 수업활동, 나 자신, 그리고 특히 학생들을 관찰할 기회를 가졌다. 내가 실행해 왔던 교수법들에 대해 생각했고, 효과적인 방법들이 무엇인지를 고민하였다. 일단 내가 어떤 교수법에 관심을 갖게 되면 나는 그 방법에 집착했다. 실제로 교수법을 실행하는 현장은 지속적으로 방법들에 대해 사고할 수 있는 현장이 된다는 인식이 지금까지 나의 교사경력에 밑바탕이 되었다.

Larsen-Freeman(2008: 291)은 그것을 이렇게 주장한다.

> 교사인 우리는 때론 교수법의 이론에 대해 면밀히 살펴보게 된다. 그것을 통해 우리는 어쩌면 무시하고 지나칠 수 있는 일들을 검토하고 확인하게 된다. 우리의 직관이 매우 건전한 것 같아도 우리가 어떠한 일을 왜 하는지에 대한 의식적인 인식은 우리로 하여금 선택할—우리가 똑같은 방법을 사용하거나 또는 다른 방법을 사용하는가 하는—기회를 제공한다. 하나의 이론이 연구가들 물론

교사들에게도 새로운 질문을 제기하게 한다.… 외에도 그런 이론들이 우리가 실행했던 교실경험을 의미 있게 만들어 주기도 한다.

일부 교사들은 교수법을 쉽게 선택하는 경우도 있다. 이 경우 교사는 그 특정한 교수법이 교사 자신의 가치관, 수업경험, 그리고 기본적인 교수 및 학습에 대한 자신의 견해에 일치하기 때문이다. 때론 그 교수법이 그들이 성취하고자 하는 것에 적합하고 학생들이나 학습상황에 적절하기 때문이다. 방법론적인 다양성에 대한 선택의 문제에 직면하였을 때 교사들이 종종 채택하는 절대적인 입장은 '한 가지 교수법이 최선이다.'라고 할 것이다. 교사를 그렇게 만드는 것을 그 방법이 교사가 익히 알고 있는 방법이고, 그 방법에 대해 훈련을 받아왔고, 그 방법이 교사의 견해(가치관, 신념, 예측)와 일치하며, 그것을 지지할 만한 연구 결과물에 대한 근거도 있기 때문이다. 그런 교사들은 특정 교수법에 대한 전문가가 되기를 선택한 것이다.

그러나 어느 특정한 교수법이 절대적으로 좋다고 설득하기 전에, 교수법 자체가 탈맥락화(decontextualized)된 것임을 기억해야 한다. 교수법 이론은 몇 가지 신념을 근거로 하였지만 이상적인 면을 기술하고 있다. 무엇을, 어떻게, 왜 그런지에 대해서만 언급한다. 누가/누구를, 언제, 어디서에 관해서는 거의 언급하지 않는다. 실행될 교수법은 최소한 교사, 학생, 교육 조건, 그리고 사회/문화적 상황에 따라 다르게 적용될 것이다. 그러므로 어느 특정한 교수법이 모든 사람에게 똑같이 성공적으로 적용될 수 있는 것은 아니다. Parker Palmer가 말한 것처럼, "A라는 사람이 '어떤 사람에게 효과적이었던 교수법이 그에게는 효과적이지 않았다'고 말하는 것은 그 교수법이 그에게는 적합하지 않기 때문이다"(Parmer 1998: 147). 어느 특정한 교수법이 몇몇 교사들에게 성공적인 것은 그 교수법을 그들 자신의 것으로 만들었기 때문이다. 이것이 교수 방법론들에 대해 서로 비교하는 연구결과들이 종종 확고한 결론을 가져오지 못하는 이유이다. 교수법 자체는 종종 가르치는 것을 단지 교육적 처방(pedagogic prescription)을 충실히 따르는 것으로만 보는데, 가르치는 것은 그 이상을 의미한다.

> 효과적인 교육시스템은 … 거의 모든 교사들이 똑같은 교수법과 절차를 사용하지 않는다는 것이다. 오히려 상당히 많은 교사들이 채택하려는 교수법이나 절차에 대한 그들 나름대로의 타당성을 가지고 실시한다는 것이다. 그리고 그러한 교사들의 타당성은 매우 능동적으로 활성화되어 주어진 상황에서 변화와 발전을 가져올 가능성을 보이기도 한다(Parmer 1987: 106).

마찬가지로 Allwright와 Hanks(2009: 9) 역시 다음과 같이 지적한다.

> 표준화해야 한다는 것에 반대하는 입장은 어떠한 표준이나 기준을 반대하는 것과는 매우 다르다. 우리는 교사들이 가능한 한 가장 높은 표준을 따르기를 원한다. 그러나 그것은 매우 전문성을 요구하는 것이며, 어느 기관이 모든 교사들로 하여금 표준화를 제시하고 정확히 똑같은 방법으로 적용하기를 강요한다면 훨씬 어려운 문제이다.

모든 사람에게 적합한 교수법이란 있을 수 없다고 인식하면서 외부적으로 강압적인 실시에 대해 우려를 표명하는 교사들도 있다. 그들은 일부 교수법은 성인 학습자에게는 더 효과적이지만, 또 일부 다른 교수법은 나이 어린 학습자에게 더 적절하며, 일부 어떤 교수법은 초급단계의 학생들에게 적합한 반면에 일부 다른 교수법은 중급 또는 상위단계의 학생들에게 더 효율적이라고 주장한다. 어떤 교수법은 모든 교사가 똑같이 목표어에 대한 유창성을 갖지 않아도 된다고 말한다. 또한 그들은 교수법이 이런 상황에서 저런 상황으로 수출되어선 안 된다고 말한다(Holliday 1994). 이러한 관점은 상대주의(relativism)라고 부를 수 있을 것이다. 상대주의자들은 각 교수법이 장점과 단점을 가지고 있으며, 모든 학습상황에 똑같이 적절한 것은 아니라고 주장한다. 즉 그들은 어느 특정교수법이 다른 학습 상황에 있는 교사나 학습자들에게 더 효과적이라고 말한다. 이러한 상대주의 입장은 많은 교사들에게 더 설득력 있게 들린다. 그들은 이 책에서 언급된 어느 교수법을 읽을 때 '이 방법은 결코 내가 가르치는 상황에서는 효과가 없을 거야'라고 속으로 생각하는 자신을 발견할 것이다. 이런 생각은 의심할 바 없이 사실이기도 하다. 그래서 명백하게도 교사가 어느 특정 교수법을 사용하는 것이 효과적인지 결정하는 좋은 근거를 제공하기도 한다. 그렇다고 해서, 모든 상황은 각각 독특하기 때문에 어떤 유사점도 그들 사이에 존재하지 않는다고 추론하는 것은 잘못된 일이다. 물론 '인간의 특유한 속성인 언어습득 과정은 상황적인 요인에 따라 다르다는 주장은 큰 설득력을 가진다'(Prabhu 1990:166). 실제로 학습자들은 매우 다양하기 때문에 교수방법 때문만이 아니라, 때론 실행된 방법에도 불구하고 성공적인 학습을 가져오기도 한다. 어쩌면 주어진 상황 속에서 어느 교수법보다 다른 교수법이 더 적절한 것은 사회적/정치적인 이유 또는 교사의 선택에 의한 것이기도 한다.

일부 교사들은 상대주의 견해의 또 하나의 변형이라고 할 수 있는 **다원주의**(pluralism)를 더 합리적인 것으로 받아들인다. 교사들은 어느 교수법을 특정상황에 적절해서 채택하거나 적절하지 않기 때문에 거절하기보다는 각각의 방법은 적용할 만한 가치가 있다고 생각한다. 일부 특정한 교수법이 다른 상황에서 실행되어야 한다고 보는 대신에, 그 교수법들은 때론 주어진 맥락에서 적용될 수 있다고 주장한다(Prabhu 1990). 가령, 믿음 게임(believing game)을 함으로써 이 책에서 제시한 교수법들이 보여주는 언어에 관한 여러 관점들(multiple perspectives) — 즉, 그것은 문학적이기도 하고, 일상생활을 다루기도 하고, 패턴·규칙·어휘·개념·기능을 구성하기도 하고, 의미적(meaningful)이기도 하고, 교재를 형성하기도 하고, 학생들의 상호작용을 위해 사용되기도 하고, 교수 매체가 되기도 하고, 과업을 성취하기도 하고, 학습의욕을 갖도록 하는 것 — 이 모두 사실임을 알 수 있다. 게다가 언어가 복잡하면 그 언어를 학습하는 것도 복잡할 것이다. 그러므로 어느 한 가지 사실이 반드시 언어 습득 전체를 반드시 설명하지 않을지라도 연상주의, 습관형성, 규칙형성, 상호작용주의는 모두 사실이거나 부분적으로 사실인 셈이다. 비록 교사가 그들이 가르치는 수업이 많은 유사성이 있다고 인식하지만, "각 그룹은 그들만의 특유의 속성을 가지고 있으며 성공적인 언어 교육은 이러한 속성에 대한 인식이 필요하다"(Larsen-Freeman 1990에서 인용된 Bolster 1983: 298 참조; Allwright & Hanks 2009).

다원주의 관점을 취하는 교사들이 자신만의 교수법을 위해 어느 것을 선택하든지 그들이 교실에서 적용하는 연습활동은 절충적인 형태를 띤다. 그러나 교수법은 교수기법과 원리가 적절히 조합하여 이루어진다는 것을 기억해야 한다. 그러므로 일관된 철학이나 그것에 따른 방법을 선택하는 교사는 '원칙론적 절충주의'(principled eclecticism)를 지지한다고 말할 수 있다. 그들은 원칙적인 방식으로 다른 여러 교수법들을 혼합하여 자신만의 방법을 구상한다.

절충주의와 원칙론적 절충주의를 구별하는 것은 외부적 시각에서는 어려운 일이다. 무엇보다 어느 특정 교수법도 사고와 행동을 다 수반한다는 것을 인식해야 한다. 교사들이 사용하는 교수법을 눈에 보이는 것만으로, 즉 행동에 의해 규정지어선 안 된다. 어느 교사가 교실에서 적용하는 교수법에 대해 말하는 것을 듣게 될 것이다. 원칙론적 절충주의를 실행하는 교사는 실행하고자 하는 것을 왜 하는지에 대한 이유를 제시할 수 있어야 한다. 예를 들어, 그들이 역할극을 사용할 것인지에 대한 질문을 받았을 때 다른 교사들처럼 "It depends…" "It depends on what we are practicing or whether or not we have done a role play recently."라고 말하는데, 이것은 그들의 교육 철학이 특정 목표어에 일치하는 원리가 특정 교수기법에 대한 사용이나 다양한 교수활동의 필요성을 요구하기 때문이다. 교사들은 학습자의 사회적 속성에 의한 것이나 교실 실제상황의 복잡성 때문에 그들의 교수법 선택이 달라진다고 생각하면서, 심지어 그날 수업의 독특한 상황에 따라 결정된다고 말한다(Allwright 1884; Allwright & Hanks 2009; Nunan 1992; Prabhu 1992; Clarke 1994).

교사의 "It depends"라는 대답은 어느 입장을 취해야 할지를 회피하려는 기색이라고 보일 수도 있다. 그러나 그 대답은 동시에 교수법을 적용하는 과정에서 보이는 지혜의 표시라고 여겨질 수도 있다. 사실상, 가르치는 일은 자신의 철학적인 입장을 계속 표명하기보다는 뜻하지 않은 상황에 직면하여 순간순간 직관적인 반응을 필요로 하기 때문이다. "우리 모두가 세상에서 우리의 확신에 따라 행동한다는 일관성을 추구하고 있다"라는 사실에도 불구하고 인간인 우리는 자신의 의지와 행동 사이에 차이가 있음을 인식해야 한다(Clarke 2007: 200). 물론 우리가 우리의 신념과 행동 사이에 완전한 일치가 있다 할지라도 학생들과의 상호작용에서 모든 것을 통제할 수는 없다. 복잡한 교육시스템에서 때때로 의도하지 결과는 일어나기 마련이다(Larsen-Freeman & Cameron 2008).

또 마지막으로 대부분의 중요한 결정이 교사의 권한 밖에서 이루어진다는 사실이다. 가령, 시험을 위해 가르쳐야 하는 경우도 있고 학생들이 학습하는 언어에 대해 부정적인 태도를 가지고 수업에 임하기 한다. Fanselow(1987: 11)는 성공적인 언어학습이 교사에 의해 결정되는 것은 2퍼센트 정도의 변수에 지나지 않는다고 언급한다.

> 그래서 어쩔 것인가? 만약 학습이 성공적으로 이루어지는 것을 백 퍼센트에 해당하고 학습이 제대로 이루어지지 않는 것을 백 퍼센트보다 조금 못 미치는 것으로 본다면, 교사의 책임인 2퍼센트는 성공적인 학습을 가져오는 결정적인 요소가 될 것이다.

학습 경영자로서의 교사

학습의 모든 관련된 요인들을 통제하진 못하지만 최소한 계획과 계획의 수정에 있어서 학생들과 동역자의 관계라고 인식하고 있고, 또 그들의 교수방법이 성공적인 학습을 가져올 거라는 확신을 갖는 교사는 학습의 진정한 경영자(manager)가 될 수 있다.[26] 우리는 교사를 교실 운영자로서만 국한하여 여길 것이 아니라, 보다 넓은 의미에서 성공적인 학습이 되기 위해 성공한 것처럼 행동해야 한다고 인식하면서도 오히려 가르치는 일이 반드시 성공적인 학습을 가져오지 않는다는 역설적인 의미를 이해하는 사람으로 보아야 한다. van Lier(2003: 51)는 "학습 경영자는 좋은 교육환경과 그 교육환경이 제공하는 학습의 기회, 그리고 특히 교육현장에서 우리가 발전시키고자 하는 교육적 가치나 이상에 더욱 관심을 보여야 한다."고 강조한다.

교사의 방법론적인 선택은 그 교수법이 학생들이 갖고 있는 잠재성을 발휘시킬 수 있다는 가정 하에 이루어져야 한다. 학습 경영자로서 교사는 다양한 방법론적인 선택이 존재하고 있음을 인식하고, 가치관, 지식과 경험, 그리고 학업 성취를 가져올 수 있는 구체적인 계획을 가지고 순간순간 특정한 학습상황에 대처해 가야 한다. 그런 교사는 방법론적인 혼란 속에도 절망하지 않으며 오히려 그것을 기꺼이 받아들인다. 교사는 교수기법들을 자유자재로 다루면 다룰수록, 가르쳐야 하는 상황에서 그것들을 즉각적으로 사용할 수 있게 된다. 그런 교사는 학습상황에서 학생들의 관심을 끌기도 하고, 뒤로 물러서 있기도 하고, 때론 학생들에게 피드백을 주기도 한다.

교사에게 어느 특정한 교수기법을 사용할 것인지, 어느 본문내용을 다룰 것인지, 학생들에게 어떤 질문을 할 것인지에 대해 물으면 그들은 "It depends."라고 대답할 것이다. 그 교사는 그 순간 학생들이 수행하는 정도와 학습의 어려움에 따라 문형연습이 적절한지, 문법 규칙을 연습할 것인지, 상호작용을 필요로 하는 과업을 주어야 할지, 의미 협상을 수반하는 학습활동을 실행할지를 안다. "It depends."가 의

26) Allwright(1984)가 아마도 이 용어를 가장 먼저 사용한 것 같다.

미하는 것은 교사이자 학습 경영자가 효율적인 교육수행을 위하여 갖추어야 하는 매우 복잡하면서도 뜻하지 않는 상황에 직관적으로 대처하는 지식을 함축적으로 나타내는 말이다.

교수법의 학습: 방법론의 발달

교수법에 관하여 또 하나 중요하게 고려해야 할 면이 있는데, 바로 교수 방법에 대한 학습은 하나의 발달 과정(developmental process)을 의미한다는 것이다(Freeman 1991). 가르치는 일에 있어서는 명확한 발달 단계의 순서가 없는 반면에 무엇인가 학습하는 것은 평생과정이라고들 말한다. 그러므로 결론을 내리기 전에, 교사로서 자신의 교수법 개발 과정을 간략히 살펴보기로 하겠다(Larsen-Freeman 1998b).

> 먼저 어떻게 가르칠 것인가를 배우고자 할 때, 나는 어느 특정한 교수법을 훈련받았다. 다행히도 나는 다른 교수법에 대해 별다른 관심을 갖고 있지 않았다. 내게 주어진 책들을 사용하면서 한 가지 방법만을 전적으로 연습했다. 나는 효과적인 교수법에 초점을 두었기 때문에 교실상황에서 다루어질 모든 내용과 그 교수기법을 배우는 데 최선의 노력을 기울였다. 나는 교사가 되기를 학습하는 동안 교사였고 동시에 잘 가르치려고 배우면서 가르치고 있었다.
>
> 얼마 후에 나의 교수 방법에 만족을 느끼지 못하게 되었다. 내가 가르치고자 하는 것보다 학생들이 학습하기 원하는 것에 더 관심을 두게 되었다. 문제는 내가 학생들을 가르치기 위해 훈련받고 연구했던 방법을 그다지 좋지 않게 생각했다는 점이다. 내가 실행하고자 학습했던 방법보다 더 좋은 방법이 있어야 한다고 생각했고 더 좋은 방법들을 학습해야겠다고 생각했다. 그러나 여러 다양한 교수법들이 있지만 가르치기에 가장 좋은 교수법이 거의 없다는 생각이 들었다. 중요한 것은 내가 가르치는 것을 이론화할 수 있어야 한다는 점이었다. 이 단계에 이르러 나는 가르치는 방법을

더 이상 알고자 하지 않는다는 생각이 들었다. 교수법에 대한 나의 생각이 바뀌었다. 즉 나는 많은 방법들을 알고 있지만 더 알아야 할 것이 많다고 느꼈기 때문에 어떻게 하면 더 잘 가르칠 것인가를 배우고자 했던 나 자신을 깨달았다. 더 이상 나는 뭔가를 하기 위한 준비를 하고 있지 않다는 사실을 깨달았다. 나는 그 사실을 경험했고, 그 경험으로부터 상당히 많은 것을 알게 되었다.

비록 나의 관심이 언어교육보다는 언어 교사교육에 더 기울어져 있지만, 효과적인 교수방법들에 대해 알고자 하였던 것이 오랫동안 나를 지탱해 주었고 여전히 지탱해주고 있는 셈이다. 경험상 한 가지 문제는 교사로서의 나의 발달단계는 각 단계가 명확한 선형적인 과정(linear process)이었다는 점이다. 이것은 내가 원한 바가 아니었다. 나는 여전히 어떤 상황(처음으로 새로운 학생들을 가르칠 때)에서는 어떻게 하면 잘 가르칠 것인가에 대해 연구하고 학습한다. 사실, 내가 40년 동안 가르쳐 왔던 교과목에 대해 여전히 학습하고 있다니! 그러나 나의 경험을 통해서 개발된 방법에 대한 하나의 장을 덧붙일 수 있기를 바란다. 나는 가르치기를 학습하는 동안, 어느 시점에서 가르치는 방법들을 완전히 마스터할 수 있을 거라는 가정 하에 노력해 왔다. 물론 이 분야에 새로운 방법론이 추가될 것이라는 생각은 하지 않지만 그렇다고 해서 이제까지 해온 나의 연습이 헛되이 끝나지는 않으리라고 생각했다. 하지만 그것은 잘못된 생각이었다. 마침내 나는 가르치는 방법들을 완전히 마스터할 수 없다는 것을 깨닫게 되었다. 실제적으로 나의 학생들을 포함해서 내가 알려고 했던 모든 것은 항상 변하고 있다.

언어, 학습, 그리고 교수방법은 동적이고 변할 수 있는 과정인 것이다. 그 어떠한 것도 확고하게 고정된 것은 없다 (Larsen-Freeman 1997; Ellis & Larsen-Freeman 2006). 나의 교사로서의 세 번째 발달과정 단계는 '단지 방법들에 대해 학습하는 것'이라고 특정 지을 수 있다. 이것은 자신의 의지를 가지고 학습하는 것

> 이 아니라 자신을 버리고 학습 자체의 흐름에 몸을 맡기는 것을 의미한다. 이것은 정적인 산물(static product)이 아니라 역동적인 과정(dynamic process)이다. 이러한 의미에서 학습은 변화에 대해 개방적이어야 하고, 연관되는 것을 염두에 두고 본질상 다른 것을 받아들일 수 있는 것을 의미한다(Caleb Gattegno, 개인 면담에서). 그렇게 함으로써 나는 내가 그것을 할 수 있을 때마다 항상 학습하고 있다.

우리는 교수법에 대해 규범적으로 말하고 있지 않다는 점을 분명히 말하고 싶다. Larsen-Freeman은 단지 그녀 자신의 경험을 기술하고 있다. 틀림없이 다른 교사들은 그들만의 가르치는 경험에 대한 이야기가 있을 것이다. 확실히 우리는 이 분야에서 다른 방법들을 자주 바꾸어 사용하기보다는 어느 특정한 교수법에 대해 많은 훈련을 통해서 전문가가 될 수 있다. 그러나 흔히 인지되는 것보다 더 근본적인 사실은 우리들 각자의 경험에 대한 이야기들이 교사의 수명보다 훨씬 오래 지속될 것이라는 점이다(Freeman & Richards 1993). 그 이야기들이 계속 지속될 수 있도록 하는 것은 더 잘 가르치고, 더 효과적으로 가르치고자 하는 열정이다.

이런 이유로 가르치는 일은 아마도 교사의 **의문의 태도**(attitude of inquiry)를 통해 성공적인 결과를 가져온다고 볼 수 있다(Larsen-Freeman 2000). 아직도 교수/학습 과정에 대해 알려지지 않은 것이 많다. 해결되어야 할 미스터리로 그것에 접근하고 시도하는 교사는 교수 및 학습이 설명하기 어렵다는 것을 인식하면서 그 자신의 경험을 전문영역 내의 지속적인 혁신의 원천으로 삼아야 할 것이다.

6 결론

이 책에서 다룬 다양한 교수법들을 살펴보거나 각 교수법의 사고와 행동의 연결점(think-in-action link)을 관찰함으로써 우리는 여러분이 어떻게 사고가 가르치는 행동으로 연결되고 여러분이 가르치는 것이 학생들을 바람직한 학습으로 이끌 수 있는지에 대해 다시 한 번 생각해보기 바랄뿐이다. 우리가 이 책을 통하여 하고 싶은 말은 교사로서 여러분의 가치를 인식하고 그것에 대해 질문하며 재확인해 가도록 도전해보라는 것이다. 그러나 가르치는 것은 어떤 가치를 사고하는 것 뿐만 아니라 행동하는 것을 의미한다. 그러므로 이 책에서 당신이 새로운 교수기법들을 가지고 실험해 볼 것—시도해 보고, 결과를 관찰하고, 수정하고 다시 적용해 보는 것—을 적극 권장한다.

이데올로기의 당연한 수용으로부터 의문을 가지고 탐구에 이르기까지 교사인 여러분은 자신의 실천 방식에 질문을 던져보아야 한다. 교사는 자신이 무슨 방법을 사용하고 왜 사용하는지에 대해 성찰을 하여야 하고, 다른 사람의 실행과 연구를 숙지하는 것에 기꺼이 열린 마음을 가져야 한다. 교사는 자신이 누구인지, 학생들이 누구인지, 가르치는 상황과 맥락을 위해 가능한 한 가장 좋은 방법을 계속적으로 찾기 위하여, 새로운 연습을 시도할 필요도 있고 다른 교사와도 상호작용할 필요가 있다. 이 책에서 내가 바라는 것은 아주 작은 방식으로라도 이러한 추구가 시작되었으면 하는 것이다.

참고 문헌

Allwright, D. 1984. The importance of interaction in classroom language learning. *Applied Linguistics* 5/2: 156-71.

________. and **J. Hanks.** 2009. *The Developing Language Learner.* Basingstoke: Palgrave Macmillan.

Bolster, A. 1983. Toward a more effective model of research on teaching. *Harvard Educational Review* 53/3: 294-308.

Clarke, M. 1994. The dysfunctions of the theory/practice discourse. *TESOL Quarterly* 28/1:9-26.

________. 2003. *A Place to Stand: Essays for Educators in Troubled Times.* Ann Arbor, MI: University of Michigan Press.

________. 2007. *Common Ground, Contested Territory. Examining the Roles of English Language Teachers in Troubled Times.* Ann Arbor, MI: University of Michigan Press.

Cook, G. 2010. *Translation in Language Teaching—An Argument for Reassessment.* Oxford: Oxford University Press.

Edge, J. 1996. Cross-cultural paradoxes in a profession of values. *TESOL Quarterly* 30/1: 9-30.

Ellis, G. 1996. How culturally appropriate is the communicative approach? *English Language Teaching Journal* 50/3: 213-18.

Fanselow, J. 1987. *Breaking Rules: Generating and Exploring Alternatives in Language Teaching.* New York: Longman.

Freeman, D. 1991. Mistaken constructs: Re-examining the nature and assumptions of language teacher education in J. Alatis (ed.). *Georgetown University Round Table on Languages and Linguistics 1991: Linguistics and Language Pedagogy.* Washington, DC: Georgetown University Press.

________. and **J. Richards.** 1993. Conceptions of teaching and the education of second language teachers. *TESOL Quarterly* 27/2: 193-216.

Garcia, O. and **J. Kleifgen.** 2010. *Education Emergent Bilinguals.* New York: Teachers College Press.

Holliday, A. 1994. *Appropriate Methodology and Social Context.* New York: Cambridge University Press.

Gomes de Matos, F. 2006. Language, peace and conflict resolution in M. Deutsch, P. Coleman, and E. Marcus (eds.). *The Handbook of Conflict Resolution* (2nd edn.), 158-75. San Francisco: Jossey-Bass.

Kramsch, C. 1993. *Context and Culture in Language Teaching.* Oxford: Oxford University Press.

________. 2011. Culture in J. Simpson (ed.). *Routledge Handbook of Applied Linguistics.* Oxford: Routledge.

Larsen-Freeman, D. 1987. From unity to diversity: Twenty-five years of language-teaching methodology. *Forum* XXV 4:2-10 (Special Anniversary Issue).

________. 1990. On the need for a theory of language teaching in J. Alatis (ed.). *Georgetown University Round Table on Languages and Linguistics: The Interdependence of Theory, Practice and Research,* Washington, DC: Georgetown University Press.

________. 1997. Chaos/complexity science and second language acquisition. *Applied Linguistics* 18/2: 141-65.

________. 1998a. Expanded roles of learners and teachers in learner-centered instruction in W. Renandya, and G. Jacobs (eds.). *Learners and Language Learning.* Singapore: SEAMEO Regional Language Centre.

________. 1998b. Learning teaching is lifelong process. *Perspectives* XXIV 2:5-11.

________. 2000. An attitude of inquiry. *Journal of Imagination in Language Learning* V: 10-15.

________. 2008. Does TESOL share theories with other disciplines? *TESOL Quarterly* 42/2: 291-94.

________. 2011. Key concepts in language learning and education. in J. Simpson, (ed.). *Routledge Handbook of Applied Linguistics.* Oxford: Routledge.

________. and **L. Cameron.** 2008. *Complex Systems and Applied Linguistics.* Oxford: Oxford University Press.

________. and **D. Freeman.** 2008. Language moves: The place of "foreign" languages in classroom teaching and learning. *Review of Research in Education* 32: 147-86.

Li, Defeng. 1998. It's always more difficult than you plan and imagine: Teachers' perceived difficulties in introducing the communicative approach in South Korea. *TESOL Quarterly* 32/4: 302-5.

McNamara, T. 2008. Mapping the Scope of theory in TESOL. *TESOL Quarterly* 42/2: 302-5.

Norton, B. 2011. Identity in J. Simpson, (ed.). *Routledge Handbook of Applied Linguistics.* Oxford: Routledge.

Nunan, D. 1992. *Collaborative Language Learning and Teaching.* Cambridge: Cambridge University Press.

Ortega, L. 2010. The Bilingual Turn in SLA. Plenary delivered at the Annual Conference of the American Association for Applied Linguistics. Atlanta, GA, March 6-9.

Palmer, P. 1998. *The Courage to Teach.* San Francisco: Jossey-Bass.

Prabhu, N. S. 1987. *Second Language Pedagogy.* Oxford: Oxford University

Press.

________. 1990. There is no best method—Why? *TESOL Quarterly* 24/2: 161-76.

________. 1992. The dynamics of the language lesson. *TESOL Quarterly* 26/2: 225-41.

Richards, J. 2008. Second language teacher education today. *RELC Journal* 39/2: 158-77.

Stevick, E. 1993. Social meanings for how we teach in J. Alatis (ed.). *Georgetown University Round Table on Languages and Linguistics 1992: Language, Communication, and Social Meaning.* Washington, DC: Georgetown University Press.

van Lier, L. 2003. A tale of two computer classrooms: The ecology of project-based language learning in J. Leather and J. van Dam (eds.). *Ecology of Language Acquisition,* 49-64. Dordrecht: Kluwer Academic Publishers.

Widdowson, H. G. 2003. *Defining Issues in English Language Teaching.* Oxford: Oxford University Press.

용어 사전

Glossary

- **능동적인 단계(Active Phase)**: 비암시 교수법(Desuggestopedia) 수업의 두 번째 단계로서 학습자에게 적용된 수동적인 학습활동 단계에서 학습자들의 능동적인 언어 학습활동
- **병존언어 교수법(Adjunct Model)**: 정규 교과과정 교과목을 수강하는 L2 학생들이 교과목과 연관된 언어 수업을 동시에 병행하는 내용중심 교수법(Content-based Instruction)의 한 유형
- **사전 구성 전략(Advance Organization)**: 독해 본문 내용의 요점을 이해하기 위해 수업 전 활동이나 훑어 읽기 활동을 통해서 학습자의 읽기 능력을 향상에 초점을 둔 학습전략
- **정서적 여과장치(Affective Filter)**: 학생들의 목표어 학습과정에서 학습자의 능력을 저하시키는 부정적 감정에 의해 야기될 수 있는 여과장치
- **분석적 교수요목(Analytic Syllabus)**: 학습자들이 언어를 학습하는 목적과 그 목적에 부합하는 언어 수행의 관점에서 구성된 교수요목 (Wilkins 1976:13)

- 반의어(Antonym): 상반되는 의미를 갖는 단어. 가령, 단어 'cold'의 반의어는 'hot'
- 관찰의 견습(Apprenticeship of Observation): 교사들은 일찍이 그들 자신이 학생으로서 수업 받았던 기간 동안 형성된 교수/학습 과정에 대한 견해를 가지고 교생실습에 참여한다는 사실을 기술하기 위한 용어
- 연상주의(Associationism): 언어학습은 학습자가 언어형태(Form)와 의미(Meaning)를 연상할 때 언어 학습이 일어난다고 가정하는 학습 이론
- 성찰하는 태도(Attitude of Inquiry): 수업경험을 통해서 또는 수업 실행을 통해 성찰 및 탐구하려는 교사의 태도(Larsen-Freeman 2000)
- 실제 언어(Authentic Language): 실제 상황에 사용되는 언어
- 교육의 예치 방법(Banking Method of Education): 교사가 학습자에게 지식이나 정보를 '예치하는' 전통적인 교육의 형태. 교사가 학습자가 학습하려는 모든 지식이나 내용을 숙지하고 있는 상태
- 상향식 독해 학습(Bottom-Up Approach to Reading Instruction): 음-기호 일치와 같은 어휘 자체에 대한 이해에서 시작하여 문장구조의 기본적인 구성을 통해 글의 전체 의미를 파악하는 독해 학습방법
- 동족어(Cognate): 어원이 같은 단어
- 인지적 코드 접근방법(Cognitive Code Approach): 학습자의 목표어 문법규칙을 이해하기 위해 가설을 형성하면서 학습자들로 하여금 자신의 언어학습에 능동적인 참여를 유도하는 교수 방법
- 인지적 학습책략(Cognitive Strategy): 학습자가 학습하는 내용을 상호작용이나 조정하는 학습 책략
- 응집성(Coherence): 문장들이 의미 있는 방법으로 서로 연결되는 담화구조의 속성
- 응집(Cohesion): 문장들이 접속사와 같은 언어형태를 가지고 연결하

는 담화구조의 속성

- 의사소통적 접근방법(Communicative Approach): 의사소통 하는 것을 중심으로 하는 언어 교수방법
- 의사소통 능력(Communicative Competence): 언제, 누구와, 무엇을, 어떻게 의사소통 할 수 있는 능력. 목표어로 유창하게 의사소통할 수 있다는 것은 다른 사람들과 적절하게 의사소통할 수 있음을 의미
- 공통된 관심과 전문성을 공유하는 공동체(Community of Practice): 공통된 관심과 전문성을 공유하는 사람들이 정보를 서로 공유할 때 효과적인 학습이 이루어짐(Lave & Wenger 1991)
- 능력 중심 교수법(Competency-based Instruction): 직장을 위한 이력서 작성이나 직무를 위해 전화 거는 방법과 같이 생활 대처능력 또는 생존 능력을 중시하는 교수법
- 이해 가능한 입력(Comprehensible Input): 학습자가 이해할 수 있는 언어. 교사는 그림, 제스처, 학습자의 모국어를 구사하면서 학습자의 이해를 도움
- 이해 중심 접근법(Comprehension Approach): 입력을 중시 여기는 접근법으로 특히 듣기 학습 활동에서 사용함
- 컴퓨터 보조 언어학습(Computer-assisted Language Learning): 컴퓨터나 인터넷 기정보.기술을 사용하며 언어를 가르치는 교수 방법
- 용어 색인(Concordance): 컴퓨터로 어떤 책 등에 쓰인 각 단어나 구문의 총 사례들을 보여주도록 처리한 어휘 목록
- 조건 형성(Conditioning): 행동주의와 연관. 조건 형성은 학생들이 강화를 통해서 자극에 적절하게 반응하기를 배우는 과정
- 의식적이고 무의식적인 측면(Conscious and Subconscious Plane): 의사소통은 두 가지 과정을 통해 이루어짐. 의식적인 단계에서 학습자는 언어에 집중하고, 무의식적인 단계에서는 학습자가 학습과정이

쉽게 이루어질 수 있는 단어나 문장을 습득함. 학습은 의식적인 면과 무의식적인 면이 연합하여 이루어질 때 효과적임

- 구성주의(Constructivism): 학습자들은 학습경험이나 문제 해결을 통해 자신의 지식을 능동적으로 구성해 간다는 이론
- 통제와 자발성(Control and Initiative): 교사는 교실상황에서 학생들을 통제하며, 그러한 통제는 학생들이 얼마나 많이 자발적으로 학습하고 학습활동에 참여하는지에 영향을 미침
- 협력 학습(Cooperative Learning): 학생들 간의 상호작용을 통한 학습
- 상담(Counsel): 상담학습이나 집단 언어학습에서 교사는 직접 지시나 충고를 주지 않고 오히려 실제적으로 교사가 학습자들의 말을 듣고 이해함으로써 학습자들을 상담함
- 비평적 담화분석(Critical Discourse Analysis): 정체성과 힘의 관계가 언어에서 어떻게 구성되는지에 대한 연구
- 비판적 교육학(Critical Pedagogy): 교실에서 일어나는 것이 교실 밖에서 차이를 만들어내야 한다는 믿음을 전제로 하는 교육
- 연역적 문법 교육(Deductive Grammar Teaching): 교사가 학생들에게 먼저 문법규칙을 설명한 후에 여러 문장 예문에 적용하는 방식
- 언어구조의 담화론적 관점(Discourse or Suprasentential Level of Language): 문장 이상의 단위에서 나타나는 언어 현상을 살펴보는 것으로 단순히 한 개의 독립된 문장에서 발생되는 것에 대한 관점이 아니라 텍스트로서 언어의 구성. 가령 어떻게 한 단락을 형성하기 위해 문장과 문장, 단락과 단락들이 서로 어우러지는가에 대한 것을 살펴보는 입장
- 분리식 평가(Discrete-Point Test): 각 테스트 문항이 언어 구조의 각 요소별 특성(어휘, 문법 등)을 측정하는 분석적 평가 방식

- 전개형 질문(Display Question): 교사나 학습자가 익히 알고 있는 내용에 대한 질문. 이러한 질문은 학생들이 알고 있는지를 파악하기 위한 것
- 의심 게임과 신뢰 게임(Doubting Game and Believing Game): 의심 게임은 어떠한 주제를 논리와 증거를 사용하면서 평가하도록 요구함. 신뢰 게임은 그 주제의 발기인의 시야를 통해 그의 관점을 이해하기 위한 것. 두 게임 모두 중요함. 목표는 그 주제를 판단하기 전에 완전히 이해하기 위한 것
- 창발론(Emergentism): 언어는 의미 있는 언어로부터 형성되었다고 보는 언어 학습 이론. 화자의 언어는 학습경험으로부터 형성되고 재형성 된다고 보는 입장
- 위기에 처한 언어(Endangered Language): 그 언어를 구사하는 사람들의 숫자의 감소로 인해 위기에 처한 언어
- 국제어로서의 영어(English as a Lingua Franca): 영어를 모국어로 하지 않는 화자들에 의해 사용되는 언어로서 다국어를 구사하는 상황에서 목표어로서 영어를 사용함
- 피델 차트(Fidel Chart): 각각의 모음과 자음들로부터 나올 수 있는 모든 가능한 발음들을 여러 색깔로 나열해 놓은 무음교수법에 사용된 차트
- 다섯 가지 마음(Five Minds): 변화하는 세상에서 성공적인 삶을 영위하기 위해서 개개인이 발달시켜야 하는 인간의 인지적인 능력(마음)에 초점을 둔 이론(Gardner 2007)
- 언어형태의 초점(Focus on Form): 학습자들이 의미 있는 과업 활동을 통해 목표어를 사용하는 동안 교사들은 학습자가 정확한 언어형태를 구사하는지에 대해 초점을 둠
- 언어기능(Function): 사회적인 맥락 속에서 사용되는 초대하기, 약속하기, 다른 사람에게 소개하기 등과 같은 언어 화행(Speech act)

- 생성 어휘(Generative Word): 글을 읽고 쓰는 프로그램에 관한 Friere의 연구로부터 사용됨. 사람들이 그들이 속한 지역사회에서 중요한 읽거나 듣고 이해하는 기본적인 능력을 가르치는 데 사용하는 단어
- 장르(Genre): 시나 과학적인 저술 같은 다양한 언어 유형
- 세계화(Globalization): 세계적인 규모로 넓히는 일
- 적절한 어법(Grammaring): 문법 구조를 정확하고, 의미 있게, 그리고 적절히 사용할 수 있는 능력으로서 발달시킬 수 있도록 문법 구조에 초점을 두고 가르치는 접근 방법(Larsen-Freeman 2003)
- 도식 조직자(Graphic Organizer): 교사들이 새로운 정보를 구조화하여 학습자들이 기억하기 쉽게 만든 도표
- 인간 컴퓨터(Human Computer): 집단 언어 교수법에서 학습자는 그들이 학습하고 싶은 목표어를 그들이 원하는 만큼 연습할 수 있도록 조정할 수 있으며, 교사는 학습자가 말하고 싶은 내용을 목표어로 정확히 표현할 수 있도록 반복해서 들려줌
- i+1: 학습자 현재의 능력(i)보다 한 단계 높은 능력
- 귀납적 문법지도(Inductive Grammar Teaching): 교사는 학생들에게 문법 규칙을 추론할 수 있는 예문을 제공한 후 문법규칙을 이끌어 내는 수업방식
- 유아화(Infantilization): 비암시 교수법에서는 교사는 학습자들이 학습에 대한 두려움을 없애고 어린아이 같이 교사의 권위를 믿고 의지하는 환경을 의식적으로 만들어야 한다고 강조
- 정보 차이(Information Gap): 학습자 모두가 다 알고 있지 않은 정보를 알아내는 활동으로서 그 과업을 달성하기 위해서 필요한 사실적 정보를 얻기 위해 학습자끼리 서로 묻고 답하면서 정보를 교환하는 활동
- 내적 기준(Inner Ccriteria): 교사는 학습자가 목표어에 대하여 정확한

언어형태를 구사하는 데 있어서 내적 기준을 개발하도록 돕는 역할

- 입력 강화(Input Enhancement): 교사가 가르치고자 하는 텍스트에서 특정한 목표어 언어구조에 밑줄긋기, 이텔릭체 변환, 또는 굵은 글씨체 등을 사용하는 기법
- 입력 반복(Input Flooding): 교사가 특정한 언어 항목을 학습자들로 하여금 인식할 수 있도록 반복(Flooding)하여 사용하는 기법
- 학문 목적을 위한 언어(Language for Academic Purpose): 학문적 성취를 가져올 수 있기 위해 학습되는 언어
- 특수목적을 위한 언어(Language for Specific Purpose): 특정 활동이나 전문적인 업무를 위하여 학습되는 언어, 가령 비즈니스를 위한 영어
- 학습 책략(Learning Strategy): 지식이나 정보를 습득하기 위해 학습자가 사용하는 학습 기법(Rubin 1975: 43)
- 언어적 능력(Linguistic Competence): 목표어에 대한 화자의 언어적 능력
- 글을 읽고 쓸 줄 아는 능력(Literacies): 정치나 사업과 같은 맥락에서 각기 다른 특유의 언어형태, 어휘, 담화적 규범에 따라 글을 읽고 쓰는 능력
- 초인지적 학습책략(Metacognitive Strategy): 과제 수행을 돕기 위해 평가, 계획 수립, 조정하는 데 사용되는 학습책략. 가령, 읽기와 듣기 과제에서 학습상황을 조정하고 단기 및 장기 목표를 세우고 자신의 이해를 확인하는 책략을 사용(Chamot & O'Malley 1994)
- 최소 대립쌍(Minimal Pair): 'ship'과 'sheep'처럼 한 가지 요소에서만 차이가 나는 한 쌍의 단어
- 다중언어구사능력(Multicompetence): 단일 언어 모국어 구사자의 언어 사용을 반드시 모방하지 않고서도 학습자의 요구에 따라 한 언어

이상 구사할 수 있는 능력

- **주변 학습(Peripheral Learning)**: 학습자가 집중하지 않더라고 그 환경에 노출됨으로써 학습이 이루어지는 경우
- **다원주의(Pluralism)**: 어느 교수법을 특정상황에 적절하거나 적절하지 않기 때문에 채택하고 거절하기보다는 각각의 방법은 적용할 만한 가치가 있다고 보는 견해
- **다중언어주의(Plurilingualism)**: 여러 개의 언어를 자신의 필요에 따라 학습하고 사용할 수 있다는 견해
- **원칙론적 절충주의(Principled Eclecticism)**: 교사가 어떤 원칙을 가지고 여러 교수법들의 면을 혼합시킴으로써 교사 자신만의 교수법을 만드는 입장
- **오류 수정 형태(Recast)**: 학습자가 범한 오류에 대해 교사가 정정해 주는 정확한 언어의 형태
- **수용적인 학습단계(Receptive Phase)**: 비암시 교수법 수업에서 첫 번째 단계는 대화문이 음악의 반주에 따라 들려주고 난 후 정상적인 속도로 들려주는 첫 번째 학습단계
- **어휘나 글의 형식(Register)**: 사회적 맥락이나 담화사용에 따라 사용하는 언어의 어휘나 글의 형식이 달라짐
- **상대주의(Relativism)**: 모든 방법은 각기 장점과 단점을 가지고 있으므로 어느 한 방법이 모든 상황에 다 적합할 수 없으며 각 방법들이 적용될 수 있는 상황이 각각 다르다고 보는 견해
- **SAARRAD**: 상담학습(Counseling-learning)/집단 언어 학습(Community language learning) 교수방법에서 방어적이지 않은 언어학습을 위해 필요한 6가지 요인의 약어. S(Security) = 안전감; A(Aggression) = 주장(학습자 자신의 의견을 주장할 수 있는 기회를 추구하는 능력); A(Attention) = 집중력(학습에 집중할 수 있는 능력); R(Reflection) =

성찰; R(Retention) = 기억력(새로운 학습자료 통합하여 기억 및 유지); D(Discrimination) = 판별력(목표어 구조 및 형태의 식별하는 능력)

- **비계 또는 층 쌓기(Scaffolding)**: 건축공사 시 높은 곳에서 일할 수 있도록 설치하는 임시 가설물로, 재료운반이나 작업을 위한 통로 및 발판을 의미. 가령, 교사는 학습자가 수업에서 의사소통을 효율적으로 할 수 있도록 힌트를 주거나 실마리를 제공
- **내용보호 언어교수법 수업모형(Sheltered Instruction Observation Protocol)**: 내용보호 언어수업을 위한 효율적인 수업모형(Short & Echevarria 1999)
- **내용보호 언어교수법(Sheltered-Language Instruction)**: 학습자가 목표어로 된 교과내용을 이해하도록 언어와 교과내용을 총합하여 가르치는 교수법
- **사회적/정의적 학습책략(Social/Affective Learning Strategies)**: 학습자가 학습을 향상시키기 위하여 정서적 영역에 초점을 두거나 다른 학습자와 상호작용하는 학습책략(Chamot & O'Malley 1994)
- **의사소통적 접근방법의 강한 입장과 약한 입장(Strong and Weak Version of the Communicative Approach)**: 의사소통적 접근방법의 약한 입장은 영어를 사용하기 위해 학습하는 것에 초점을 두고, 강한 입장에서는 영어를 학습하기 위해 영어를 사용한다는 것이 초점을 둠
- **동의어(Synonym)**: 유사한 의미를 갖는 단어. 가령, 단어 'sick'의 동의어는 'ill'
- **통합적 교수요목(Synthetic Syllabus)**: 문법구조, 어휘, 언어기능 등과 같은 언어 단위로 구성되는 교수요목. 의미 있는 의사소통을 할 목적으로 언어구조 학습하는 것은 학습자의 역할로 봄(Wilkins 1976)

- 과업(Task): 학습자들이 의미 있는 의사소통을 할 수 있도록 주어진 과업 활동
- 과업 보조 학습(Task-Supported Teaching): 문법구조에 초점을 둔 과업을 사용하는 대신에 의미에 초점을 둔 의사소통적 과업을 통한 학습
- 하향식 독해 학습(Top-Down Approach to Reading Instruction): 먼저 글의 전체적인 의미 파악을 통해서 본문 내용을 이해해 가는 독해 학습방법
- 반응에 대한 이해(Understanding Response): 화자가 말한 것을 질문이나 선입견 또는 판단 없이 이해하기 쉽게 다른 말로 바꾸어 표현하는 청자의 반응
- 총체적 언어접근법(Whole-Person Learning): 교사는 효과적인 학습을 위해 학습자의 지적인 면뿐만 아니라 학습자의 감정, 신체적 반응, 본능적이고 보호적인 반응, 학습동기 등과 같은 요인들 간의 관계를 고려해야 한다고 보는 방식
- 직무 능력(Workplace Literacy): 성인 학습자들이 그들의 직장에서 관련된 업무내용을 읽고 쓰는 데 필요한 능력
- 세계에서 사용되는 여러 형태의 영어들(World Englishes): 전 세계적으로 영어 사용이 증가하면서 지역적으로 나름의 특색 있는 영어를 구사하게 되는데, 이렇게 지역적 또는 국가적 특성이 반영된 그 나라 특유의 영어를 가리키는 말. 가령, 이전 영국 식민지였던 인도에서 사용된 인도 영어(Indian English)
- 월드 와이드 웹(World Wide Web): 범세계 통신망. 인터넷을 통해 정보에 접근하는 방식
- 근접 발달의 영역(Zone of Proximal Development): 학습자가 타인의 도움 없이 스스로 문제를 해결할 수 있는 실제적 발달 수준과 교사나

더 유능한 동료의 도움으로 문제를 해결할 수 있는 잠재적 발달 수준 사이의 이론적인 영역(Vygotsky 1978)

Techniques and Principles in Language Teaching
was originally published in English in **2011**.
This translated edition is published by arrangement with Oxford University Press.

언어교수법의 이론 및 실제

지은이 Diane Larsen-Freeman · Marti Anderson
옮긴이 방영주
펴낸이 조경희
펴낸곳 경문사
펴낸날 2009년 10월 25일 1판 1쇄
2022년 10월 1일 2판 3쇄
등 록 1979년 11월 9일 제1979-000023호
주 소 04057, 서울특별시 마포구 와우산로 174
전 화 (02)332-2004 팩스 (02)336-5193
이메일 kyungmoon@kyungmoon.com

값 22,000원

ISBN 978-89-6105-908-4